Geh'n ma
aüf'd
Wies'n

Das Oktoberfest
1810–2010

Florian Dering Ursula Eymold

Das Oktoberfest 1810–2010

Offizielle Festschrift der Landeshauptstadt München

Münchner Stadtmuseum

Süddeutsche Zeitung Edition

Paul Otto Engelhard, „Gruss von der Wiesen! Prost, da, trink!", um 1910
14x9 cm, PS-PK0022

O'zapft is!

Es ist seit einer gefühlten Ewigkeit jedes Jahr das selbe: Ich sitze schon am frühen Abend mit leichtem Kopfweh auf dem Fernseh-Sofa und verfolge misslaunig die schlechten Abendnachrichten aus aller Welt, bis endlich die letzte Meldung alle lokalpatriotischen Bedürfnisse befriedigt: Aus München meldet das Oktoberfest wieder einmal einen Rekordandrang schon am ersten Tag. Und dazu sehen wir ein kleines Männchen (das liegt an der Größe des Bildschirms!) urwüchsig, in Bundlederhose und Trachtenhemd, mit Wadlstrümpfen, Haferlschuhen und grüner Schankschürze, das erst bedrohlich mit einem Holzschlegel in der Luft herumfuchtelt, dann zweimal oder auch öfter auf den Zapfhahn haut und sich hinterher wie ein Schneekönig freut, dass es tatsächlich „mit dem riesigen Holztrumm das kleine Messingteil getroffen hat". Bin das wirklich ich?, frage ich mich ein wenig betreten, schließlich bin ich nicht gerade als rustikale Frohnatur auf die Welt gekommen. Gäste aus nah und fern teilen die Zweifel, ob mir die Rolle mit dem derben Kraftakt und dem bajuwarischen Urschrei „o'zapft is" wirklich auf den Leib geschrieben sei. Und dann fragen sie voller Anteilnahme: „Ist das nicht schrecklich, wenn man so oft wie Sie auf die Wiesn muss?"

Schrecklich? Oder beneidenswert, wie alle anderen glauben? Die Wahrheit liegt nicht – wie so oft – in der Mitte, sie ist vielmehr launisch, extrem wechselhaft. Wie wohl bei jedem echten Münchner Kindl war die Wiesn für mich anfangs faszinierend, bezaubernd, voller exotischer Reize. Zu verdanken hatte ich dies meinem Großvater aus dem Rheinland, der stets zur Wiesnzeit zu Besuch kam und meinen Eltern treuherzig erzählte, er werde, um den goldenen Herbst in freier Natur zu erleben, mit dem Kleinen zum Aumeister wandern. Schon am Kurfürstenplatz stiegen wir in die Tram zum Goetheplatz, wo es dann nicht mehr weit bis zur Festwiese war. Dass die Eltern strikt dagegen waren, sich von den Bauernfängern das Geld aus der Tasche ziehen zu lassen, steigerte den Reiz von Toboggan und Kettenkarussell, Auto-Scooter und Achterbahn, Zuckerwatte und türkischem Honig ins Unermessliche. Selbst für die Wilde Maus, die Krinoline und den Schichtl machte der Opa Groschen locker. Im Riesenrad haben wir dann in der Dämmerung bei fantastischer Aussicht abgeklärt, was wir an diesem schönen Ausflugstag alles erlebt haben und zu Hause berichten können: Erst am Kleinhesseloher See mit seinen Ruderbooten, dann am Monopteros mit dem Blick auf die Altstadtsilhouette und schließlich nach einer langen Wanderung am Aumeister ...

Doch die Liebe zum Fest hielt nicht ewig. Bei gesellschaftskritisch eingestellten Studenten gehörte es zum guten Ton, über den bayerischen Nationalrausch die Nase zu rümpfen. Sich schon am Nachmittag in ein Bierzelt zu hocken und mehr zu saufen, als man verträgt, war doch allenfalls etwas für Bauerndimpfl und nichts für intellektuell durchsäuerte Köpfe. Die Musik, so viel stand fest, spielte anderswo, aber nicht zu Füßen der Bavaria. Übrigens hätten wir mit unseren abgewetzten Jeans und uniformen Parkas auch keinen Augenschmaus für Touristen aus aller Welt abgegeben. Kaum zu glauben, dass die Wiesn ein paar Jahrzehnte später der stärkste Magnet für junge Leute werden sollte und dass dabei auch noch gehorsamst strengste Kleidervorschriften beachtet werden wie sonst nur beim Wiener Opernball: Wehe der Frau, die nicht im Dirndl erscheint (die Becksteins können ein fränkisches Gstanzl davon singen), nieder mit jedem jungen Mann, der sich keine Hirschlederne anzieht!

Und jetzt: Die dritte Phase. Zurück zu den Werten der Kindheit! Ist es nicht herrlich, das pralle Münchner Leben in diesem Mikrokosmos zu genießen? Befriedigt der Trachtenzug mit seinen Festkutschen nicht alle monarchistischen Sehnsüchte des bayerischen Volkes auf gelungene Weise? Kann man nach den Köstlichkeiten der Ochsenbraterei (aus städtischen Gütern!) nicht wirklich süchtig werden? Ist das Festkonzert der Wiesnkapellen, wenn die bunten Luftballons in den weißblauen Himmel aufsteigen, nicht wirklich grandios? Wird einem nicht tatsächlich weh ums Herz, wenn in den letzten Minuten in der Bräurosl die Ludwig-Thoma-Musikanten auf die Empore steigen und ein letztes Mal Il Silencio spielen? Ich stehe dazu: Das geht mir nahe.

Und schon beginnt die Vorfreude aufs nächste Mal. Bis dahin haben wir Münchner 50 Wochen Zeit, um grantelnd zu erzählen, dass es nicht mehr schön ist auf der Wiesn und wir deshalb auch nie mehr hingehen werden.

Christian Ude
Oberbürgermeister der Landeshauptstadt München

Inhaltsverzeichnis

Zum Geleit

Schon zum 100. Jubiläum 1910 fand im Münchner Stadtmuseum eine Ausstellung statt, für die der damalige Direktor Ernst von Destouches ein Geschoss des Zeughauses füllte. In seiner Doppelfunktion verfasste er als Stadtarchivar die noch immer gültige „Säkularchronik" des Festes. Da der gesamte Sammlungsbestand des Museums über den Zweiten Weltkrieg hinweg gerettet worden war, können die meisten Exponate dieser Ausstellung wieder 2010 präsentiert werden. Zum nächsten Jubiläum 1960 gab es eine kleinere Ausstellung in den Räumen des Kunstvereins in der Galeriestraße, zusammengestellt vom Münchner Stadtmuseum. 1985 zeigte das Museum die bislang größte Schau mit dem Titel „Das Oktoberfest, Einhundertfünfundsiebzig Jahre bayerischer National-Rausch". Die damaligen Aufregungen über diesen Untertitel sind längst vergessen, der treffende Begriff ist wie selbstverständlich in das allgemeine Oktoberfest-Vokabular eingegangen. Für die Sammlungstätigkeit des Museums waren die 1975 von den Stadträten Hermann Memmel und Alfred Lottmann ins Leben gerufene Münchener Schausteller-Stiftung sowie der 1976 vom Wiesnwirt Xaver Heilmannseder gegründete Verein Münchner Oktoberfestmuseum entscheidend. So konnte, gründend auf den Altbeständen des Hauses, eine exzellente Sammlung zur Festgeschichte aufgebaut werden, für die es in anderen Städten nichts Vergleichbares gibt. Sämtliche Exponate der diesjährigen Ausstellung, die auf 1500 Quadratmetern über zwei Stockwerke präsentiert wird, waren einmal auf der Wiesn – Gemälde, Graphiken und Fotografien natürlich ausgenommen. Während des Oktoberfestes können im Südteil der Theresienwiese auf dem Areal der „Jubiläumsfeier" Großobjekte in einem Museumszelt besichtigt werden.

Es ist ein Glück für die Stadt, dass ihr Fest seit 200 Jahren auf dem selben Platz gefeiert wird. Andernorts wurden die Festplätze entsprechend den jeweiligen Stadtplanungen immer wieder verlagert. Die Theresienwiese zeigt auf dem Stadtplan noch immer ihre ovale Form, die auf die Rennbahn der Pferderennen zurück geht.
Die Länge des Namens „Theresienwiese" ist für den Münchner sprachlich ungeeignet. In den 1890er Jahren finden sich die ersten gedruckten Hinweise für die „Wiesen", die dann zur „Wies'n" verkürzt wurde. Bereits 1985 legte das Tourismusamt die Schreibweise „Wiesn" ohne Apostroph fest. Vielleicht könnten die „Wies'n-Wirte" ihre Hartnäckigkeit aufgeben und zum Jubiläum mit neuem Schriftzug einschwenken. Eine weitere Sprachfeinheit soll nicht unerwähnt bleiben: Der historischen Situation zur Stadt entsprechend, geht der Münchner noch immer „auf die Wiesn naus", also hinaus, obwohl die meisten von ihren Wohnorten und Stadtteilen eigentlich rein, also hinein kommen.
Das Münchner Stadtmuseum als weiterer Bewahrer der Wiesngeschichte wünscht dem Oktoberfest viel Glück für die nächsten hundert Jahre.

Isabella Fehle
Direktorin
des Münchner Stadtmuseums

Florian Dering
Stellvertretender Direktor
des Münchner Stadtmuseums

Wie münchnerisch ist das Oktoberfest?

Der Beginn vor 200 Jahren: eine Münchner Bürgerinitiative mit patriotischem Motiv

Die meisten der Münchner Taxifahrer, die jedes Jahr während des Oktoberfestes das große Geschäft machen (oder es zu machen hoffen), wissen wahrscheinlich gar nicht, dass die Idee zu diesem Fest von einem ihrer beruflichen Vorfahren stammt. Am 28. September 1810 machte der Münchner Lohnkutscher Franz Baumgartner („zum Spanner" genannt), der gerade als Unteroffizier der Kavalleriedivision der Nationalgarde dritter Klasse seine Wehrpflicht im noch jungen Königreich Bayern ableistete, den Vorschlag, zusätzlich zu den offiziellen Feierlichkeiten anlässlich der am 12. Oktober 1810 stattfindenden Hochzeit des Kronprinzen Ludwig von Bayern mit Prinzessin Therese von Sachsen-Hildburghausen in München ein Pferderennen zu organisieren. Baumgartners Vorgesetzter Major Andreas von Dall'Armi (1765–1842), ein in Trient geborener Münchner Geschäftsmann und ab 1811 Generalkontrolleur bei der neu gegründeten königlichen Staatsschuldentilgungskommission, griff die Idee begeistert auf und realisierte sie in kürzester Zeit. Am 2. Oktober wurde er bei König Max I. Joseph vorstellig, erhielt sofort eine mündliche Zusage, am 4. Oktober versandte er die Ausschreibung, und schon 13 Tage später konnte auf dem großen Wiesengelände am Abhang des Sendlinger Berges das Pferderennen veranstaltet werden.
Der Renntag am 17. Oktober begann mit einer Messe in der Bürgersaalkirche und mit dem feierlichen Abmarsch der Nationalgarde aus der Stadt hinaus zum Festplatz, auf dem sich immerhin 40.000 Zuschauer versammelt hatten. Für die königliche Familie, darunter der König und seine Frau Caroline sowie das neu vermählte Kronprinzenpaar, war ein eigener Pavillon aufgebaut, für den extra das in der Max-Emanuel-Zeit erbeutete Türkenzelt aus dem Augsburger Zeughaus nach München transportiert worden war. Zuerst überreichten 16 Kinderpaare in Tracht in einer von Joseph Felix von Lipowsky organisierten allegorischen Huldigung der königlichen Familie Kränze und Früchte; sie stellten u.a. die neuen, nach Flüssen bezeichneten neun Kreise des Königreiches dar. Das folgende Rennen mit dreißig Pferden am Start gewann Lohnkutscher Franz Baumgartner. Den dritten Platz belegte der Lohnkutscher Xaver Krenkl, dessen Name in den Siegerlisten der folgenden Jahre immer wieder aufgeführt ist. Die Preisverteilung nahm Staatsminister Maximilian Graf Montgelas vor; Preise erhielten nicht nur die Rennmeister, sondern auch die Rennbuben, die Jockeys.
Es war vor allem Dall'Armi zu verdanken, dass die Erinnerung an dieses patriotische Fest wach gehalten wurde, und schließlich auch, dass diese Veranstaltung nicht nur ein einmaliges Ereignis blieb. So schlug er noch im gleichen Jahr vor, dem Festplatz zu Ehren der Kronprinzessin den Namen „Theresens-Wiese" zu geben, was der Kronprinz mit Schreiben vom 19. November 1810 genehmigte (ab 1815 setzte sich die leichter auszusprechende Bezeichnung „Theresienwiese" für den Festplatz endgültig durch). Dall'Armis Idee, dort ein Denkmal zu errichten, wurde dagegen nicht verwirklicht; eine späte Reminiszenz war die festliche Enthüllung des Erzstandbildes der Bavaria vor der noch in Bau befindlichen Ruhmeshalle anlässlich des Oktoberfestes von 1850.
Über das Pferderennen von 1810 ließ Dall'Armi eine von ihm selbst verfasste Beschreibung drucken und dem König überreichen. [1] Sie enthält neben den wichtigsten Dokumenten auch die der Musiknoten für die Chöre sowie eine Lagekarte der Rennbahn und des Pavillons auf der Festwiese. In der Broschüre ist auch eine berühmte Äußerung des Kronzprinzen überliefert, die dieses erste „Oktoberfest" noch nicht als ein Münchner Spezifikum ausweist, sondern in erster Linie als ein bayerisches Nationalfest: „Volksfeste freuen mich besonders. Sie sprechen den Nationalcharakter aus, der sich auf Kinder und Kindes-Kinder vererbt. Ich wünsche nun auch, Kinder zu erhalten; und sie müssen gute Baiern werden; denn sonst würde ich sie mir minder wünschen können. Der König, mein Vater, hat mich zum guten Baiern gebildet."
Erst viele Jahre später, als aus dem bayerischen Nationalfest ein Münchner Fest geworden worden war (weil sich die Stadt München als alleiniger Veranstalter durchgesetzt hatte), wurden auch die beiden Münchner Bürger, die die Idee zum ersten Oktoberfest hatten, von der Stadt geehrt. Andreas Dall'Armi erhielt am 8. Oktober 1824 als erster die für „besondere Verdienste um das Wohl der hiesigen Stadtgemeinde" eingeführte Goldene Bürgermedaille, insbesondere für seine Verdienste „bei der Begründung, Erhaltung und Ausbildung der Oktoberfeste". [2] Und im Jahr 1896 wurde nach dem mittlerweile verstorbenen Lohnkutscher und „Taxler" Franz Baumgartner auf Initiative des Münchner Stadtarchivars Ernst von Destouches die Baumgartnerstraße in Untersendling benannt.

Die Fortführung des Oktoberfestes als ein bayerisches Landwirtschaftsfest

Der Magistrat der Stadt München konnte in den ersten Jahren nach dem Pferderennen von 1810 keine entscheidende Rolle bei der Fortführung des Oktoberfestes spielen, war doch seit der Konstitution des Königreichs Bayern von 1808 und bis zur Verfassung von 1818 die kommunale Verwaltung unter staatliche Kuratel gestellt. So übernahm der ebenfalls 1810 gegründete „Landwirtschaftliche Verein in Baiern" (auch hier war Andreas Dall'Armi Mitglied) im Jahr 1811 die Einladung zu den „Oktoberfesten auf der Theresens-Wiese bey München". [3] Der Verein organisierte um den 12. Oktober herum, dem Namenstag des Königs und gleichzeitig Hochzeitstag des Kronprinzen, ein Pferderennen am Sonntag sowie einen Viehmarkt am Montag (mit Prämierung). Auch 1812 war der Landwirtschaftliche Verein alleiniger Träger des Oktoberfestes (mit Viehmarkt und Pferderennen). 1813 fiel das Oktoberfest wegen der Befreiungskriege aus. [4] 1814 wurde nur der Viehmarkt (ohne Pferderennen) abgehalten, zu dem der König wie schon in den Jahren zuvor Zuschüsse aus der Staatskasse beisteuerte. 1815 kamen neben dem Viehmarkt Vorführungen der Lehrbuben und Feiertagsschüler hinzu, 1816 Glückshafen und Vogelschießen, 1817 ein Wiesenfest für die Schuljugend. [5]
Neben dem Landwirtschaftlichen Verein, der sich als Repräsentanz für das ganze Königreich verstand, waren es viele Münchner Bürger, die das Oktoberfest mit ihrer finanziellen Unterstützung am Leben erhielten. Das alphabetische „Verzeichnis der Gönner der alljährlichen Volks-Feyer der Maximilians-Wo-

che (...) zu den Oktober-Festen der Jahre 1817 und 1818" [6] liest sich mit seinen etwa 300 Namen wie ein „Who's who" der damaligen Münchner Gesellschaft aus Adel und Bürgerschaft. Neben den Münchner Bürgermeistern Franz de Paula von Mittermayr (der vor 1818 nur staatlicher Kommunal-Administrator war) und Joseph von Utzschneider finden wir auch wieder den rührigen Andreas Dall'Armi; erwähnenswert sind auch die vielen namentlich genannten Bierwirte oder Brauer (wie Johann Pschorr); aber auch ganze Korporationen, Zünfte und Innungen der verschiedensten Handwerksberufe haben sich auf die Liste setzen lassen.

1819: Das Oktoberfest wird ein Münchner Fest

Das Jahr 1819 bedeutete einen wichtigen Wendepunkt in der Geschichte des Oktoberfestes: Der Magistrat der Stadt München, der erst ein Jahr zuvor durch das Gemeindeedikt und die Verfassung des Königreichs Bayern erste kommunale Selbstverwaltungsrechte zurückerhalten und sich neu konstituiert hatte, übernahm mit einer Entschließung vom 25. September 1819 nun die alleinige organisatorische und finanzielle Verantwortung für den unterhaltsamen Teil des Festes. Bis heute ist die Landeshauptstadt München allein der Veranstalter des Oktoberfestes geblieben. Nur der eher nützliche Teil des Festes, das gesamtbayerische Zentral-Landwirtschaftsfest, wurde weiterhin (zumindest bis zum Jahr 1913) als „Nationalfest" (so im Programm von 1820) vom landwirtschaftlichen Verein in Bayern organisiert. [7]

Der Münchner Magistrat unternahm seit 1819 weitere Anstrengungen, die Durchführung des Oktoberfestes als städtisches Fest zu sichern. Bereits 1824 und 1826 wurden auf der Theresienwiese, die bis dahin zum Sendlinger Unterfeld gehörte, Privatgrundstücke aufgekauft, um das große Areal als Festplatz zu erhalten (einer der größten Grundbesitzer war

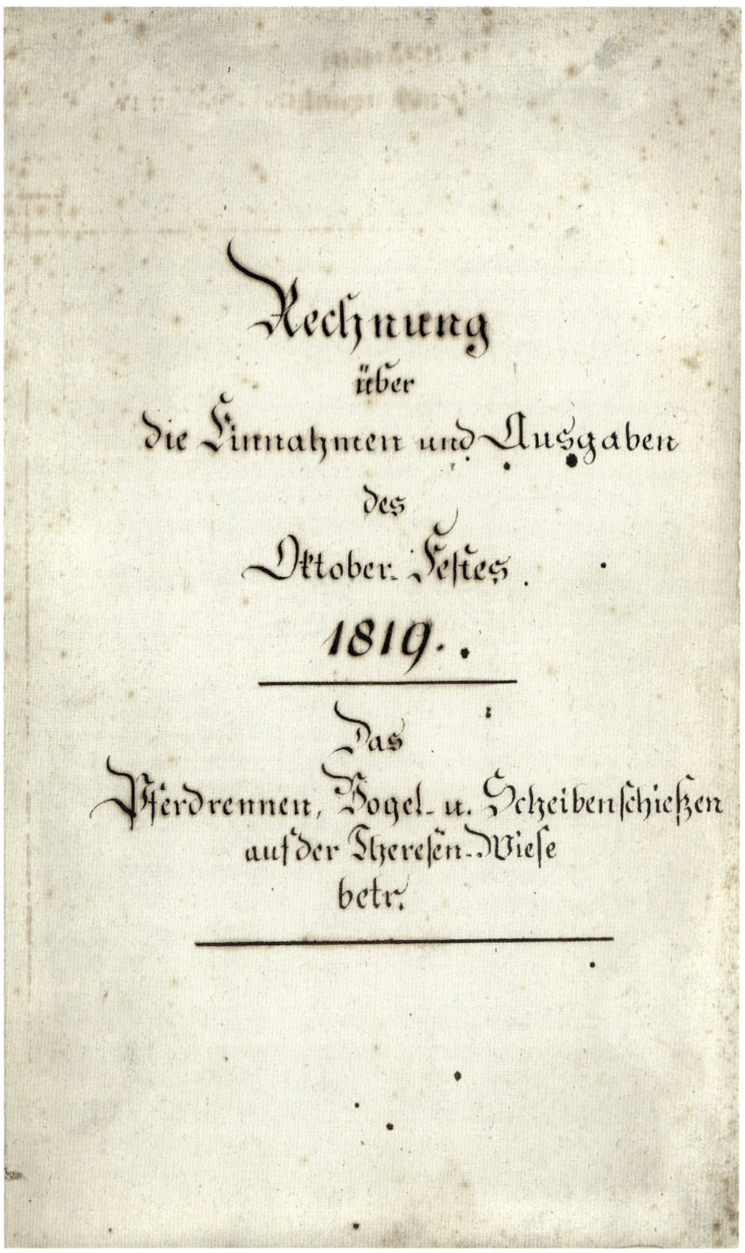

Rechnung
über
die Einnahmen und Ausgaben
des
Oktober-Festes
1819.

Das
Pferdrennen, Vogel- u. Scheibenschießen
auf der Theresien-Wiese
betr.

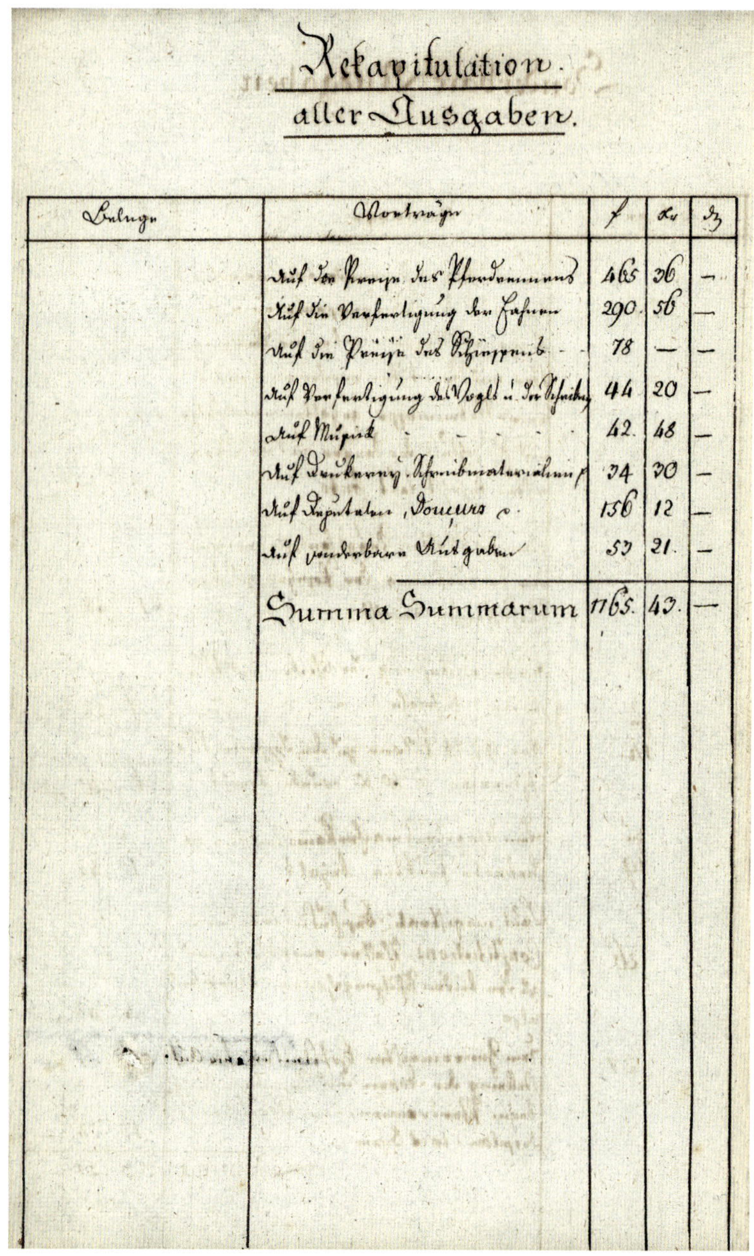

Rekapitulation
aller Ausgaben.

Belege	Betreffe	f	kr	d
	[illegible]	465	36	—
	[illegible]	290	56	—
	[illegible]	78	—	—
	[illegible]	44	20	—
	Auf Musik	42	48	—
	[illegible]	34	30	—
	[illegible]	156	12	—
	[illegible]	53	21	—
	Summa Summarum	1165	43	—

übrigens – neben dem Heiliggeistspital – der wohl nicht ganz uneigennützige Förderer des Oktoberfestes Andreas Dall'Armi mit 72 Tagwerk). [8] Die Stadt München schob damit ihre Burgfriedensgrenze zur Nachbargemeinde Untersendling bis an die Abhänge zur Theresienwiese, nach dem Bau der Ruhmeshalle wurde auch das dahinter liegende Areal (heute Bavariapark) nach München eingemeindet. [9]
In der zweiten Hälfte des 19. Jahrhunderts gelang es der Stadt, die Theresienwiese, die sich ursprünglich bis zum Sendlinger-Tor-Platz erstreckte, zunächst von weiterer Bebauung freizuhalten. Erst in den 1880er Jahren entstand im östlichen Teil der riesigen Freifläche im Zuge des Ausbaus der Ludwigsvorstadt nach Plänen von August Voit ein ästhetisch sehr ansprechendes Viertel. Es wird zum Oval der übrig gebliebenen Festwiese, das seine Form vom Verlauf der Rennbahn erhalten hat, durch einen Halbkreis von Villenbauten am Bavariaring abgegrenzt – bis heute.
Mit dem Jahr 1819 war im städtischen Haushalt erstmals ein eigener Etat für das Oktoberfest vorgesehen, auch wenn sich bereits in den Gemeinderechnungen der Jahre 1817/18 und 1818/19 kleinere Ausgaben fanden. [10] In der ersten eigenständigen Oktoberfest-Rechnung aus dem Jahr 1819 sind nur Einnahmen von 346 Gulden verzeichnet; dem stehen Ausgaben in Höhe von 1165 Gulden entgegen (darunter auch die Siegerpreise des Pferderennens und des Schießens). Beim Abschluss findet sich folgende Anmerkung: „Die Stadt-Renten-Kasse hat die bezeichnete Mehrausgabe vorschußweise gedeckt." [11] Im Jahr 1830 beliefen sich die Ausgaben der Stadt bereits auf über 6500 Gulden; von der Stadt bezahlt wurden damals zwei Pferderennen, das Vogel-, Hirsch- und Scheibenschießen, das Ringelstechen, ein Feuerwerk sowie auch der Empfang des Königs. [12]

Die Stadt und der Monarch beim Oktoberfest

Bis zum Ende der Monarchie konnte die Stadt München bei ihrem kommunalen Fest, auch wenn sie den Empfang des Königs selbst bezahlte, vor allem wegen des Doppelfestcharakters mit dem jährlichen Central-Landwirthschaftsfest nie ganz alleine schalten und walten. So waren immer die Regierung des Isarkreises (seit 1838: Regierung von Oberbayern) und das Innenministerium als Genehmigungsbehörden in die Vorbereitung und die Organisation miteinbezogen.
Wie gebunden die Stadt in ihren Entscheidungen war, kann einem von Bürgermeister von Mittermayr unterzeichneten Schreiben des Magistrats an die Regierung des Isarkreises vom 2. Mai 1832 entnommen werden: „Schließlich bemerken wir, daß künftig die Etats-Summe des Oktoberfestes allerdings eingehalten wird, in so fern man uns nicht zumuthet, außer dem Pferderennen, Freischießen und Feuerwerk, noch andere Feierlichkeiten und Belustigungen anzuordnen." [13]
Als sich 1835 eine Kommission zur Verschönerung des Oktoberfestes bildete, übernahm nicht ein Vertreter der Stadt deren Leitung, sondern der Regierungspräsident des Isarkreises Karl August Graf von Seinsheim, was wohl zu Verstimmungen mit der Stadt führte. Nachdem das Vierteljahrhundert-Jubiläum des Oktoberfestes und zugleich die Silberhochzeit des Königspaares zusätzlich mit einem prächtigen Festzug gefeiert worden waren, hielt es Bürgermeister von Mittermayr in einem selbstbewussten Schreiben vom 17. Mai 1836 an die Regierung des Isarkreises „für unerläßlich, daß die Stellung des Magistrats und der Gemeinde München bei diesem Feste genau bestimmt werde (...). Die Oktoberfeste sind nun nicht, wie behauptet werden will, ein Ausfluß des Central-Landwirthschaftsfestes, ein Annexum desselben, sie haben vielmehr einen anderen Ursprung, und bestehen neben demselben." [14]
Dennoch behielt neben den Dienstaufsichtsbehörden vor allem der König als legitimierende Institution in dreifacher Hinsicht Einfluss auf das Oktoberfest: erstens mit der endgültigen Festsetzung des Termins (der aus dynastischen Gründen auch verschoben werden konnte, so in den Jahren 1822 und 1832), zweitens durch Genehmigung des Festprogramms, drittens durch sein Erscheinen auf dem Festplatz. [15]
König Max I. Joseph (1799/1806–1825) sah regelmäßig den Pferderennen zu; nur während der „Rumpf-Wiesn" 1814 weilte er auf dem Wiener Kongress. Die Rolle der Münchner Bürgerschaft und ihr Verhältnis zur Monarchie in diesen frühen Jahren zeigte sich ganz deutlich bei der Huldigung zur Feier der Anwesenheit von Kronprinz Friedrich Wilhelm von Preußen, die ihm von dem Renngericht bei dem Oktoberfest 1823 entgegen gebracht wurde (darunter der Cafetier und Gemeindebevollmächtigte Johann Baptist Findl, der auch schon im „Verzeichnis der Gönner" von 1818 zu finden war):

Wir Bürger der Stadt München, – tief durchdrungen
Von Liebe für den König und das Land,
Wir bringen uns'rer Brüder Huldigungen
Als Weihe-Gruß zum segenreichen Band,
Womit die Vorsicht liebevoll umschlungen, –
Dort an der Spree und an der Isar Strand', –
Zwei edle Völker, jeder Tugend Erben,
Bereit, für Thron und Vaterland zu sterben! [16]

König Ludwig I. (1825–1848), dessen Regierungszeit 22 Oktoberfeste umfasste, war bei sieben Festen nicht persönlich anwesend. Besonderen dynastischen Charakter erhielten die Oktoberfeste in den Jahren 1835 bei der Silberhochzeit des Königs und 1842 bei der Hochzeit seines Sohnes, als das Oktoberfest wie bei seiner Entstehung 1810 als verlängertes Hochzeitsfest gefeiert wurde. Bereits am 6. Juli 1842 hatte Ludwig seinen ältesten Sohn Maximilian zum Vorstand des General-Comités des Landwirtschaftlichen Vereins in Bayern ernannt. [17] Wenige Tage nach der Vermählung des Kronprinzen mit Prinzessin Marie von Preußen am 12. Oktober fand das Oktoberfest statt; am dritten Oktoberfest-Sonntag wurden in München 35 Brautpaare getraut, die aus den acht Kreisen des Königreichs stammten.
Auch König Max II. (1848–1864) besuchte das Oktoberfest ganz regelmäßig; zweimal nur war er verhindert. Am wenigsten erschien König Ludwig II. (1864–1886), der in 24 Regierungsjahren nur fünfmal dem Oktoberfest beiwohnte. Ganz anders verhielt sich wiederum sein Nachfolger, Prinzregent Luitpold (1886–1912). Er besuchte jedes Oktoberfest bis ins vorletzte Jahr seiner Regentschaft (stellvertretend für König Ludwigs Bruder Otto, der wegen seiner Geisteskrankheit regierungsunfähig war und erst 1916 starb). Luitpold gelang es gerade mit seiner dort betont gezeigten Leutseligkeit und Bürgernähe, im öffentlichen Bewusstsein die Entmündigung und die mysteriösen Todesumstände König Ludwigs II. nach und nach in den Hintergrund treten zu lassen. Nur 1912 sagte Prinzregent Luitpold wegen zweier Todesfälle am Hof seine Teilnahme ab; er selbst starb am 12. Dezember 1912 im Alter von 91 Jahren.

Luitpolds Sohn, Prinzregent Ludwig, der nachmalige König Ludwig III. (1912–1918) mischte sich 1913 gleich an mehreren Tagen unter die Wiesn-Besucher und bekräftigte auf diese Weise seine durchaus moderne Einstellung zur Rolle als Monarch: Er wollte „der erste Bürger unter Bürgern" sein. Niemand ahnte, dass dies die letzte Teilnahme eines bayerischen Monarchen am Oktoberfest war; mit dem Jahr 1913 endete die Ära, in der das das ganze Land miteinbeziehende „bayerische Nationalfest" unter monarchischem Protektorat stand.

Zum Verhältnis Münchner Oktoberfest und Bayerisches Zentral-Landwirtschaftsfest

Im Verlauf der zweiten Hälfte des 19. Jahrhunderts war das Oktoberfest als ein allein von der Stadt München organisiertes gesamtbayerisches Volksfest immer stärker in den Vordergrund gerückt. Das Zentral-Landwirtschaftsfest verlor dagegen zunehmend an Bedeutung und distanzierte sich auch räumlich vom Oktoberfest. Viehprämierungen fanden dezentral in den Regierungsbezirken statt und die landwirtschaftlichen Sonderausstellungen wanderten von der Theresienwiese in die Räume des Landwirtschaftlichen Vereins in der Stadt, später in den Glaspalast.
Im November 1904 kaufte die Stadt München vom Landwirtschaftlichen Verein für 1,1 Mio. Mark Grundstücke auf der Theresienhöhe, um dort einen neuen Ausstellungspark zu errichten. In §6 des notariellen Kaufvertrags räumte die Stadt München dem Landwirtschaftlichen Verein das Recht ein, das Zentral-Landwirtschaftsfest jährlich auf den Grundstücken des Kaufgegenstands, also den neu zu errichtenden Ausstellungsbauten des Messegeländes, unentgeltlich durchführen zu dürfen. Darüber hinaus verpflichtete sich München bis zur Fertigstellung des Messegeländes, „dem Landwirtschaftlichen Verein auf der Theresienwiese nicht nur den bisher inne gehabten circa 16.000 m² großen Platz zur Unterbringung seiner Ausstellungen unentgeltlich zur Verfügung zu stellen, sondern auch die für die Ausstellung erforderlichen Zelte, Stallungen, Remisen und sonstigen Holzbauten in dem bisherigen Umfange (...) auf ihre Kosten herzustellen." [18] Die landwirtschaftlichen Ausstellungen des Zentral-Landwirtschaftsfestes fanden dann vertragsgemäß im Jahr 1909 erstmals im 1908 eröffneten städtischen Ausstellungspark auf der Theresienhöhe statt.
Doch schon im nächsten Jahr, als das 100-jährige Bestehen des Oktoberfestes gefeiert wurde, wich man von dieser Neuregelung ab: das Zentral-Landwirtschaftsfest wurde wieder zusammen mit dem Oktoberfest auf der Theresienwiese abgehalten und fand seinen Platz auf dem südlichen, durch einen Zaun abgetrennten Teil der Festwiese. Organisiert wurde das groß gefeierte 100-jährige Bestehen übrigens ausschließlich „vom Magistrat der königlichen Haupt- und Residenzstadt". [19]
In der vom Stadtarchivar Ernst von Destouches geführten Stadtchronik heißt es im letzten Eintrag des Jahres 1910, dass ein Jahr seinen Abschluss gefunden habe, „welches durch die Säkularfeier des populärsten aller Volksfeste, des Münchner Oktoberfestes, für alle Zeiten einen Markstein in der Geschichte Monachias bilden wird." [20]
Im Ersten Weltkrieg (1914–1918) fanden keine Oktoberfeste statt. 1919 und 1920 gab es nur kleine rein städtische Feste. Reguläre Oktoberfeste (aber immer noch ohne Zentral-Landwirtschaftsfest) wurden 1921 und 1922 durchgeführt. Durch den Wandel Münchens von der königlichen Haupt- und Residenzstadt zu einer bürgerlichen Großstadt wurde nun auch das Oktoberfest stärker auf die Münchner Verhältnisse zugeschnitten. Die Stadt nahm „dieses auf der Welt einzigartige Münchner Volksfest", wie es in einer zeitgenössischen Publikation hieß, als ein den Fremdenverkehr und die Wirtschaft belebendes typisches Lokalereignis ganz in Beschlag.
Wegen der Inflation unterblieb 1923 und auch 1924 das Oktoberfest. Erst 1925 wurde dem Oktoberfest wieder ein Zentral-Landwirtschaftsfest auf der Theresienwiese zugesellt, das nun von der Landesbauernkammer in München organisiert wurde. Das Zentral-Landwirtschaftsfest wurde 1927 wiederholt und 1933 zum letzten Mal vor dem Zweiten Weltkrieg veranstaltet. Bei der Eröffnung im Herbst 1933 dominierte bereits die örtliche NS-Prominenz: der Münchner Oberbürgermeister Karl Fiehler, der bayerische Ministerpräsident Ludwig Siebert und Reichsstatthalter Franz Ritter von Epp. Da kurz danach die Bauernkammern „gleichgeschaltet" wurden, verschwand das Zentral-Landwirtschaftsfest während der Naziherrschaft von der Theresienwiese.
Doch auch das nun allein stattfindende Münchner Oktoberfest wurde zunehmend von der NS-Ideologie beeinflusst bzw. in ihrem Sinne instrumentalisiert. So waren Personen jüdischer Abstammung ab 1933 „im Interesse der Aufrechterhaltung der öffentlichen Sicherheit und Ordnung" nicht mehr zugelassen. Seit 1936 ordnete die Stadtverwaltung eine einheitliche Beflaggung an: es wehten nun nur noch die Hakenkreuzfahnen, die weißblauen Landesfarben und die schwarzgelben Stadtfarben wurden verboten. [21] Seit 1934 fanden auf Initiative des NS-Stadtrats und ehemaligen Pferdeknechts Christian Weber auch wieder Pferderennen statt (wie zuletzt im Jahr 1913), die ja die Festtradition begründet und den Hauptinhalt der früheren Oktoberfeste gebildet hatten; in den Folgejahren wurden die reitsportlichen Veranstaltungen immer mehr ausgeweitet. [22]
Die Kriegsjahre 1939 bis 1945 brachten die längste Unterbrechung der Münchner Oktoberfest-Tradition. Nachdem 1946, 1947 und 1948 von der Stadt München nur karge „Herbstfeste" veranstaltet worden waren, wurde erst 1949 das erste „echte" Nachkriegsoktoberfest gefeiert, diesmal wieder zusammen mit einem Zentral-Landwirtschaftsfest auf der Theresienwiese. Träger dieses Festes war nun der Bayerische Bauernverband als Rechtsnachfolger des Landwirtschaftlichen Vereins in Bayern bzw. der Landesbauernkammer. Doch nicht nur in der Trägerschaft besteht seitdem ein Unterschied zwischen den beiden Festteilen, sondern auch darin, wann und wie lange sie jeweils stattfinden. Seit 1949 fand das Zentral-Landwirtschaftsfest – auch wegen der zunehmend geringeren Bedeutung der Landwirtschaft in Bayern – auf Wunsch des Bauernverbandes zunächst nur noch alle zwei Jahre, seit 1975 alle drei Jahre statt. Seit 1996 gibt es gar einen Vier-Jahres-Turnus. In der Gegenwart ist das Zentral-Landwirtschaftsfest mit nur elf Tagen kürzer als das Oktoberfest. Zudem hat auch seine mittlerweile übliche Gestaltung als große Produkt- und Maschinenausstellung es weitgehend aus dem Festbereich gelöst.
Die Eröffnung des Zentral-Landwirtschaftsfestes wird in der Regel durch den bayerischen Ministerpräsidenten vorgenommen (sozusagen in der Tradition des bayerischen Königs). [23]
Bei der ebenso traditionellen Begrüßungsrede des Gastgebers, des Münchner Oberbürgermeisters, werden regelmäßig „die alten und engen Beziehungen Münchens zu seinem bäuerlichen Umland und zur bayerischen Landwirtschaft" betont. [24]

Und Christian Ude begrüßte bei einem seiner ersten Auftritte als Oberbürgermeister die Gäste des 120. Zentral-Landwirtschaftsfestes sozusagen „von Landwirt zu Landwirt“: „Schließlich bin ich als Münchner Oberbürgermeister nun selbst – quasi von Amts wegen – ein 'Großbauer und Viehzüchter', der 'sein Sach' zusammenhalten muss. Immerhin werden von der Stadt 10 Güter mit rund 1600 Hektar landwirtschaftlicher Nutzfläche und 4500 Hektar eigener Waldfläche bewirtschaftet. Und bereits seit 1945 ist die Stadt auch Mitglied im Bayerischen Bauernverband.“ [25] Mit keinem Wort wird in den Reden der Ministerpräsidenten und Oberbürgermeister das gleichzeitig stattfindende Münchner Oktoberfest erwähnt, auch dies ein Zeichen, wie sehr sich diese beiden Feste mittlerweile verselbständigt haben. Lediglich in der Oktoberfestverordnung vom 16. Juli 1997, die „das Oktoberfest der Landeshauptstadt München auf der Theresienwiese (Festwiese)“ regelt, heißt es in §1 (3) lapidar: „Die Verordnung gilt auch für das Bayerische Zentral-Landwirtschaftsfest.“ [26]

Münchner Wirte und Münchner Bier auf dem Oktoberfest

Bewirtung und Bierausschank waren schon immer ein wichtiger Bestandteil des Festes. Bereits in der ältesten Oktoberfest-Rechnung der Stadt München aus dem Jahr 1819 gehörten die Pachtbeiträge der Wirte, an erster Stelle die vom Praterwirt Anton Gruber, zu den einträglichsten Einnahmeposten. Der Andrang der Bewerber wurde in den Folgejahren immer größer. Die Standplätze für die ca. 70 m^2 großen Wirtsbretterbuden in Zimmermannsarbeit mussten bei jährlichem Wechsel ausgelost werden.

Mit dem Erwerb der Wiesen als Gemeindebesitz konnte die Stadt nun auch eigene Regelungen für die Zulassung der Bierwirte festlegen. Mit der gemeinsamen Bekanntmachung der Polizeidirektion, des Landgerichts und des Magistrats München vom 6. August 1824 wurde die Genehmigung auf zunächst 18 einheimische („hiesige“) Bierwirte und Brauer beschränkt. Im Losverfahren wurden in einem Jahr die ersten 18 Bewerber berücksichtigt, im nächsten Jahr die nächsten 18 Bewerber. Daneben waren aber auch vier Wirte aus dem umliegenden Landgericht München zugelassen (wo u.a. auch Tölzer Bier ausgeschenkt wurde), die ihren Standplatz auf der „Anhöhe im Landgerichtsbezirk“ erhielten, also auf der außerhalb des Münchner Stadtgebiets gelegenen Sendlinger Höhe. [27]

Erst mit der Eingemeindung Sendlings nach München im Jahr 1877 musste die Stadt bei der Vergabe der Buden keine Rücksichten mehr nehmen.

Später wurden die Plätze für die Wirtsbuden jährlich neu (im Jahr 1897 waren es 24) an den Meistbietenden öffentlich versteigert, wozu – so in der Bekanntmachung des Magistrats vom 9. Juli 1897 – „die in München gewerbsberechtigten Inhaber von Schankwirtschaften hiemit eingeladen werden.“ [28]

Diese Beschränkung auf Münchner Wirte fehlte erstmals in der entsprechenden Bekanntmachung aus dem Jahr 1899, denn ein Jahr zuvor hatte es bei der Zulassung eine radikale Wandlung gegeben: Der „Krokodilwirt“ Georg Lang, der gar nicht aus München, sondern aus Nürnberg stammte, hatte 1898 über fünf Münchner Wirte als Strohmänner fünf Budenplätze ersteigern lassen und dort die „Lang's Riesenhalle“ errichtet. Da die Stadt nicht dagegen einschritt, machte sie so den Weg frei für die Ära der Bierhallen großen Stils. Damit war aber auch ein Wechsel in der Trägerschicht eingeleitet, denn diese Form des Bierausschanks brauchte eine kapitalkräftigere Trägerschicht als die kleinen, einzelnen Wirte: die großen Münchner Brauereien.

In der „Riesenhalle“ von Georg Lang schenkte die Münchner Kindl Brauerei ein spezielles „Wiesn-Bier“ aus (wie sie es schon seit 1892 nannte). Dabei handelt es sich um ein stärkeres helles, aber auch teureres Märzenbier, das erstmals 1871 von Gabriel Sedlmayr (Franziskaner-Leistbräu) gebraut und von Wiesnwirt Michael Schottenhamel ausgeschenkt worden war, und das nach und nach von allen Münchner Brauereien als Oktoberfestbier verkauft wurde.

Im Jubiläumsjahr 1910 bildeten bereits zehn Bierfesthallen, die von stadtbekannten Architekten (wie Gabriel und Emanuel von Seidl oder Martin Dülfer) und Baufirmen (wie Heilmann & Littmann) errichtet wurden, das Wahrzeichen des Oktoberfestes. Sie gaben – so Ernst von Destouches, Stadtarchivar und Organisator der Jubiläumsfeier – „Zeugnis von echter Münchner Wirtschaftsführung“. Sechs dieser zehn Brauereibauten bildeten den so genannten Wirtsbudenring (Münchner Bürgerbräu, Unionsbrauerei, Spatenbrauerei, Hackerbrauerei, Wagnerbrauerei und Löwenbrauerei), vier befanden sich an der Schützenstraße der Festwiese („Bräurosl“ der Pschorrbrauerei, „Schottenhamel“ der Leistbrauerei, „Winzerer Fähndl“ der Thomasbrauerei und die „Langbude“ der Augustinerbrauerei). Acht dieser Bierpaläste repräsentierten die damals acht Kreise Bayerns (mit der Rheinpfalz) und waren entsprechend mit Emblemen und Wahrzeichen der Kreise ausgeschmückt, auch dies ein Zeichen der Verbundenheit von Stadt und Land. Von der Schützenstraße führte neben der „Schottenhamel“-Wirtsbude ein kleiner Seitenweg zur städtischen „Ratsbude“; dort war nicht nur das Büro des Verwaltungsrates des Oktoberfestes untergebracht, sondern auch – worauf die Aufschrift „Die Stadt dem Rat und seinen Gästen“ hinwies – ein größerer Festraum für die Mitglieder der beiden städtischen Kollegien (Magistrat, Gemeindebevollmächtigte) und die besonders geladenen Gäste der Stadt.

Nach dem Ersten Weltkrieg waren nur noch die großen Münchner Brauereien alleiniger Ansprechpartner für die Stadt München als Veranstalter des Oktoberfestes. 1928 beteiligten sich neun Brauereien: Löwenbräu, Spatenbräu, Thomasbräu, Pschorrbräu, Hackerbräu, Paulanerbräu, Augustinerbräu, Wagnerbräu und Franziskaner-Leistbräu. [29]

Nach dem Zweiten Weltkrieg schrumpfte, auch bedingt durch Fusionen bei den Großbrauereien, die Zahl der zugelassenen Brauereien. Neu hinzu kam lediglich die Staatliche Hofbrauerei, die im Jahr 1952 erstmals mit einer eigenen Festhalle zugelassen wurde. Neben dem Hofbräu schloss die Stadt München im Jahr 1960 mit weiteren fünf Brauereien Verträge: mit der Augustinerbrauerei, Hackerbrauerei, Löwenbräu, Paulaner-Salvator-Thomasbräu und Pschorrbräu; als einziger Wirtsunternehmer ist die Familie Schottenhamel vertreten, beliefert nun von der Spatenbrauerei. [30]

Der 1871 gegründete Verein Münchener Brauereien e.V., der sich bis heute als „Hüter des Münchner Bieres“ [31] versteht, bemühte sich erstmals im August 1952 im Zusammenhang mit der geplanten Eintragung der Bezeichnungen „Wiesen-Bier“, „Wiesen-Märzen“ und „Münchner Oktoberfestbier“ als geschütztes Warenzeichen beim Patentamt um eine Erklärung der Stadt, dass zum Oktoberfest nur die Münchner Großbrauereien zugelassen werden. Die Stadt, die die Verträge immer nur für ein Jahr schließt, hatte Bedenken: „Dann hätte

die Stadt kaum mehr die Möglichkeit, eine dem Verein nicht angehörige (Münchener oder auswärtige) Brauerei zum Oktoberfest zuzulassen." [32]
In der Praxis bildete sich jedoch heraus, dass nur die großen Münchner Brauereien zur Bierlieferung zugelassen wurden. In den Verträgen der Stadt mit den privaten Betreibern von Festzelten und mit den Festbeschickern, denen der Bierausschank gestattet war, wurde festgelegt, dass das Bier ausschließlich von einer zum Oktoberfest zugelassenen Brauerei bezogen werden dürfe.
In den achtziger Jahren versuchte sich neben den sechs Münchner Traditionsbrauereien (Augustiner, Hacker-Pschorr, Paulaner, Spaten, Löwenbräu und Staatliches Hofbräuhaus) mit der Prinz Luitpolds Weisse Bräu GmbH aus Kaltenberg (im Landkreis Landsberg am Lech), eine weitere Brauerei, die ausgerechnet einem Nachfahren König Ludwigs I. gehörte, auf der Wiesn zu etablieren. Der Verein Münchener Brauereien ergänzte daraufhin 1987 seine Betriebsvorschriften für das Oktoberfest; waren bis dahin die zugelassenen Münchner Brauereien nur namentlich genannt, so wurde nun hinzugefügt: „Das Oktoberfest ist das traditionelle Münchner Volksfest mit Münchner Gastlichkeit und Münchner Bier. Diese Tradition gilt es weiter zu wahren. An Wiesn-Besucher darf deshalb nur Münchner Bier der leistungsfähigen und bewährten Münchner Traditionsbrauereien ausgeschenkt werden." [33]
Die Brauerei aus Kaltenberg richtete zeitweilig im Bamberger Haus am Schwabinger Luitpoldpark eine kleine Hausbrauerei ein, um dort „Münchner Bier" zu brauen. Prinz Luitpold versuchte noch mit einer Klage gegen die Landeshauptstadt München, die Zulassung zum Oktoberfest zu erstreiten, wurde aber vom Landgericht München I zurückgewiesen; im Urteil vom 17. Januar 1990 heißt es noch einmal ausdrücklich, „dass das Oktoberfest ein Fest des Münchner Bieres ist."
Die Besitzverhältnisse bei den Münchner Traditionsbrauereien haben sich jedoch in den letzten Jahren dramatisch verändert. Nur noch Hofbräu ist zu 100% im Besitz des Freistaats Bayern. Augustiner gehört nur noch zu 51% der Münchner Edith-Haberland-Wagner-Stiftung. Die Münchner Schörghuber Unternehmensgruppe hat bei Paulaner und Hacker-Pschorr zwar noch eine Mehrheit, die sie sich aber mit der niederländischen Firma Heineken teilt. Aber Löwenbräu, Spaten und Franziskaner sind inzwischen ganz der größten Brauereigruppe der Welt einverleibt worden: der brasilianisch-amerikanisch-belgischen Anheuser-Busch-Inbev. Man darf gespannt sein, welche Auswirkungen das zukünftige Geschäftsgebaren dieses Global Player auf das Münchner Oktoberfest haben wird.

Das Oktoberfest bis heute: eine spezifisch Münchner Veranstaltung

Auch wenn das Oktoberfest als „Fest des Münchner Bieres" in Gefahr sein sollte, bleibt es doch aus vielerlei Gründen bis heute ein spezifisch Münchner Event. Veranstalter ist (seit 1819 ununterbrochen) die Landeshauptstadt München, die mit dem Tourismusamt beim Referat für Arbeit und Wirtschaft diese jährlich von fast sechs Millionen Menschen besuchte Veranstaltung bewirbt. Das Kreisverwaltungsreferat sorgt für die organisatorische Umsetzung und Überwachung; in deren seit 2004 bestehenden Servicezentrum Theresienwiese arbeitet während der Wiesn eine kleine und – wenn der Oberbürgermeister vorbeischaut – fast komplette Stadtverwaltung.

Auch der Oktoberfest-Trachtenzug, den es wieder seit 1948 gibt, [34] wurde zunächst von der Stadt organisiert, vom Oktoberfestreferat bzw. einem eigenen Arbeitsausschuss für den Schützen- und Trachtenzug mit Geschäftsstelle im Hochhaus an der Blumenstraße. Heute ist dafür der Festring München e.V. zuständig, eine 1956 gegründete bürgerschaftliche Vereinigung. Seit 1952 fährt bei dem Trachten- und Schützenzug am ersten Wiesn-Sonntag der Münchner Oberbürgermeister in eigener Kutsche mit. Der Festring München organisiert auch den Wiesn-Einzug der Festwirte und Brauereien am ersten Wiesn-Samstag; hier fährt der Münchner Oberbürgermeister ebenfalls seit 1952 in der Kutsche der Festwirtsfamilie Schottenhamel mit.
Die Münchner Familie Schottenhamel spielt überhaupt eine wichtige Rolle beim Oktoberfest, da sie dort schon seit 1867 vertreten und damit die älteste Festwirtsfamilie ist. Sie versorgte schon vor dem Ersten Weltkrieg auf dem Festplatz auch die „Ratsbude" der Stadt, und noch heute bewirtet die Stadt im Schottenhamelzelt (mit Bier der Spatenbrauerei) in einer eigenen Ratsboxe ihre Gäste.
Im Schottenhamelzelt findet auch das Anzapfen des ersten Fasses durch das Münchner Stadtoberhaupt statt. Der beliebte Oberbürgermeister Thomas Wimmer begann diese Tradition im Jahr 1950 und zapfte über seine Amtszeit hinaus bis 1963 an; der seit 1960 amtierende Oberbürgermeister Hans-Jochen Vogel setzte 1964 diese Tradition fort. Gelegentlich stand als Gast der bayerische Ministerpräsident daneben, so Wilhelm Hoegner (1956, 1957), Hans Ehard (1960, 1961) und Alfons Goppel (1973). Erst als die CSU ab 1978 für sechs Jahre mit Erich Kiesl den Münchner Oberbürgermeister stellte, wurde der Ministerpräsident regelmäßig eingeladen. Alfons Goppel, der in diesem Jahr auch in einer eigenen Kutsche beim Trachten- und Schützenzug mitfuhr, wurde beim Anzapfen vom Oberbürgermeister die erste Maß gereicht. Seine Nachfolger lassen sich bis heute diesen vom Bayerischen Fernsehen direkt übertragenen medienwirksamen Auftritt nicht entgehen. Nur Franz Josef Strauß hat 1988 auf die damals schon traditionelle Teilnahme verzichtet und lieber einen Korb-Markt im oberfränkischen Lichtenfels eröffnet, um die dortige Korbstadt-Königin zu krönen. Aus heutiger Münchner Sicht war sein Fehlen angesichts seines kurz darauf erfolgten Todes sicherlich ein Menetekel, aber auch damals wurde es in der Landeshauptstadt von vielen als ein Affront angesehen. Doch vielleicht hatte Strauß gemerkt, dass dem bayerischen Ministerpräsidenten beim Anzapfen im Grunde nur eine Statistenrolle zugewiesen ist. Herr der Veranstaltung ist und bleibt der jeweilige Münchner Oberbürgermeister, und die wichtigste Frage lautet auch im diesjährigen Jubiläumsjahr 2010, wie viele Schläge Christian Ude wohl diesmal brauchen wird.

Michael Stephan
Direktor des Stadtarchiv München

Münchner Stadtwappen 1818 bis 1835, G-38/1311

1 [Andreas Dall'Armi], Das Pferde-Rennen zur Vermählungs-Feyer Seiner königlichen Hoheit des Kron-Prinzen von Baiern, München 1811 [Exemplar im Stadtarchiv München, Bibliothek Nr. 95]. - Vgl. auch: Roswitha von Bary, Andreas Michael Dall'Armi. Ein Münchner Bankier der Napoleonzeit. In: Zeitschrift für bayerische Landesgeschichte 51(1988), S. 807-827.

2 Stadtarchiv München, Bürgermeister und Rat 603.

3 Vgl. Staatsarchiv München, RA 24760/I („Das landwirthschaftliche Centralfest", 1811-1816).

4 In den 200 Jahren seines Bestehens wurde das Oktoberfest insgesamt 19 mal ganz wegen Krieg (1813, 1866, 1870, 1914-1918, 1939-1945), Cholera (1854, 1873) oder Inflation (1923, 1924) abgesagt, fünfmal fanden nur kleine Feste (1919, 1920) oder so genannte Herbstfeste (1946-1948) statt. 1836 fand das Oktoberfest trotz Cholera-Epidemie statt.

5 Zur Chronologie des Festes vgl. vor allem die beiden einschlägigen Publikationen zum 175. Jubiläum: Richard Bauer und Fritz Fenzl, 175 Jahre Oktoberfest 1810–1985, München 1985. - Florian Dering (Hrsg.), Das Oktoberfest. 175 Jahre Bayerischer National-Rausch, München 1985.

6 Stadtarchiv München, Oktoberfest Nr. 6. - Der Bestand „Oktoberfest" im Stadtarchiv München bildete die wichtigste Grundlage für diesen Aufsatz; er besteht aus zwei Serien (mit unterschiedlichen Provenienzen), einer chronologisch geordneten (Nr. 1-212; Laufzeit: 1810-1950] und einer sachthematisch geordneten (Nr. 213-516; Laufzeit: 1881-1966).

7 Staatsarchiv München, RA 24760/III („Das Landwirtschaftliche Centralfest", 1819-1825). – Eine immer noch wichtige Untersuchung dieses Doppelfestcharakters aus volkskundlicher Sicht: Gerda Möhler, Das Münchner Oktoberfest. Brauchformen des Volksfestes zwischen Aufklärung und Gegenwart (Miscellanea Bavarica Monacensia 100 = Neue Schriftenreihe des Stadtarchivs München), München 1980.

8 Stadtarchiv München, Städtischer Grundbesitz Nr. 677.

9 Stadtarchiv München, Pläne C 2940/1 (aus dem Jahr 1861).

10 Stadtarchiv München, Oktoberfest Nr. 6.

11 Stadtarchiv München, Oktoberfest Nr. 5.

12 Staatsarchiv München, RA 24760/IV („Das Oktoberfest zu München", 1826-1841).

13 Staatsarchiv München, RA 24760/IV („Das Oktoberfest zu München", 1826-1841).

14 Ebd.

15 Vgl. aus (auch protokollarischer) Sicht des Hofes: Bayerisches Hauptstaatsarchiv, Geheimes Hausarchiv, Hofstäbe-Obersthofmarschall o. Nr. (alt: Act 25/1+2).

16 Stadtarchiv München, Oktoberfest Nr. 2/1.

17 Bayerisches Hauptstaatsarchiv, Geheimes Hausarchiv, Kabinettsakten König Maximilians II. Nr. 343a-h; v.a. Nr. 343f (Oktoberfest, 1842-1860).

18 Stadtarchiv München, Urkunde vom 16. November 1904.

19 Ernst von Destouches, Säkular-Chronik des Münchener Oktoberfestes (Zentral-Landwirtschafts-Festes 1810-1910. Festschrift zur Hundertjahrfeier, München 1910.

20 Stadtarchiv München, Stadtchronik 1910.

21 In den Anfangsjahren der Bundesrepublik reagierte die Stadt auf zentralistische Beflaggungswünsche betont föderalistisch. Als der SPD-Landesvorsitzende Waldemar von Knoeringen 1951 anregte, während des Oktoberfestes auch die Bundesfahnen zu hissen, wurde ihm von Seiten der Stadt am 7. September 1951 geantwortet, dass dies nur auf dem Weg zur Festwiese möglich sei: „Auf dem Festplatz selbst wird einer alten Tradition gemäß entsprechend dem Charakter des urbayerischen Festes mit den Landes- und Stadtfarben geflaggt." (Stadtarchiv München, Bürgermeister und Rat Nr. 2268).

22 Nach dem Zweiten Weltkrieg fand erst zum 150. Jubiläum des Oktoberfestes im Jahr 1960 wieder ein Pferderennen statt.

23 Vgl. die Rede von Ministerpräsident Franz Josef Strauß zur Eröffnung des 117. Zentral-Landwirtschaftsfestes am 22. September 1984 (Stadtarchiv München, Bibliothek, Av. Bibl. 19762).

24 Rede von Oberbürgermeister Georg Kronawitter zur Eröffnung des 117. Zentral-Landwirtschaftsfestes am 22. September 1984 (Stadtarchiv München, Bibliothek, Av. Bibl. 19775). Mit dieser offensivgezeigten Verbundenheit von Stadt und Land hängt sicherlich auch das erst Ende der 1960er Jahre einsetzende Trachtentragen der Wiesnbesucher zusammen; in den letzten zehn Jahren hat diese Begeisterung eine ganz eigene Dynamik bekommen, die auch schon volkskundlich untersucht worden ist: Simone Egger, Phänomen Wiesntracht. Identitätspraxen einer urbanen Gesellschaft. Dirndl und Lederhosen, München und das Oktoberfest (Münchner ethnographische Studien 2), München 2008.

25 Rede von Oberbürgermeister Christian Ude bei der Eröffnung des 120. Zentral-Landwirtschaftsfestes am 18. September 1993 auf der Theresienwiese (Stadtarchiv München, Bibliothek, Av. Bibl. 34214).

26 Bekanntmachung am 21. September 1997 (MüABl. S. 200), zuletzt geändert am 7.8.2008 (MüABl. S. 549).

27 Stadtarchiv München, Oktoberfest Nr. 9.

28 Stadtarchiv München, Oktoberfest Nr. 90.

29 Stadtarchiv München, Oktoberfest Nr. 182.

30 Stadtarchiv München, Oktoberfest Nr. 356.

31 Vgl. die Homepage des Vereins (www.muenchner-bier.de).

32 Stadtarchiv München, Bürgermeister und Rat Nr. 2269.

33 Verein Münchener Brauereien, Akten Nr. 21. - Zitiert nach: Christine Rädlinger, 125 Jahre Verein Münchener Brauereien 1871-1996, München 1996, S. 114.

34 Vgl. Brigitte Huber, München feiert. Der Festzug als Phänomen und Medium, Neustadt a.d. Aisch 2009, v.a. S. 66-69.

Wappen des Königreichs Bayern 1806-1835
Goldstickerei auf Silberlamé, 73,5 x 62 cm, T-28/1364

1810 Der Beginn des Festes

Das Oktoberfest entstand nicht wie oft vermutet auf Grund eines Erlasses des Königs, sondern wurde als Initiative der Bürgerschaft der königlichen Hochzeit angefügt.
Die Trauung von Kronprinz Ludwig und Prinzessin Therese fand am Freitag, den 12. Oktober, in der Hofkapelle der Residenz statt. Am Samstag, den 13. Oktober, wurde die Bevölkerung in der festlich geschmückten Innenstadt auf verschiedenen Plätzen bewirtet. Mit dieser vom Hof finanzierten Veranstaltung wären die Hochzeitsfeierlichkeiten beendet gewesen und nicht sonderlich in die bayerischen Annalen eingegangen.
Erst das Pferderennen am Mittwoch, den 17. Oktober, geplant vom Bürgermilitär als Beiprogramm zur Huldigung an das Königshaus, brachte die Initialzündung für das nun seit 200 Jahren existierende Fest.

Moritz von Kellerhoven, ***Max I. Joseph, König von Bayern(1756-1825), um 1820***
Öl auf Leinwand, 71,5 x 57,8 cm, GM-IIa/5

Moritz von Kellerhoven, ***Caroline, Königin von Bayern (1776-1841), um 1820***
Öl auf Leinwand, 71,5 x 57,5 cm, GM-IIa/6

Die Voraussetzung: Das Königreich Bayern

Die geschichtlichen Grundlagen des Oktoberfests wurden am 1. Januar 1806 geschaffen, als Kaiser Napoleon I. das bayerische Kurfürstentum zu einem souveränen Königreich machte. Die neue Königswürde fiel an das mit Frankreich verbündete Haus Wittelsbach. In der Hauptstadt München wurde Max I. Joseph, seit 1799 bereits Kurfürst, zum ersten König Bayerns ausgerufen. Mit politisch weitreichenden Ambitionen bereitete sich sein neunzehn Jahre alter Sohn Ludwig auf die Thronfolge vor.
Die Erhebung zum Königreich war mit einer beachtlichen Ausdehnung des bayerischen Herrschaftsbereichs einhergegangen. Unter Preisgabe alter Privilegien wurden weite Teile Frankens und Schwabens dem hoheitlichen Territorium zugeschlagen. Den zentralistischen Mittelpunkt bildete die Königsresidenz in München.
Gerade in den arrondierten Gebieten war die Loyalität zum neuen Fürstenhaus nicht selbstverständlich. Mit den „October-Festen“ wurde seit 1810 ein Instrument geschaffen, mit dem sich der Gedanke einer Einheit Bayerns dynastisch festigen und landesweit befördern ließ.

Karte des Königreichs Bayern 1808
Kupferstich, koloriert, 45,7 x 33,5 cm, G-30/1331

Maßgefäß ***„BAIER.MAAS 1809"***
Kupfer, H 17 cm, Dm 10,5 cm, A-X/78

Bierkrug für eine Maß mit bayerischer Stempelung, gültig von 1806 bis 1835
Steinzeug, H 23 cm, Edith-Haberland-Wagner-Stiftung, München

Eine Voraussetzung für die zentralistisch geführte Verwaltung im neuen Königreich war die Vereinheitlichung der Maße und Gewichte. So gab es allein 93 verschiedene Flüssigkeitseinheiten, die 1809 durch die Einführung der bayerischen Maß (1069 ccm) ersetzt wurden. Den Behörden standen die geeichten Maßgefäße mit der Aufschrift **„BAIER.MAAS"** zur Verfügung, mit denen unter anderem die Schankgefäße kontrolliert wurden.
Durch den häufigen Einsatz beim Bierausschank übertrug sich der Name des Gefäßes auf die Maßbier, sowie auf den Maßkrug. Beide Wörter müssten laut ihrer Aussprache eigentlich Mass und Masskrug geschrieben werden!
In den ersten Jahrzehnten des 19. Jahrhunderts entwickelte sich die typische Form des einfachen Maßkruges aus grauem Steinzeug, der mit einem Zinndeckel (Luck) versehen werden kann.
Das spätere Hauptutensil des Oktoberfestes stand somit bereit.

Johann Georg Raber nach Moritz Kellerhoven,
Ludwig Carl August, Kronprinz von Bayern (1786 – 1868), um 1810
Kupferstich, 38 x 28,6 cm, G-MII/523

Therese Charlotte Louise,
Prinzessin von Sachsen-Hildburghausen (1792 – 1854), um 1810
Lithographie, 32 x 26 cm, G-MII/582

Der Anlass: Die Hochzeit 1810

Vier Jahre nach der Erhebung Bayerns zum Königreich konnte die erste Hochzeit eines Kronprinzen gefeiert werden. Für die Wittelsbacher war dieses Fest von dynastischer Bedeutung, da die letzte Hochzeit eines Thronfolgers auf das Jahr 1722 zurück ging.
Kronprinz Ludwig von Bayern, geboren 1786, heiratete die 18-jährige Prinzessin Therese von Sachsen-Hildburghausen. Der Tag der Trauung war zu Ehren des Vaters, König Max I. Joseph, auf dessen Namenstag am 12. Oktober gelegt worden. Die Zeremonie fand in der Hofkapelle der Residenz statt.
Die Münchner Schützen ehrten das Brautpaar mit einer Parade und veranstalteten mehrere Preisschießen, die sich bis zum 21. Oktober hinzogen.
Die Festivitäten am 13. Oktober waren für die Bevölkerung bestimmt, ausgerichtet zur Verherrlichung des Herrscherhauses. Beleuchtete Transparente auf den Plätzen der Stadt huldigten mit Allegorien und Sinnsprüchen dem Königreich Bayern und der königlichen Familie.
Rund 6000 Personen des gehobeneren Bürgertums waren zum Tanz und Abendessen in vier große Gasthäuser eingeladen. Die breite Menge wurde unter freiem Himmel in der Innenstadt reichlichst bewirtet. Somit bildete dieser Samstagabend die zentrale Veranstaltung der Kronprinzenhochzeit als großzügige Geste des Königshauses an seine Untertanen.
Am darauffolgenden Mittwoch, den 17. Oktober, gab es als weiterer Programmpunkt das Pferderennen.

***Jeton 1810**, Silber, Dm 2,2 cm, Andreas Dissing, München*

Diese Auswurfmünzen mit den Namen des Brautpaares wurden zur Hochzeit unter das Volk verteilt.
Als großzügige Geste des Königshauses fand am Tag nach der Hochzeit, am Samstag den 13. Oktober, eine öffentliche Bewirtung der Bevölkerung statt. Am Schrannenplatz, Promenadeplatz, in der Neuhauser Gasse und am Anger waren Tische und Bänke aufgestellt. Insgesamt wurden verzehrt und getrunken: **32.065 „Laibln Semmelbrod", 3992 Pfund Schweizerkäse, über 80 Zentner gebratenes Schaffleisch, 8120 Cervelat-Würste, 13.300 Paar geselchte Würste, 232 Hektoliter Bier, vier Hektoliter österreichischer Weißwein.**

Das bodenlange, tiefdekolletierte Empirekleid mit Puffärmeln trug die Braut zur Hochzeit am 12. Oktober. König Ludwig I. hat dieses Kleid 1858 dem Bayerischen Nationalmuseum geschenkt.

Brautkleid der Prinzessin Therese, 1810
Bayerisches Nationalmuseum München, T-5297

Die erste Veranstaltung: Das Pferderennen 1810

Das Pferderennen am Mittwoch, den 17. Oktober 1810, war ein Programmteil der Kronprinzenhochzeit. Es wurde von der Kavallerie-Division der Nationalgarde III. Klasse organisiert, einer Abteilung der Bürgerwehr, die sich aus führenden Münchnern zusammensetzte.

Da im Königreich Bayern 1808 den Städten die Selbstverwaltung zugunsten einer zentralistischen Verwaltung des Staates entzogen worden war, übernahmen die Offiziere der Bürgerwehren Repräsentationspflichten und Aufgaben des städtischen Lebens.

Mit dem Pferderennen auf der Freifläche im Westen der Stadt wurde die Tradition der „Scharlachrennen" wiederbelebt, die bis 1786 zur Jacobidult abgehalten worden waren.

Den Mittelpunkt des Rennplatzes bildete das Königszelt für die königliche Familie, der Huldigungen in Liedern und Versen dargebracht wurden. Das Pferderennen selbst dauerte nur 18 Minuten. Entscheidend war die nationale Überhöhung des Ereignisses durch die Anwesenheit des Königs, dem rund 50.000 Besucher aus ganz Bayern zujubelten.

Im Gegensatz zu den vorausgegangenen Festivitäten, die vom Königshaus für die Untertanen veranstaltet wurden, ist das Pferderennen von Münchner Bürgern zum Schauplatz einer gesamt-bayerischen Huldigung an den König umfunktioniert worden.

Die nationale Euphorie war so groß, dass das Gelände auf Anregung des Bürgermilitärs kurz darauf nach der frisch vermählten Kronprinzessin „Theresens-Wiese" benannt wurde. Alle waren sich einig, das Ereignis zu wiederholen.

Program.

Die Vermählung Herzog Alberts des Dritten mit der Prinzessinn Johanna von Braunschweig gab dazu Gelegenheit, daß, um ihr das Schauspiel einer Volks-Belustigung ihres Vaterlandes zu geben, und zugleich in der Absicht die Pferde-Zucht und die Reitkunst anzueifern, im Jahre 1448, also vor 362 Jahren, das erste Pferde-Rennen in München gegeben wurde.

Auf erhaltene allerhöchste Bewilligung Seiner Königlichen Majestät wird nun am 17. dieses Monats, zur öffentlichen Freude-Aeußerung und zum Andenken an die Vermählung Seiner Königlichen Hoheit des Kronprinzen Ludwig mit Ihrer Herzoglichen Durchlaucht der Prinzessinn Therese von Sachsen-Hildburghausen, auch ein Pferde-Rennen statt haben, welches die, bey der Cavallerie-Division der National-Garde dritter Klasse eingereihten Individuen veranstalteten; eben, um diesen ihren Stand zu ehren, nach militärischen Formen geben zu dürfen, um allergnädigste Genehmigung bathen, und allerhöchst dieselbe erhielten; — zu dessen Anordnung und Leitung sie daher ihren Major unter sich auswählten; — und wozu, damit das Fest glänzender und die Theilnahme herzlicher und allgemeiner werden möchte, sie die Individuen anderer Corps der National-Garde einluden.

Die, aus der Aehnlichkeit der Gefühle der Baiern daraus hervorgegangenen Abordnungen vieler andern Corps, sowohl von München als von anderen Gegenden, welche sich ordentlich darum gemeldet haben, macht es aber nothwendig, dieselben mit der ganzen Anordnung dieses Festes so viel möglich vertraut zu machen, damit sie wissen, wie sie zur Verschönerung desselben, zur Erhaltung guter Ordnung, und zur Vermeidung jeder Unannehmlichkeit werden beytragen können, — es sey, daß sie sich im Zuge mit anschließen, es seye, daß sie sonst in Uniform dabey sich einfinden, zumahl ausser diesem ihren freyen Willen, genannter Major sich es durchaus nicht anmassen dürfte, sie zu kommandiren, ohne die Dienstes-Formen zu verlezen, worauf der Zweck, die Nüzlichkeit und die schöne Haltung der National-Garde beruhen. Und diese Anweisung geschieht vermittelst gegenwärtigen Programs oder

Disposition des Festes.

Dieses Fest wird durch eine heilige Messe, mit Feld-Musik im Bürger-Saale Morgens um 9 Uhr seinen Anfang nehmen; wo die National-Garden für die lange Erhaltung Ihrer Majestäten des Königs und der Königinn, der neuvermählten Durchlauchtigsten Kronprinzen und Kronprinzessinn Königlichen Hoheiten, und der ganzen Königlichen Familie ihr vereintes Gebeth zu Gott bringen werden. Ein Zug Grenadier und ein Zug Cavallerie werden theils in der Kirche, theils am Eingange derselben die Wache halten, damit dieser öffentliche Gottesdienst nichts an Ehrwürdigkeit verliere, und die Andacht der im Gebethe sich vereinigenden Christen nicht gestöret werde. Die National-Garden werden hiebey ersucht, in Uniform zu erscheinen.

Nach dem heiligen Meß-Opfer wird der Major der Cavallerie-Division allen Herren Zugs-Anführern eröffnen, wann sie mit ihren Zügen auf dem, von Seiner Königlichen Majestät allergnädigst genehmigten Sammel-Plaze, am Hofgarten, die Fronte gegen die Residenz gerichtet, werden erscheinen können. Die Züge formiren sich zuerst bey den Wohnungen ihrer Zugs-Anführer.

Programm für das Pferderennen 11. Oktober 1810
35,5 x 22 cm, Stadtarchiv München, Okt3

Die ganze Militär-Begleitung der National-Garden zum Pferde-Rennen wird sich in zwey getrennte Corps theilen.

Das Erste sammelt sich, und marschirt um eine Stunde früher ab. Es besteht aus Schützen, Grenadier und Artillerie. Es marschirt zum Schwabinger-Thor hinein, durch den Polizey-Bogen, über den Rindermarkt, durch die Sendlinger-Gasse, auf der Chausée nach Sendling nach dem Pavillon, welches für die allerdurchläuchtigste Königliche Familie vorbereitet ist, und wo die Compagnie Grenadier mit der ersten Bataillons-Fahne als Ehren-Wache sich aufstellt. Die Schützen und die Artillerie marschiren, dem Feldwege nach, den Berg hinan, und theilen sich dort, die Ersten zur Rechten, die Zweiten zur Linken. Die Schützen vertheilen ihre Posten am Amphitheater, welches dem Pavillone gegenüber, für Herrschaften, Herren Offiziers, und andere Honoratioren vorbereitet ist, und, da zu demselben sowohl, als zu den übrigen Zelten, welche auf dem Berge nebst mehreren Bänken zu stehen kommen, nicht anders als auf der Landsberger Strasse und am Bilserbräu-Keller vorüber angefahren werden kann; so erinneren dort die Schüzen, daß die Wägen hinter den Zelten der Traiteurs sich zurückziehen möchten.

Die Artillerie-Compagnie marschirt links auf dem Berge fort, und richtet ihre Batterie auf dem lezten, gegen dem Dorfe Sendling hervorgehenden Hügel, mit den Mündungen ihrer Kanonen gegen die Au.

Das zweite Korps marschirt von demselben Sammel-Plaze zu der Stunde ab, welche Seine Königliche Majestät allergnädigst bestimmen werden. Es zieht, mit den Trompetern und Cavallerie voraus, dann die türkische Musik, die abgeordneten Abtheilungen Infanterie anderer Korps, hierauf die Fahnen mit den Preisen, ein Zug Cavallerie zu Pferd, die Renn-Pferde, und ein Zug Cavallerie zu Fuß zu dem Schwabinger-Thore hinein, durch die Theatiner-Schwabinger-Gasse, an der Hauptwache vorüber, zum Carls-Thore hinaus, und auf der Landsberger-Chausée bis zur Rennbahn, wo, außerhalb der äußern Linie derselben, alle ungeraden Züge rechts, und alle geraden links um die Rennbahne marschiren, dann, immer die lezten Züge züerst, die Cavallerie Sektionsweise, und die Infanterie Zugweise bey denjenigen Intervallen gegen die Rennbahne Fronte machen, welche ihnen erst beim Abmarsche, nach dem Verhältniße ihrer Anzahl, angegeben werden können. Nur die Trompeter, die türkische Musik, und der Zug Cavallerie, hinter welchem die Fahnenträger mit den Preisen, dann die Renn-Pferde kommen, marschiren gerade auf das Pavillon zu, wo das Ziel ist. Die Trompeter kommen hinter den, zur Linken des Pavillons trophäenartig aufzurichtenden Preise-Fahnen; die türkische Musik hinter jenen zur Rechten. Die Renn-Pferde werden hinter dem aufmarschirten Zuge Cavallerie um die Rennbahne gewiesen, und die Richter des Rennens sorgen hiebey dafür, daß die Renn-Pferde, besonders vor dem Ablasse, wenigstens um 30 Schritte zurück von jenem Zuge sich entfernt halten.

Diejenigen National-Gardisten, welche von ihren Korps zu diesem Feste nicht abgeordnet sind, können, in so ferne sie in Uniform daran Theil nehmen, dadurch zur Verschönerung desselben beytragen, wenn sie in den Intervallen des Umkreises, zwischen den Zügen, jedoch um wenigstens drey Schritte weiter zurück sich stellen, und sie machen es dadurch den übrigen Zusehern bemerkbar, daß es unschicklich wäre, näher hinzuzutreten, oder wohl gar innerhalb der Rennbahn einen Plaz einzunehmen. Ausserdem können sie, zur Erhaltung der Ordnung auch dadurch beytragen, wenn Jemand Hunde mitgenommen hätte, und sie es mit Anstand erinnern, daß sie in der Schnur zurückgeführt werden möchten.

Sobald die ausgestellten Signale das Zeichen gegeben haben werden, daß die allerdurchläuchtigste Königliche Familie in den Wagen steigt, so fängt die Artillerie zu schießen an, stellt aber das Feuer sogleich ein, sobald wieder signalirt wird, daß die Wägen die Sendlinger-Chausée angetreten haben; und sobald die Wägen sichtbar werden, so wird allenthalben im ganzen Umkreise das Spiel gerührt, und alle Korps-Abtheilungen präsentiren das Gewehr, bis die allerhöchste königliche Familie im Pavillone sich niedergelassen haben wird. Eben dasselbe wird beobachtet, wann die allerhöchsten Herrschaften wieder abfahren, und sobald die Wägen die Sendlinger Chausée verlassen haben, so fängt das Feuern der Artillerie wieder an, bis sie ihre hundert Schuß gemacht hat. Indessen werden die Preise zuerkannt, und die Renn-Buben mit neuen Nummern und den Preise-Fahnen versehen. Hierauf wird, von der Mitte des Renn-Platzes aus, von den Trompetern rappellirt. Die zwey Corps-Abtheilungen formiren sich wieder, wie zuvor. Sie ziehen in gleicher Ordnung, doch nicht mehr voneinander getrennt, zum Carls-Thor hinein, über den Schrannen-Platz, durch den Polizey-Bogen, dann zum Schwabinger-Thor hinaus, auf ihren ersten Sammel-Platz, wo sie wieder Fronte machen. Und nachdem die Bataillons-Fahne abgezogen ist, so ziehen auch sie wieder ab, und zwar Zugweise, wie sie kamen. Das Fest ist dann vollendet; und die Freude lebt fort in den Herzen der Baiern.

München den 11. Oktober 1810.

Von

Seite der Individuen der Cavallerie-Division der National-Garde dritter Klasse.

Dall'Armi, Major.

Die Vorbereitungsphase für die große Veranstaltung war erstaunlich kurz: Am 28. September hielt die Kavallerie-Division der National-Garde III. Klasse eine Lagebesprechung zur anstehenden Kronprinzenhochzeit ab. Dabei machte der Unteroffizier Franz Baumgartner den Vorschlag zur Hochzeit ein Pferderennen „als öffentliches Volksfest" zu veranstalten. Die Idee wurde begeistert aufgegriffen und dem Zeitdruck entsprechend schnell umgesetzt.
Nachdem König Max I. Joseph am 2. Oktober die Billigung ausgesprochen hatte, konnte am 4. Oktober eine schriftliche Einladung durch die reitende Post an alle Kommandos der National-Garde in Bayern verschickt werden. Das endgültige Programm wurde erst am 11. Oktober, also einen Tag vor der eigentlichen Hochzeit, gedruckt. Eine Deputation überreichte die Einladung in der Residenz. Kronprinz Ludwig äußerte sich daraufhin mit den Worten:

„Volksfeste freuen mich besonders. Sie sprechen den National-Charakter aus, der sich auf Kinder und Kindes-Kinder vererbt. Ich wünsche nun auch, Kinder zu erhalten; und sie müssen gute Baiern werden; denn sonst würde ich sie Mir minder wünschen können. Der König, mein Vater, hat mich auch zum guten Baier gebildet."

Das Bürgermilitär war 1807 nach Gründung des Königreiches zur Festigung der inneren Ordnung aufgestellt worden. 1809 kam es zur Neuorganisation der bisherigen Bürgerwehr in die „National-Garde", die nun dreistufig gegliedert war. Die I. und II. Klasse diente der Armee zur Unterstützung der Landesverteidigung. Die III. Klasse war das eigentliche Bürgermilitär, das zur Erhaltung von Ruhe und Sicherheit innerhalb des Landes sorgen sollte. Zudem wurden repräsentative Funktionen bei festlichen Ereignissen übernommen. Sämtliche Bürger, die nicht der aktiven Armee angehörten, mussten bis zum 60. Lebensjahr zum normalen Berufsalltag den Dienst übernehmen. Die Residenzstadt München stellte ein Infanterie-Regiment, ein Schützenkorps, eine Artillerie-Kompanie und eine Kavallerie-Division. Letztere organisierte unter ihrem Major Andreas von Dall'Armi das Pferderennen.

J. Kellner, ***Kavallerie-Offizier des Bürgermilitärs 1807***
Radierung, 19,5 x 16 cm, G-MI/1873

Andreas von Dall'Armi (1765 – 1842) kam als Kaufmannssohn von Trient nach München. Durch die Heirat mit Maria Elisabeth Nockher aus der reichsten Bankiersfamilie der Stadt bekam er Einfluss als Unternehmer und wurde 1792 geadelt. Seiner gesellschaftlichen Stellung entsprechend war er Major beim Bürgermilitär. Für das Zustandekommen des Pferderennens gilt er als der Initiator. 1824 erhielt er dafür die erste goldene Bürgermedaille von München.

Friedrich John nach Johann Georg Edlinger,
Andreas Michael Edler von Dall'Armi, um 1790
Stich, 16,5 x 12 cm, G-Z2567

Infanteriefahne des Münchner Bürgermilitärs, 1808
Seide, bestickt, 266 x 145 cm, T-36/976

Am 12. Oktober 1808, dem Maximilianstag, hatte König Max I. Joseph dem Münchner Bürgermilitär bei einer feierlichen Fahnenweihe in der St. Michaelskirche drei Fahnen für die Infanterie und eine Standarte für die Kavallerie verliehen. Beim Aufmarsch der National-Garde III. Klasse zum Pferderennen am 17. Oktober 1810 wurden diese Fahnen als stolzes Zeichen der Verbundenheit mit dem König mitgetragen. Da sie sich im Besitz des Münchner Stadtmuseums erhalten haben, zählen sie zu den authentischen Relikten des ersten Festes.
Sowohl Fahne wie Standarte tragen gestickte Bänder, die nachträglich zum Jubiläums-Oktoberfest 1835 von Königin Therese gestiftet worden waren.

Kavalleriestandarte des Münchner Bürgermilitärs, 1808
Seide, bestickt, 267 x 56 cm, T-36/983

Andreas von Dall Armi beauftragte den erst 18-jährigen Akademieschüler Peter Heß, das Pferderennen bildlich zu dokumentieren. Das Blatt, fertiggestellt kurz nach dem Ereignis, benennt in der Erläuterung zum ersten Mal die „Theresens-Wiese" und spricht von den „October-Festen".
Im Mittelpunkt der Darstellung steht das Zelt mit der Tribüne für die königliche Familie. In Anbetracht der kurzen Vorbereitungszeit hatte man hierzu von der königlichen Zeughaus-Direktion den Baldachin eines türkischen Audienzzeltes besorgt, das Kurfürst Max Emanuel 1687 im Türkenkrieg erbeutet hatte. Am Fuße des Zeltes sitzen die Kinder, die in verschiedene „Landestrachten" gekleidet, stellvertretend für die „bayerische Nation" der königlichen Familie Huldigungslieder vortrugen. Vor dem Zelt befinden sich auf zwei weiß-blauen Stangen die aufgesteckten Preisfahnen. Links erweisen die Grenadierkompagnie, rechts die Kavallerie-Division der National-Garde III. Klasse die Ehrenwache. Dahinter neben den Kutschen für die hohen Herrschaften paradieren Dragoner, die die Ausfahrt aus der Stadt flankiert hatten. Am Rande der Stadtsilhouette befindet sich das markante Gebäude des im Bau befindlichen Allgemeinen Krankenhauses.

Peter Heß **„Das Pferderennen bey der Vermählungs Feyer Seiner Königlichen Hoheit des Kronprinzen von Bayern, veranstaltet am 17ten Octr 1810 auf der Theresens-Wiese bey München von der Cavallerie der National-Garde 3r Klaße. Ihren Königlichen Majestäten von Bayern Maximilian Joseph und Karoline in tiefster Ehrfurcht gewidmet von den Theilnehmern an den October-Festen.“, 1810**
kolorierter Konturenstich, 40,8 x 51 cm, G-IIIc/8

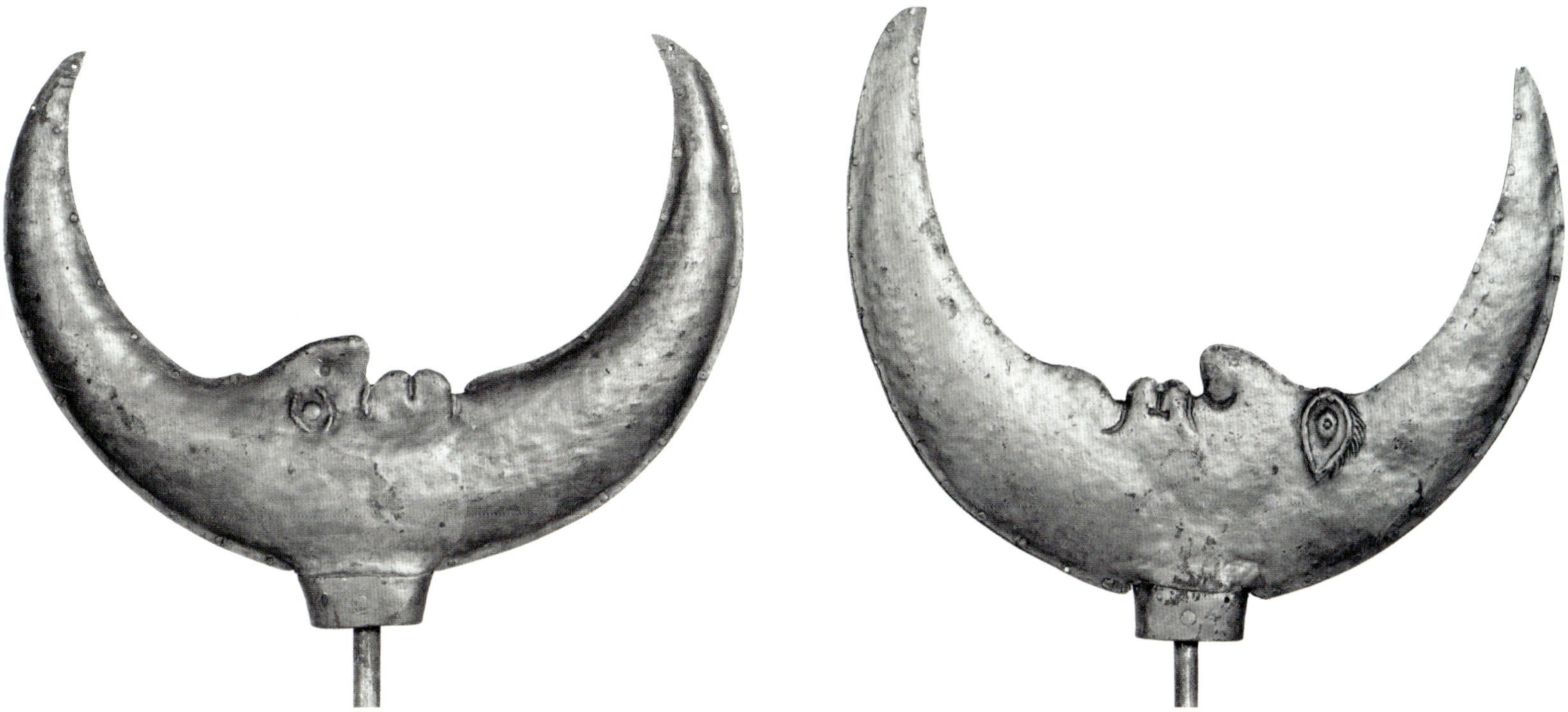

Monde vom königlichen Pavillon, 1810
Eisenblech, 52 x 64 cm, Bayerisches Armeemuseum Ingolstadt

Zweispitz des bayerischen Bürgermilitärs, um 1810
Filz, 32 x 53 cm, T-2010/2

Peter Heß, ***Das Pferderennen 1810***
Öl auf Leinwand, 72 x 101 cm, GM-IIb/104

Auf dem Gemälde zeigt Peter Heß das Festgelände aus einer größeren Distanz als auf dem kolorierten Stich. Das königliche Zelt ist etwas entrückt, dafür wird deutlich, welche Zuschauermenge dem Ereignis beiwohnte. Der Platz für das Pferderennen war aus logistischen Gründen genau geplant: Die Wiesen vor der Stadt boten eine weiträumige ebene Fläche, begrenzt nach Westen durch die Anhöhe vor dem Dorf Sendling, einer Geländeformation, die auf das eiszeitliche Ufer der Isar zurückgeht. Dieser „Sendlinger Berg“ bildete die natürliche Tribüne für die Zuschauer, die so das gesamte Areal überblicken konnten. Insgesamt sollen es rund 40.000 gewesen sein, eine enorme Menge für die Stadt München, die damals 40.638 Einwohner hatte. Außer dem Pavillon war das gesamte Gelände leer. Auf dem Berg sind einige Zelte zu erkennen, die den „Traiteurs“, den Köchen, zur Versorgung dienten. Von einer richtigen gastronomischen Verpflegung im späteren Sinn kann also nicht die Rede sein.
Über den Auftraggeber des Gemäldes ist nichts bekannt. Auffällig ist, dass im Vordergrund bei den Zuschauern Andreas von Dall'Armi mit schwarzem Rock, dem Betrachter zugewandt, steht. Vor ihm laufen zwei Buben.

Der Schlachtenmaler Wilhelm von Kobell malte dieses Bild im Auftrag des Kronprinzen Ludwig und stellte es 1811 fertig. Der Blick umfasst die gesamte Situation auf der Wiese mit den unterschiedlich grünen Parzellen der verschiedenen Grundbesitzer. Links hinter den Bäumen führt die Straße nach Landsberg, rechts auf der Anhöhe liegt das Dorf Sendling mit der Kirche. Die kreisförmige Rennbahn hatte eine Länge von 11.565 bayerischen Schuh, was rund 3.370 Metern entspricht. Sie musste dreimal umrundet werden, wozu das Siegerpferd 18 Minuten und 14 Sekunden benötigte. Zum Rennen hatten sich 30 Pferdebesitzer, die sogenannten Rennmeister, angemeldet. Die Organisation und Überwachung der Regeln übernahmen die Rennrichter. Die Pferde wurden von leichten jungen Burschen, den Rennknaben, geritten. Die 12 Preise bestanden aus Fahnen mit den Buchstaben „L" „T" für das Brautpaar und entsprechenden Geldbeträgen: Insgesamt wurde die beträchtliche Summe von 98 Golddukaten verteilt. Der Sieger, es war Franz Baumgartner, „bürgerlicher Lohnkutscher zum Spanner", der die Idee zum Rennen hatte, erhielt davon 20 Dukaten. Die Weit-Fahne mit sechs Dukaten ging an Mathias Xaver Federböck aus Straubing, da er mit seinem Pferd die weiteste Strecke nach München geritten war. Mit der Preisverleihung endete das Fest und man zog gegen fünf Uhr zurück in die Stadt.

„Allein das allgemeine Vivat-Rufen drang vor, und begleitete die allerdurchlauchtigste allgeliebte Regenten-Familie bis über den Rennplatz hinaus. Die Kanonen der Artillerie-Compagnie der National-Garde dritter Klasse donnerten wieder bis zur Rückkehr Allerhöchstderselben in die Residenz". ***Dall'Armi 1811, S.14***

Wilhelm von Kobell, ***Das erste Pferderennen auf der Theresienwiese zu München am 17. Oktober 1810***
Öl auf Leinwand, 77 x 134 cm, GM-IIb/33

Ferdinand Schiesl, **Plan der Theresens-Wiese 1810**
Lithographie, 36,8x34,3 cm, G-P13546

Die große Resonanz der Festveranstaltung beflügelte die Idee, das Ganze im nächsten Jahr zu wiederholen. Andreas Dall'Armi verband dies mit dem Plan, das Ereignis durch ein Monument in Form eines Amphitheaters am Hang der Theresens-Wiese zu verewigen. Die Umsetzung dieses Vorhabens stockte allerdings nach kurzer Euphorie. König Ludwig I. realisierte wenige Jahrzehnte danach mit Bavaria und Ruhmeshalle den Bau eines bayerischen Nationaldenkmals.
Auf dem Plan aus der Denkschrift Dall'Armis für das Pferderennen 1810, erschienen 1811, ist auf der linken Seite exemplarisch das Amphitheater von Mailand eingeschoben. Unter dem Schriftzug „Sendlinger Berg“ sind die sechs Bewirtungszelte der „Traiteurs“ erkennbar, ebenso auf der Darstellung hinter der Menschenmenge. Auf dem sonst baumlosen Gelände war die Rennbahn mit eingesteckten Fichten markiert worden.
Zum ersten Mal erscheint hier auf einem Plan die Bezeichnung **„Theresens Wiese“**, die sich in den 1820er Jahren bereits zur gefälligeren „Theresien-Wiese“ wandelte.

Gasthaus von Ignatz Huber in der Kaufinger-Straße Nr. 9, Proklamationsstätte des Namens „Theresens-Wiese“,
Stich, 4,8x6 cm, G-39/341

Am Tag nach dem Pferderennen, Donnerstag 18. Oktober, hatte der Gastwirt Ignatz Huber, selbst Rittmeister der Kavallerie-Division, rund 200 National-Gardisten zu einem abendlichen „Freudenmahl“ eingeladen. Dies galt vor allem den Abordnungen der Kavalleristen aus Augsburg und Straubing, die zur Unterstützung des Rennens nach München gekommen waren. Major Andreas Dall'Armi hatte am selben Tag dem König die Gewinnerliste des Pferderennens überbracht und dabei im Namen des Bürgermilitärs die Bitte formuliert, den Platz des gestrigen Festes **Theresens Wiese** benennen zu dürfen. **„Von Herzen gern!! war die wiederholte allergnädigste Aeusserung Seiner Königlichen Majestät“**.
Dall'Armi, 1811, S.15, 42

Mit dieser freudigen Nachricht überraschte der Major die Abendgesellschaft und rief laut aus:

Es lebe der König!!!

Es lebe die Königinn!!!

Es lebe der Kronprinz!!!

Es lebe die Kronprinzessinn!!!

Es lebe das ganze königliche Haus Baiern!!!

Es lebe das ganze herzogliche Haus Hildburghausen!!!

Preisfahne für das Central-Landwirthschaftsfest, 1824
Lithographie auf Seide, 59 x 60 cm, T-42/187

1811 -1825

Die Oktoberfeste unter König Max I. Joseph

Der große Erfolg des Vorjahres führte zur Wiederholung der Festivität. Mit einem Pferderennen als alleinigem Veranstaltungspunkt hätte sich das Fest allerdings nicht stabilisiert. Entscheidender Faktor für die Fortdauer war das 1811 eingeführte Central-Landwirthschaftsfest, organisiert von dem im Vorjahr gegründeten „Landwirtschaftlichen Verein in Bayern". Für das weitgehend agrarisch orientierte Königreich diente diese Leistungsschau mit Tier- und Produktprämierung zur Verbesserung der Landwirtschaft.
Das Rennen sowie die weiteren Veranstaltungen wurden von einer Gruppe von Privatleuten organisiert, was zu Schwierigkeiten bei der Finanzierung führte. Erst nach der Wiedereinführung der kommunalen Selbstverwaltung in Bayern konnte das Oktoberfest seit 1819 als Veranstaltung von der Stadt München übernommen werden. Die Organisation und Finanzierung lag nun in den Händen einer Kommission von Mitgliedern des Magistrats, der fortan auch für sämtliche Unkosten aufkommen musste. Für das Landwirtschaftsfest war weiterhin der Landwirtschaftliche Verein zuständig, der staatliche Mittel erhielt.
Als weitere Festelemente kamen 1816 das Vogelschießen der Schützen sowie der Glückshafen zur Unterstützung der Armen hinzu. Die Anzahl der Wirtsbuden musste 1825 geregelt werden. Zugelassen waren nun 18 Münchner Bierwirte und Brauer sowie vier Wirte aus dem Landgericht München.
Das Oktoberfest entwickelte sich zur größten Festveranstaltung in Bayern, organisiert von der Haupt- und Residenzstadt zu Ehren des Landesherrn und der königlichen Familie.

Vor dem Königszelt steht im blauen Rock König Max I. Joseph, daneben übergibt ein Staatsminister am Tisch die Preismedaille an einen Bauern. Neben den Treppen sind die Preisfahnen aufgesteckt, an denen zum Band geknüpft die Münzen des jeweiligen Geldpreises hängen. Als Wachposten haben sich zwei Grenadiere des Bürgermilitärs postiert. Links entfernt sich ein Pferdebesitzer mit geschulterter Preisfahne, rechts nähert sich ein Paar in Oberländer Tracht mit seinem prämiierten Stier der Preisverleihung.
Zu dieser Zeit hat das Oktoberfest seinen Programmablauf gefunden, der sich weitgehend bis zum Jahr 1913 erhalten sollte. Am Hauptfestsonntag rückte um 12 Uhr die Nationalgarde von der Stadt zur Festwiese aus. Um 14 Uhr verkündete Kanonendonner die Abfahrt der königlichen Familie von der Residenz. Nach deren Ankunft wurden die preisgekrönten Tiere und Produkte besichtigt, danach im Königszelt Platz genommen. Nun folgte die Preisverleihung an die vom landwirtschaftlichen Verein gekürten Beschicker, die alle am Königszelt vorbei defilierten. Danach begann das Pferderennen mit Start wiederum vor dem Zelt. Nach der Verteilung der Rennpreise fuhr die königliche Familie um 17 Uhr in die Stadt zurück. Das Volk vergnügte sich anschließend in den Buden.
Am Montag um 10 Uhr versammelten sich die Schützen im Rathaussaal und zogen dann zur Theresienwiese. Dort fanden die verschiedenen Schießen während der ganzen Woche statt. Am zweiten Sonntag war um 15 Uhr die Preisverteilung der Schützen, darauf das zweite Pferderennen, das sogenannte Nachrennen.
Dieses offizielle einwöchige Programm wurde mit Toleranz der Behörden von den Wirten in die Woche zuvor ausgedehnt. Seit 1829 ist bekannt, dass das Treiben auf der Wiese 14 Tage dauerte, was sich allerdings in den gedruckten Programmen nicht niederschlägt, da diese immer mit dem Hauptfestsonntag beginnen.

*Albrecht Adam, **„Preißverteilung am Octoberfest zu München"**, 1824*
Lithographie, koloriert, 19 x 26 cm, G-GreisIV/6

Peter Heß, ***Preisfahne für das Freischießen, 1825***
Lithographie auf Seide, gerahmt, 72 x 104 cm, T-XId/29

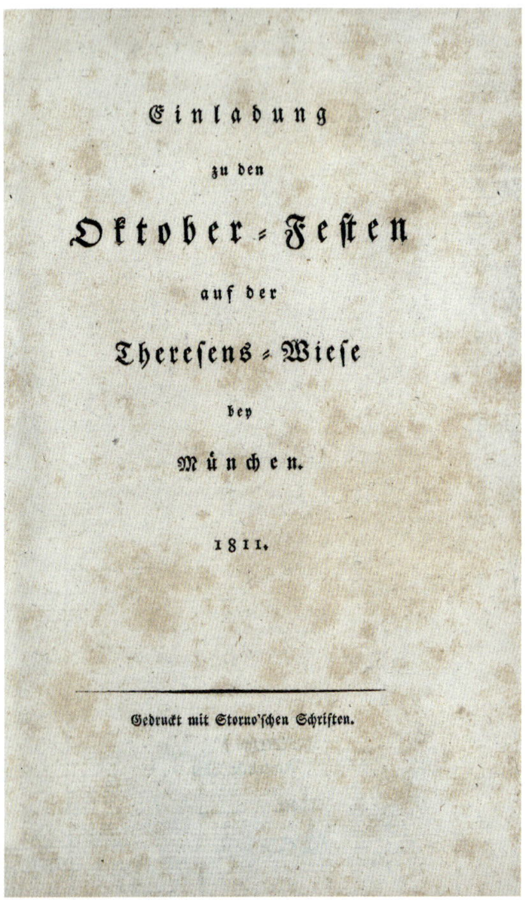
Einladung

zu den

Oktober-Festen

auf der

Theresens-Wiese

bey

München.

1811.

Gedruckt mit Storno'schen Schriften.

Auf dem Titel dieser Kleinschrift ist zum ersten Mal von **„Oktober-Festen“** die Rede. Die Begründung zu dieser Benennung findet sich in der Einleitung: „Der Monath Oktober vereinigt in sich zwey nahe sich folgende, den getreuen Herzen aller Baiern festliche Tage.“ Dies sind der Maximilianstag am 12. Oktober, der Namenstag des Königs, sowie der Namenstag der Hl. Theresia am 15. Oktober als der Festtag für die Kronprinzessin Therese. „Beyde Tage sind zugleich Geschwister des glücklichen Vermählungstages des allverehrten Kronprinzen Ludwig. Dieser schöne Bund dreyer großer Feyertage des königlichen Hauses ist der Stifter eines alljährlichen Vereins von National-Festen geworden.“
Dass diese etwas bemühte Benennung ohne programmatische Aussage auf Dauer Anklang fand, ist erstaunlich. In den Folgejahren finden sich noch Varianten mit Bestrebungen um größere Sinnhaftigkeit wie „Oktober-Nationalfest“ (1812), „Das Volksfest der Baiern im October“ (1815) oder „Central-Landwirthschafts- oder October-Fest“ (1832), was wiederum die agrarische Veranstaltung betont. Nach den 1830er Jahren setzt sich das nun zusammen geschriebene „Oktoberfest“ durch.

„Einladung zu den Oktober-Festen auf der Theresens-Wiese bey München. 1811.“
Stadtarchiv München, Av.Bibl

Zu dem Hauptrennen am Hauptfestsonntag in Anwesenheit der königlichen Familie kam 1818 am darauf folgenden Sonntag das Nachrennen als etwas kleinere Veranstaltung, womit sich das Festprogramm über eine Woche spannte.
Die mit Seilen abgesteckte Rennbahn bestimmte das Festgelände mit dem Königszelt. Die Rennknaben mit Schirmmützen, kurzen Jacken, langen Hosen und Schaftstiefeln ritten ohne Sattel. Auf der Anhöhe stand die hohe Stange mit dem Adler für das Vogelschießen, das die Schützen seit 1816 veranstalteten.

Albrecht Adam, ***„Pferderennen bey dem Octoberfeste 1822“***
Lithographie, 47,6 x 63,5 cm, G-P1837

Preisfahne für das Zentral-Landwirtschaftsfest mit den Initialen von König Max I. Joseph, um 1820
Lithographie auf Seide, 78 x 51 cm, T-42/188

Huldigungsblatt „Zur Feyer des Octoberfestes", 1825
Lithographie, 40,6x37,5 cm, G-P1839

Huldigungen an das Königshaus

Die verschlungenen Buchstaben „M" und „C" beziehen sich auf König Max I. Joseph und Königin Caroline. Die Initialen des Huldigungsgedichtes von Friedrich Wilhelm Bruckbräu ergeben im Uhrzeigersinn gelesen den Spruch: **„HEIL DEM VATER DES VATERLANDES"**. Jede der 26 Zeilen steht für ein Regierungsjahr des Königs, der 1799 als Kurfürst Max IV. nach München gekommen war. Das Gedicht wurde von Kindern vorgetragen, die dem Königspaar Blumen überreichten.

Huldigungen wurden vor dem Königszelt vorgebracht. Sie folgten im Festablauf direkt der Auffahrt des Hofes zur Theresienwiese. Mit der Huldigungszeremonie demonstrierte das Volk seine Loyalität gegenüber dem Königshaus. Zu den Ehrungen gehörten mitunter das Überreichen symbolischer Gaben durch ausgewählte Repräsentanten des bayerischen Volkes sowie das Vortragen von Gedichten und Liedern, die die Einigkeit von Volk und Dynastie beschworen.

Joseph Siedler, ***Erinnerungsblatt zur Luftfahrt der Madame Reichardt, 1820***
Lithographie, 36x22 cm, G-P 1534

Ballonfahrten

Während des Oktoberfestes 1820 wurde das zehnjährige Hochzeitsjubiläum von Kronprinz Ludwig und Prinzessin Therese unter Beteiligung des bayerischen Volkes gefeiert. Zu diesem Anlass wurde eine besondere Attraktion organisiert: eine Ballonfahrt. Der König gab sein Einverständnis, das professionelle Luftschiffer-Ehepaar Gottfried und Wilhelmine Reichardt aus Dresden zu engagieren.
Zwei Wochen vor dem Festtag war der Ballon aus gefirnisster Leinwand im Rathaussaal zur Besichtigung ausgestellt. Am Nachmittag des 1. Oktober 1820 stieg Frau Reichardt, mit einer altbayerischen Nationaltracht ausstaffiert, in Anwesenheit des Königshauses mit dem Ballon zum Himmel auf. Sie landete wohlbehalten nahe Zorneding und wurde von einem vorbeireisenden Fabrikanten in seiner Kutsche nach München zurückgebracht. Diese Attraktion fand so großen Anklang, dass eine Ballonfahrt auch das zweite Oktoberfest-Jubiläum 1835 bereicherte. Diesmal erreichte Gottfried Reichhardt den Ort Eggenfelden.

Münchner Bierfass, 1829
Holz mit Eisenbeschlag, H 56 cm, A-X/27

Essen und Trinken

In den ersten Jahren des Festes wurde das Bier in einfach gezimmerten Bretterbuden ausgeschenkt. Die Gäste saßen davor auf Bänken und Tischen unter freiem Himmel und tranken hier ihr Bier und nahmen die Brotzeit ein. In den 1820er Jahren wurden die Buden vergrößert und boten so den Festbesuchern auch Plätze im Innern.
Für 1819 werden folgende Anbieter von Speisen und Getränken genannt: 12 Bierwirte, ein Weinwirt, zwei Cafetiers, drei Likörhändler, vier Konditoren, ein Früchtehändler, sechs Köche, ein Bäckermeister, ein Küchelbäcker, ein Pavesenbäcker. Fliegende Händler verkauften Käse, Nüsse und Rettich. Würstl und Fisch werden erst in späteren Jahren erwähnt.
Das leibliche Wohl und die Vergnügungen der Festbesucher gewannen rasch an Bedeutung. Um der Ausuferung des Angebotes auf der Festwiese zu begegnen, griff der Magistrat der Stadt ein und erließ 1824 eine Verordnung, wonach nur mehr 18 Bierwirte aus München auf der Theresienwiese zugelassen waren. Die Wirte wurden für jedes Jahr neu ausgelost. Auf der direkt angrenzenden Sendlinger Anhöhe durften zusätzlich vier Wirte aus dem Gebiet des Landgerichtes München ihr Bier ausschenken. Besonders beliebt war hier das Tölzer Bier, das auf Isarflößen zur Stadt transportiert wurde.

Dies ist das älteste erhaltene Münchner Bierfass. Es trägt das städtische Eichzeichen und hat ein Fassungsvermögen von einem Eimer und drei Maß, was 67 bayerischen Maß, also 71,6 Litern entspricht.

Die Bierbude am rechten Bildrand steht auf der Sendlinger Anhöhe mitten unter den Zuschauern des Pferderennens. Davor sitzt eine Obstverkäuferin an einem kleinen Tischchen. Am Hintereingang der einfachen Bretterbude zapft eine Kellnerin Bier, hinter ihr steht der Wirt mit Kappe und Schürze.
Diese provisorischen Hütten wurden vielfach kritisiert und so forderte der Magistrat „die Errichtung von geschmackvollen hölzernen Häuschen statt solcher Baracken von Brettern". Neben dem Königszelt, dem Versorgungszelt der Nationalgarde und den Zelten des landwirtschaftlichen Vereins sind solche gut gezimmerten Buden, teilweise sogar mit einstöckigen Aufbauten, erkennbar. Das Gemälde ist eine der berühmtesten Darstellungen des Oktoberfestes und war Teil der Sammlung König Max I. Joseph von Bayern.
Für das Jahr 1823 findet sich folgende Beschreibung: **„Unter grünen zweckmäßigen Verzierungen wächst auf der Theresen-Wiese eine hölzerne Stadt mit wohlgeordneten Gassen mit Gallerien oben auf, mit allen ländlichen Spielen heraus, um mit allen Arten von Lebensmitteln und anderen häuslichen Bedürfnissen beynahe 3 Wochen unter dem lustigsten Volksgetümmel in den Feyerstunden einen ununterbrochenen Verkehr daselbst zu treiben."** ***Baumgartner 1823***
Des weiteren hat es in diesem Jahr zum ersten Mal vier Tanzsäle gegeben.

„Musik an allen Ecken in allen Abstufungen, von der ersten Harmoniemusik bis zur unharmonischen Drehorgel und dem Dudelsack." ***Destouches 1835***

Heinrich Adam, ***Oktoberfest, 1824***
Öl auf Leinwand, 39x60 cm, Bayerische Verwaltung der staatlichen Schlösser, Gärten und Seen, NyMar.G0138

Der Oktoberfestwirt Anton Gruber, um 1830
Lithographie, 15,1x10,2 cm, PS

Anton Gruber ist der erste Oktoberfestwirt, über dessen Leben Genaueres bekannt ist. 1810 eröffnete er auf einer Isarinsel einen Vergnügungsplatz mit Tanzpavillon, Schaukel und Karussell und nannte ihn nach dem Wiener Vorbild „Zum Prater“. Seit 1816 betrieb er während des Oktoberfestes eine der Bierbuden auf der Sendlinger Anhöhe. 1818 gelang es ihm für fünf Jahre die Konzession zu erlangen, als einziger Betrieb Volksbelustigungen präsentieren zu dürfen.

„Auf der Sendlinger Anhöhe, von welcher man den ganzen Umfang mit freyem Auge übersehen kann, bewegten sich mehrere Schaukeln, und schnurrte das mit jungen Leuten besetzte Treibrad eines Karoussels mit hölzernen Pferden herum, so, daß man dort alles in einer fortwährenden Bewegung und Lebendigkeit sah.“

Baumgartner 1820

Auch andere Wirte versuchten mit besonderen Angeboten ihre Gäste zu unterhalten. 1820 veranstalteten sie für die Jugend Sacklaufen, Hosenrennen oder Baumsteigen. Der Cafetier Eberhard wurde bekannt, weil er jedes Jahr etwas Neues erfand. Mal erschienen seine weiblichen Dienstboten als Griechinnen und seine Bude erhielt den Namen „Zum König von Griechenland“, mal erschienen dieselben in der Tracht von Miesbach und alles besuchte die Bude „Zum Grünhütl“.

Die Illustration aus dem Büchlein „Das Octoberfest“ von W. Lindner zeigt einen Bierausschank auf der Sendlinger Anhöhe. Holztische, Bänke und Stühle stehen ungeordnet neben einem Fass. Während unten auf der Theresienwiese das Pferderennen geregelt abläuft, herrscht oben bereits eine ausgelassene Stimmung.

Bierausschank, um 1830
Lithographie, 17,8x10,8 cm, PS-10/120

Vor einer roh gezimmerten Bierbude sitzt eine Frau und verkauft Zwetschgen, daneben findet unter freiem Himmel der Bierausschank statt. Der Kellner schenkt dem Gast am Tisch aus einem Maßkrug Bier in ein gläsernes „Quartelkrügerl" ein. Dies ist der früheste Bildbeleg für die Verwendung der später so typischen Steinzeug-Bierkrüge auf dem Oktoberfest. Interessant sind auch die Bäume bei der Bierbude. Fichten und Föhren werden immer wieder als Schmuck für den Festplatz erwähnt. 1840 wurden allein für die Schießstätte 1.500 Bäume aufgestellt und nach dem Fest wieder entfernt.

Caspar Klotz, ***Auf der Theresienwiese, um 1830***
Öl auf Blech, 32x26,5 cm, GM-36/1276

*Johann Löhle, **Ludwig I., König von Bayern (1825-1848)**, um 1840*
Öl auf Leinwand, 91,5x75,5 cm, GM-IIa/19

1826
-1847

Die Oktoberfeste unter König Ludwig I.

Aus allen Gegenden Bayerns strömten die Menschen zur Theresienwiese als 1826 Ludwig I. erstmalig als Landesvater das Oktoberfest mit seiner Anwesenheit beehrte. Seine Präsenz stellte einen im höfischen Zeremoniell genau geregelten Gestus der fürstlichen Gnade dar. Solche Gnadenbeweise waren als Erwiderung auf die von den Untertanen gehaltene Treue zu verstehen. Gerade in den unruhigen Zeiten der Restauration schaffte es Ludwig I. sich mit diesen Gesten der Loyalität der Untertanen zu vergewissern. Eine besondere Form wählte er 1839 mit seinem spontanen Besuch der Festwiese ohne Begleitung und zu Fuß. Als er bei seinem Rundgang zur Schießstätte kam, eilten alle Schützen herbei und feuerten ihre Gewehre ab. Das Vivat-Rufen wollte kein Ende nehmen.
Das 25-jährige Bestehen des Oktoberfestes wurde 1835 mit besonderer Festlichkeit begangen. Der Münchner Magistrat veranstaltete zusätzlich verschiedene Spiele wie ein antikisierendes Wagenrennen. Der Höhepunkt der Feierlichkeiten war der prächtige Festzug mit 86 Wagen aus dem Isarkreis, dem heutigen Oberbayern, auf denen in „lebenden Bildern" Alltagsszenen aus dem ganzen Königreich dargestellt wurden. Dieses Ereignis stellt den Beginn der profanen Umzüge in München dar. Unter Mitwirkung ganz Bayerns wurde 1842 die Hochzeit des Kronprinzen Maximilian wieder mit einem Festzug gefeiert.
In den folgenden Jahren verhinderten Krankheiten oder andere Verpflichtungen das Auftreten des Landesvaters. 1847 erschien er wegen seiner Affäre mit der Mätresse Lola Montez nicht zum Nationalfest. Die Feste ohne Teilnahme des Königs verliefen mit gleichem Programm, jedoch nüchtern und ohne Glanz. Die dynastische Bedeutung des Oktoberfestes wurde mit der Stiftung der bayerischen Ruhmeshalle durch Ludwig I. und der von ihm in Auftrag gegebenen Bavaria, die 1850 enthüllt werden konnte, in einem Denkmal verankert.

Gustav Kraus, ***Königszelt mit vorbeiziehenden Festwägen beim Jubiläums-Oktoberfest 1835***
Lithographie, 35,6x42,7 cm, G-P1848

Kavallerie-Tschako der bayerischen Landwehr, um 1830
H 45cm, T-VIIb/34.54

Christian Hohbach, ***Das Oktoberfest und das Königreich Bayern, um 1845***
Lithographie, 42x50,5 cm, G-P1856

Das königliche Wappen als Symbol für das Königreich bildet die Basis, auf der sich Wirtschaft und Handel entfalten: Landwirtschaft, Handwerk, Kunst, Gewerbe, Jagd und Viehzucht. Die Darstellung wird eingerahmt von den vier im Königreich vereinten Landesteilen Franken, Pfalz, Schwaben und Altbayern sowie den jeweils ortstypischen Bauwerken und Denkmälern, die Ludwig I. geschaffen hat oder um deren Erhalt er sich verdient gemacht hat.

„So endete sich das Oktoberfest vom Jahre 1827 in Eintracht und Liebe des bayrischen Volkes, die schönsten Hoffnungen für aufblühende Industrie, Kunst und Landeskultur erregend, und mit Recht kann Bayern stolz seyn auf seine Nationalfeste, denn sie tragen den Stempel regen Vorwärtsstrebens, ächten Nationalsinnes und wahrer Anhänglichkeit an König und Vaterland."
Ulrich von Destouches, 1835

Der sogenannte **Weitpreis** wurde schon beim ersten Pferderennen 1810 vergeben. Er wurde demjenigen verliehen, der die weiteste Anreise zum Fest gehabt hatte. Mit dieser besonderen Auszeichnung sollte Personen aus entlegenen Gegenden des Königreichs ein Anreiz gegeben werden, an den Wettbewerben teilzunehmen. Die Weitpreisfahne des Jahres 1827 gewann ein Bauer aus Sommersdorf im Gebiet des Landgerichts Deggendorf. Auf dem Fahnenblatt ist in vereinfachter Form die Darstellung des Oktoberfestes von Heinrich Adam zu sehen. Der Weitpreis wurde 1839 zum letzten Mal verliehen. Das Oktoberfest war so populär geworden, dass die Rennmeister weite Wege auch ohne Aussicht auf eine zusätzliche Preisfahne auf sich nahmen. Für viele Besucher wurde seit 1837 die Anreise durch die Eisenbahn Augsburg-München erleichtert.

Weitpreisfahne, 1827
Seidentaft, 79x105 cm, T-XId/27

Preisfahne mit den Initialen des Königspaares „LT“, 1826
Seide, 76x106 cm, PS-OM4

Die Preisfahnen, die es beim Pferderennen, Schießen und den landwirtschaftlichen Wettbewerben des Oktoberfests zu gewinnen gab, tragen in der Regel die Initialen der königlichen Familie. **So steht „LT“ für König Ludwig I. und Königin Therese.** Über die Preisfahnen wurden die königlichen Zeichen im ganzen Land verbreitet. Sie erinnerten an den Anlass der Wettbewerbe als eine Huldigung an das bayerische Herrscherhaus. Sämtliche Preise wurden vom Magistrat der Stadt München bereitgestellt.
Die gestickte Preisfahne „LT“ aus dem Jahr 1826 gewann Sebastian Rechel, Posthalter von Hohenlinden, für den ersten Platz beim Pferderennen. Zusätzlich erhielt er als Preisgeld eine silberne Münze mit dem Bildnis König Ludwigs I. sowie weitere 20 silberne Denkmünzen.

Gedenkblatt „Zur Erinnerung der silbernen Hochzeit-Feier I.I. K.K. Majestäten Ludwig und Therese von Bayern, den 12. October 1835“
Lithographie, 26x18,2 cm, G-Z2371

Auf dem Gedenkblatt ist in einem antikisierenden Doppelporträt das Königspaar abgebildet, das von den Namenszügen seiner neun Kinder, den Wappen der acht bayerischen Kreisstädte und Symbolen von Malerei, Baukunst, Wissenschaft und Dichtkunst umgeben ist. Die Darstellung des Pferderennens auf der Theresienwiese erinnert an die Hochzeitsfeierlichkeiten der Jubilare 1810 und ehrt das Königspaar als Begründer des bayerischen Nationalfestes.

Das Oktoberfest bot neben anderen Veranstaltungen den öffentlichen Rahmen zur "Feyer der Jubelehe". Der im Jubiläum bestätigte Treuebund ließ sich auch als ein Appell an die Treue der Untertanen zu ihrem Fürstenhaus verstehen. Unter dem Eindruck der als „Vormärz“ bekannten Unruhen wurde solche Bürgertreue in besonderem Maß eingefordert.

Am Hauptfestsonntag 1835 fand ein aufwändig gestalteter Festzug statt, den Gustav Kraus in einer Serie von 24 Lithographien festgehalten hat. Für das Unterfangen des Umzugs hatte sich der bayerische Innenminister eingesetzt, der die Identität stiftende Kraft solcher Huldigungen schon 1833 beim Nürnberger Volksfest zum Namenstag König Ludwigs I. erfahren hatte.
Der in sieben Gruppen gegliederte Festzug hatte historisierende Elemente, allegorische Themen und stellte in Alltagsszenen die Schönheit und Größe des Königreichs dar. Die weit über eintausend Darsteller waren der Einfachheit halber aus den umliegenden Gemeinden des Isarkreises herangezogen worden, aus dem 1837 der Verwaltungsbezirk Oberbayern hervorging. Jede dieser Gemeinden war mit einem bunt geschmückten Wagen mit Männern und Frauen in heimischen Trachten vertreten.

Stopselhut aus dem Isarwinkel, um 1850
H 25 cm, T-63/7595

Gustav Kraus, ***„Festzug zur Feyer der Jubel Ehe I.I. M.M. des Königs Ludwig und der Königin Therese zu München am 4ten October 1835“***
Lithographie, 38,7x48,7cm, G-P1557.12

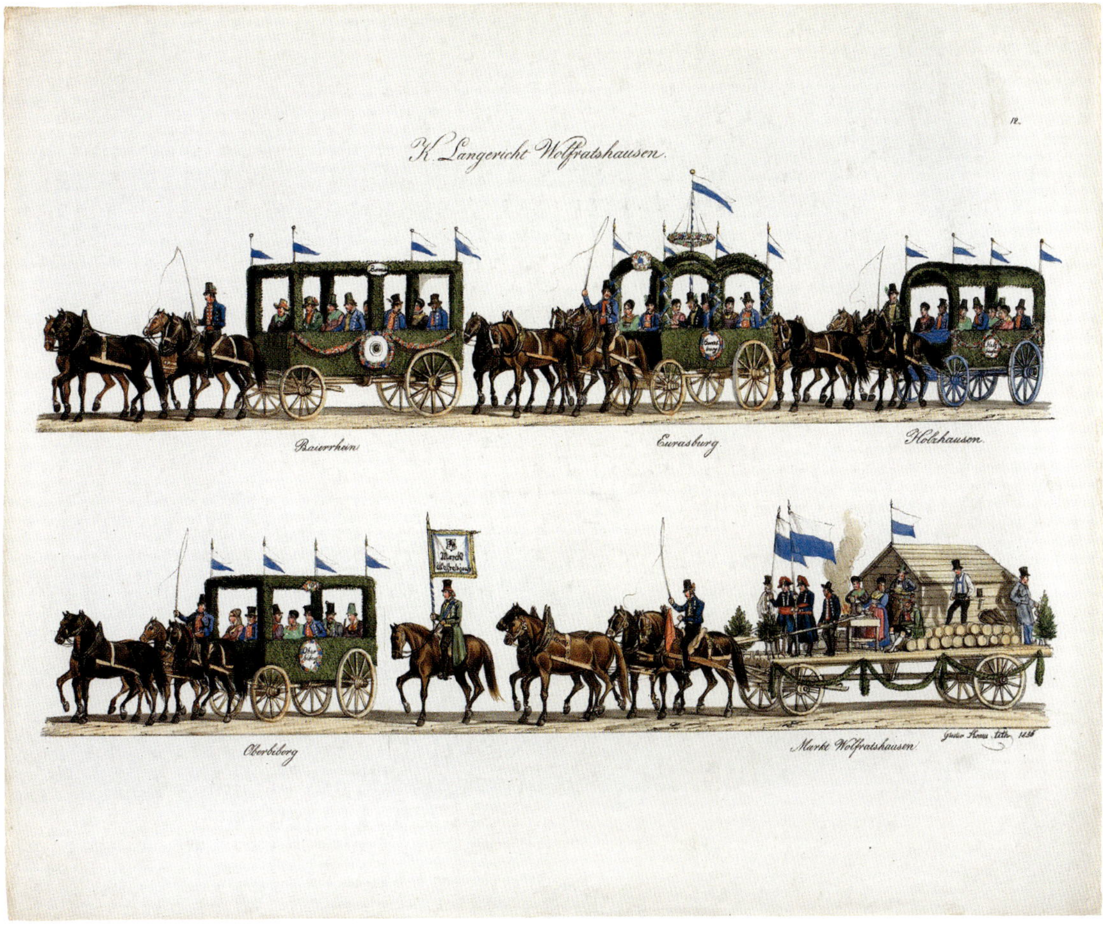

Die Sieger der Wettbewerbe beim Jubiläumsfest wurden mit wertvollen Preisen ausgezeichnet. Den Silberpokal im Wert von 155 Gulden, geschmückt mit den Initialen des Königspaares und dem Wappen der Stadt, gewann Graf Vieregg.

Joseph II. Westermayer,
Pokal 1. Preis für das Wagenrennen, 1835
Silber, H 28,7 cm, Privatbesitz

Zur Feier der Silbernen Hochzeit wurden eine ganze Reihe von gesonderten Veranstaltungen geboten, die sich auch auf die Woche nach dem Festzug erstreckten. Neuartig war die Austragung eines Wagenrennens nach antiken Vorbildern aus der römischen Kaiserzeit. Für den Wettkampf wurde auf der Theresienwiese eine gerade Rennbahn abgesteckt. Herzog Max in Bayern stellte vier zweirädrige Kampfwagen zur Verfügung. Die Wagenlenker waren in römisch anmutende Kostüme gekleidet.

Gustav Kraus, ***Wagenrennen, 1835***
Lithographie, 38,7x48,7 cm, G-P1557.23

Ein weiterer Programmpunkt 1835 war das Wagenradlaufen. 16 Wagnergesellen trieben jeweils ein Rad von vier bayrischen Schuh (117 cm) Durchmesser auf einer vorgegebenen Strecke. In „altdeutscher Tracht“ versuchten sie mit schnellem gleich-mäßigen Schritt ihr Wagenrad in der Spur zu halten. Die ersten Zehn wurden zur Belohnung mit einer Denkmünze, einer Preisfahne und bis zu zehn bayerischen Talern ausgezeichnet.
Zurückzuführen ist das Wagenradlaufen auf die Begeisterung der Münchner für eine frühe und bemerkenswerte Leistung. Am 20. Juli 1709 fertigte der Stellmacher Johann Guttmann aus Lechhausen bei Augsburg ein Wagenrad, das er noch am selben Tag bis nach München trieb. Dort angekommen überreichte er das Rad der Stadt, die es zur Aufbewahrung in das Zeughaus gab.

Wagnergeselle, 1835, *Aquarell, 33,4x20 cm, G-36/1949*

Wagenrad von Johann Guttmann, 1709
Holz, Metall, Dm 119 cm, A-XIc/138a

Blatt 1.

Festzug der 35 Brautpaare,
zur Vermählungsfeyer Sr. Königlichen Hoheit des Kronprinzen Maximilian
u. Ir. Königlichen Hoheit der Kronprinzeß Marie von Baye
im Vorbeiziehen vor dem Königszelt bey dem Oktoberfeste in München den 16ten

Verlag von G. Kraus, Löwenstraße No. 19 in München.

Unter den Festlichkeiten anlässlich der Hochzeit des Kronprinzen Maximilian mit der Hohenzollernprinzessin Marie von Preußen nahm das Oktoberfest eine besondere Stellung ein. Das dynastische Ereignis wurde in einem Festzug angekündigt, für den aus allen Teilen des Königreichs 24 katholische und elf protestantische Brautpaare ausgewählt worden waren. Nach dem Wunsch von König Ludwig I. sollte dieser kein historisierender Schau-Umzug sein, sondern die Bayern sollten sich präsentieren, „so wie sie sind“. Tatsächlich wurden die 35 Brautpaare am Oktoberfestsonntag in München getraut und anschließend vom Magistrat zu einem Hochzeitsessen eingeladen. Danach zogen sie in einem gemeinsamen Festzug in der Kleidung ihrer Region am Königszelt auf der Theresienwiese zur Huldigung des königlichen Brautpaares vorbei.

*Gustav Kraus, **„Festzug der 35 Brautpaare“, 1842***
Lithographie, 43x57,5 cm, G-P1583.1

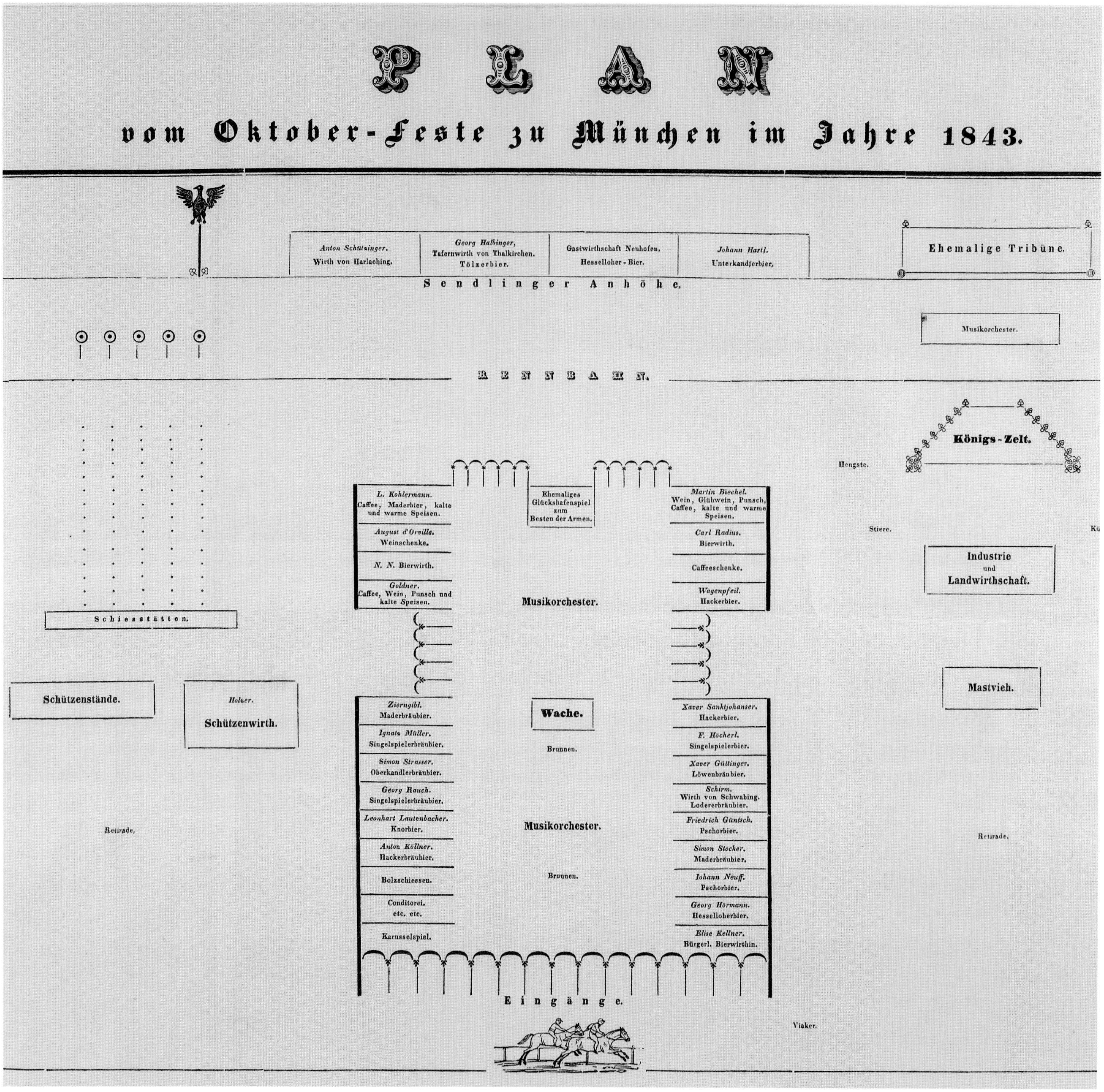

„Plan vom Oktober-Fest zu München im Jahre 1843“
Steingravur, 33,5x60,8 cm, G-35/1633 (Ausschnitt)

Zur Regierungszeit Ludwigs I. verbesserte der Münchner Magistrat die Gestaltung des Festplatzes. Der Plan zeigt die schematische Aufstellung der 24 Bewirtungsbuden, die baulich eingefasst worden waren, um Unfälle vor allem beim Pferderennen zu vermeiden.
Auf der Sendlinger Anhöhe wird auswärtigen Bierwirten eine Schankfläche zugewiesen wie dem „Tafernwirth von Thalkirchen“ mit „Tölzer Bier“.

Aus den 1830er Jahren sind mehrere moralisch-satirische Schriften bekannt, die auf der Festwiese verkauft wurden. Die Sprüchesammlung „Eulenspiegel's Prophezeiung“ mit eingestreuten Bildern bezieht sich teilweise auf das Oktoberfest:
„Wollen Sie schießen oder kegeln? Ich dank! Ich will mir mit Trinken die Zeit vertreiben!“ „Da reiten zwei Rennbuben, frisch nach, Kamerad! Marsch! Wie ungeschickt! Da fällt er nun gar auf den Arsch.“

Carl Müller beschreibt in witzigen und derben Versen einen Tag auf dem Oktoberfest. Das Heft wurde bis 1864 in vielen Neuauflagen herausgebracht.

**„Was wälzt das Volk in dichten Massen
Hinaus sich durch die Sendlinger Strassen,
Und Städter, Dörfler, groß und klein! –
Was muß für ein Spektakel seyn?**

**Das schönste Vieh von allen Sorten,
Der Bürger glänzende Cohorten,
Steh'n in Parad' dicht wie die Mauern,
Begafft, bewundert von den Bauern.“**

Eintrittskarte ***„Abonnement zum Pferderennen October Fest auf der Theresens-Wiese“, 1832,*** *Steingravur, 7,1x10,3 cm, G-58/146.120*

„Eulenspiegel's Prophezeiung auf dem Oktoberfest in München“, 1835
Heft, 17,5x 10,8 cm, PS-08/37

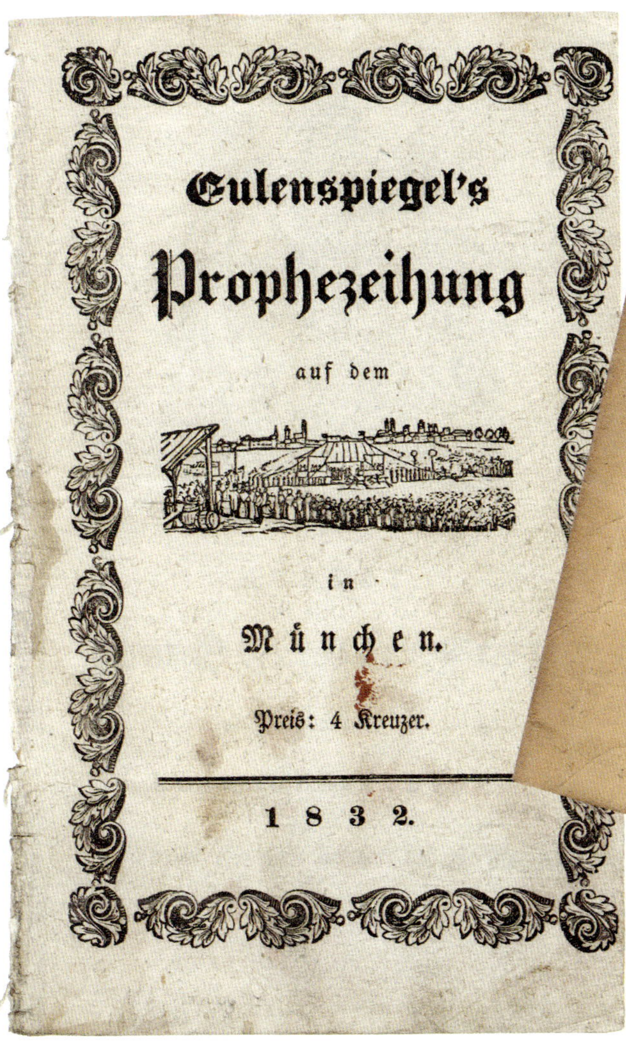

Carl Müller ***„Das Octoberfest auf der Theresien-Wiese zu München komisch dargestellt“, um 1830,*** *Heft, 19,3x12 cm, PS-00/261*

Enthüllung der Bavaria

Gustav Kraus, ***Enthüllung der Bavaria 9. Oktober 1850***
Lithographie, 29,4x43,2 cm, G-P798

Die feierliche Enthüllung der Bavaria als bayerisches National-Denkmal auf der Theresienwiese wurde außerhalb des sonst üblichen offiziellen Festprogrammes während des Oktoberfestes 1850 begangen. Die kolossale Bronzestatue bildet bis heute das architektonische Zentrum der erst 1853 fertig gestellten bayerischen Ruhmeshalle und übernimmt als Landespersonifikation eine Art Schirmherrschaft über das Volksfest. Durch die Stiftung des Denkmales blieb die dynastische Bedeutung des unbebauten Geländes der Theresienwiese bewahrt.

Die Idee der Errichtung eines Denkmales auf der Theresienwiese geht auf den Initiator des ersten Oktoberfestes, Andreas von Dall'Armi, zurück. Er wollte 1810 ein Monument zur Erinnerung an die Vermählung des Kronprinzen Ludwig und an das Fest auf der Theresienwiese errichten. Nach einer jahrelangen Planungsphase war es König Ludwig I. selbst, der Leo von Klenze mit der Realisierung einer bayerischen Ruhmeshalle beauftragte. Klenze hatte beim vorangegangenen Architekturwettbewerb auch die Idee zur Kolossalstatue formuliert. Für den gestalterischen Entwurf der Statue wurde 1837 der Bildhauer Ludwig von Schwanthaler in das Projekt einbezogen. Das Bronze-Standbild wurde in der Königlichen Erzgießerei unter Ferdinand von Miller ausgeführt und als technische Meisterleistung der bayerischen Gewerbetreibenden gefeiert. Das Standbild ist 18,52 Meter hoch und steht auf einem Sockel von 8,92 Metern.

Obwohl Ludwig 1848 wegen seiner Affäre mit der Mätresse Lola Montez als König hatte abdanken müssen, galt ihm als Förderer der Kunst bei der Enthüllungsfeier der Bavaria 1850 aller Ruhm und Dank. Die Kunst- und Gewerbetreibenden Münchens veranstalteten zu seinen Ehren einen Festzug.

„Nachdem sämtliche Festwagen zu beiden Seiten der Tribüne im Halbkreis aufgestellt waren, fiel bei klarstem Herbsthimmel unter den Salven der Landwehr-Artillerie und den betäubenden Zurufen der zahllosen Menge die 70 Fuß hohe Bretterwand krachend nieder, und das erhabenste Bildnis glänzte zum erstenmal vor den entzückten Blicken. Nie bisher hatte das Volk in solcher Menge den hohen Wert der Kunstschöpfungen des Königs gefühlt oder gar anerkannt.“ ***Destouches, 1910***

Der Huldigungsfestzug der Münchner Künstler und Handwerker anlässlich der Enthüllung der Bavaria 1850 rief auch Kritik hervor, die sich gegen die Praxis der herrschaftlichen Patronage wendete. In der satirischen Zeitschrift „Münchener Punsch“ finden sich Kommentare zu den teilnehmenden Gewerben wie:

„Zur Verherrlichung des Genius der Kunst verehrt die Schuhmacherinnung der Bavaria einen riesenhaften Schuh. In Anbetracht dieses symbolischen Leders sieht man, dass selbst Kälber und Rinder zur Verherrlichung der Kunst beitragen können. Uebrigens wird der Schuh, ordentlich gewichst, zu den glänzendsten Geschenken gehören.“

“Also die Spängler müssen, wie die anderen Gewerke zur Verherrlichung der Kunst auch blechen und verehren der Bavaria eine großartige Windfahne.“

„So viel man vernimmt, wollen die Bäcker der Bavaria einen Siegeskranz backen, worin so viele Weinbeerl kommen als die Bayern schon Siege errungen haben.“

„Hierauf kommen zur Verherrlichung der Kunst die Alt- und Jung-Metzger. Die Bavaria bekommt eine riesenhafte Wurst, mit der allen ruheliebenden Bürgern gebührenden Inschrift: Wir haben sehr viel Durst. Denn Alles ist uns Wurst.“

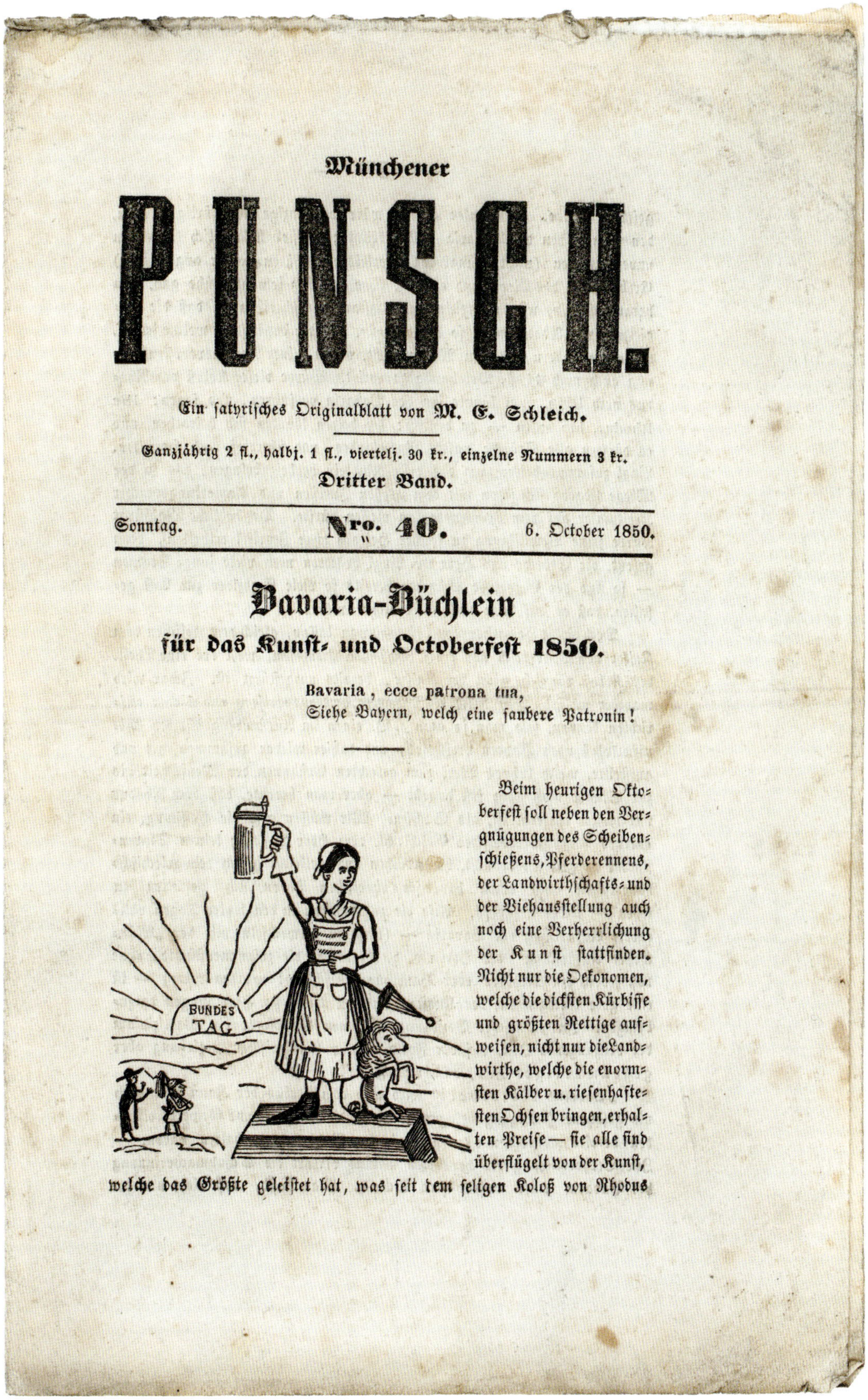

Münchener

PUNSCH.

Ein satyrisches Originalblatt von M. E. Schleich.

Ganzjährig 2 fl., halbj. 1 fl., viertelj. 30 kr., einzelne Nummern 3 kr.

Dritter Band.

Sonntag. Nro. 40. 6. October 1850.

Bavaria-Büchlein

für das Kunst- und Octoberfest 1850.

Bavaria, ecce patrona tua,
Siehe Bayern, welch eine saubere Patronin!

Beim heurigen Oktoberfest soll neben den Vergnügungen des Scheibenschießens, Pferderennens, der Landwirthschafts- und der Viehausstellung auch noch eine Verherrlichung der Kunst stattfinden. Nicht nur die Oekonomen, welche die dicksten Kürbisse und größten Rettige aufweisen, nicht nur die Landwirthe, welche die enormsten Kälber u. riesenhaftesten Ochsen bringen, erhalten Preise — sie alle sind überflügelt von der Kunst, welche das Größte geleistet hat, was seit dem seligen Koloß von Rhodus

„Bavaria-Büchlein für das Kunst- und Octoberfest 1850“
Münchener Punsch, Oktober 1850, 22,5x14,3 cm, Bibl.

Joseph Bernhardt, ***Maximilian II., König von Bayern (1848-1864), um 1850,*** *Öl auf Leinwand, 77x61,5 cm, GM-30/2058*

1848 -1863

Die Oktoberfeste unter König Maximilian II.

Nach der Enthüllung der Bavaria zum Oktoberfest 1850 verliefen die weiteren Feste während der Regierungszeit von König Maximilian II. ohne besondere Erwähnungen. 1851 entfiel die Anwesenheit der königlichen Familie durch den Tod des Prinzen Wilhelm von Preußen, des Vaters der Königin Marie. 1854 musste das Oktoberfest wegen der in München grassierenden Cholera, bei der 3000 Menschen starben, abgesagt werden. Dies war nach dem kriegsbedingten Ausfall 1813 das zweite Jahr ohne Fest.

Zum 50. Jubiläum 1860 unterblieben auf königlichen Erlass alle außergewöhnlichen Feierlichkeiten. Dies geschah aus Rücksicht auf den abgedankten König Ludwig, dessen Frau Therese 1854 gestorben war. Sämtliche Feiern hätten auf die Erinnerung an die Hochzeit 1810 ausgerichtet werden müssen.

Seitdem die Stadt 1819 die Trägerschaft der Oktoberfeste übernommen hatte blieb das Fest eine kostspielige Unternehmung für den Magistrat. So standen 1859 den 8422 Gulden Ausgaben lediglich 362 Gulden Einnahmen aus den Gebühren für Wirte und andere Festbesucher gegenüber.

Am Zuspruch fehlte es dem Oktoberfest keinesfalls: Am Hauptsonntag des Jahres 1860 kamen 100.000 Besucher auf die Theresienwiese.

Landwehr-Kavalleriemajor Franz Paul Palmberger vor dem königlichen Wagen, 1863, *Lithographie, 29x23 cm, G-VIb/36*

Franz Paul Palmberger, Besitzer des Gasthofes „Zum Augsburger Hof" in der Schützenstraße, befehligte als Major die Münchner Landwehr-Kavallerie. Bei der Auffahrt zum Oktoberfest eskortiert er den sechsspännigen Wagen mit König Max II. in Generalsuniform und der Königin Marie mit einem Kleid in den Landesfarben.

Kavallerie-Offiziershelm der bayerischen Landwehr, 1849
Leder mit Silberbeschlag, H 33cm, T-35/1077

1851 ließ der Magistrat vom Hofsticker Christian Alckens zu einem Preis von 300 Gulden eine Ehrenfahne anfertigen, die zukünftig dem Preisfahnenzug mit den Fahnen für Pferderennen und Schießen voran getragen werden sollte. Die Vorderseite trägt die königlichen Initialen „MM“ für Max und Marie, die Rückseite zieren das bayerische und das Münchner Wappen.

Ehrenfahne für den Preisfahnenzug, 1851, *Seidenmoiré mit Stickerei und Applikationen, 85x93 cm, Stange H 266 cm, T-35/1311*

Joseph Albert, ***Das Königszelt im Aufbau, um 1865***
Stereofotografie, 8,6x17,5 cm, FM-2008/261.1

Als früheste Fotografien vom Oktoberfest sind drei Stereofotos von Hoffotograf Joseph Albert bekannt. Sie zeigen allerdings kein Festgeschehen, da sie in der noch ruhigen Aufbauphase entstanden sind.

„Das Münchner Octoberfest von 1852“
Holzstich, 48x61,5 cm, G-33/727 (Ausschnitt)

Olympische Spiele

Im Zuge der staatlichen Bestrebungen Bayerns mit „gymnastischen Übungen“ die heranwachsende Jugend zu disziplinieren und das Nationalbewusstsein der Bevölkerung zu stärken, wurde bereits 1815 das Anliegen formuliert, das Oktoberfest mit sportlichen Veranstaltungen zu verbinden. Seitdem fanden auf der Festwiese bis zum Ersten Weltkrieg immer wieder sportliche Wettkämpfe statt, die oftmals als „Olympische Spiele“ bezeichnet wurden.

War es 1815 noch die Schuljugend, die im Rahmen der Feierlichkeiten ein Wettlaufen durchführte, fanden 1835 unter der Leitung des Turnlehrers Josef Gruber erstmals athletische Spiele statt, deren Träger die Gesellen des Bäcker- und Wagnerhandwerks waren.

Die Ausgestaltung der Turnspiele spiegelte den von einer Antikefaszination geprägten Zeitgeist wieder. Die „althümliche Tracht“ der Athleten und die einzelnen Disziplinen wie das Ringen, das Speerwerfen oder der griechische Wettkampf zu Pferde von 1852, zeigen explizit die Anlehnung an das historische Ideal der „Olympischen Spiele“.

Dieser Aspekt verdeutlicht, dass der Begriff und die Idee einer Wiederbelebung der Olympischen Spiele in der Neuzeit bereits vor ihrer offiziellen Geburtsstunde in Athen 1896 virulent waren. Die im Rahmen des bayerischen Nationalfestes veranstalteten Turnspiele müssen als Vorläufer der modernen Olympischen Spiele betrachtet werden und leisteten als solcher einen nicht unerheblichen Beitrag zur modernen Sportgeschichte.

Die Fahne gewann Josef Finkl, Wirt von Ottmaring. Für den 2. Preis erhielt er zusätzlich 60 Gulden, die in 30 Zweigulden-Münzen mit den roten Schleifen an die Goldschnur der Fahne geknüpft waren. In der Regel wurde diese Schnur vom Sieger entfernt, hier hat sie sich als Besonderheit erhalten.
1851 hatte der Magistrat beschlossen, dass die bisher gestickten Preisfahnen für Pferderennen und Schießen durch Fahnen mit Gemälden ersetzt werden sollen.

Sebastian Habenschaden, ***Preisfahne für das Hauptrennen 1858, 2. Preis,*** *Öl auf Leinwand, Seide, schabloniert, 80x91 cm, T-39/610*

Pferderennen

Das Pferderennen, aus dem sich nach 1810 das Oktoberfest entwickelt hatte, blieb bis 1913 die wichtigste Festveranstaltung. Zusätzlich zum Hauptrennen am Hauptsonntag, das in Anwesenheit der königlichen Familie stattfand, wurde von 1818 bis 1875 am zweiten Sonntag das „Nachrennen" durchgeführt. Dieser Erweiterung des Rennprogramms folgten 1847 das Trabreiten sowie 1867 das Trabfahren im zweirädrigen Einsitzer. 1890 setzte sich das Trabfahren im „Sulky" durch, ein Import aus dem englischen Rennsport. Generell hatten die Oktoberfestrennen einen eher volkstümlichen Charakter, der sich erst zu Ende des 19. Jahrhunderts wandelte, als im Pferderennsport die Professionalität bestimmend wurde.

Für die Organisation war nach 1818 ein bürgerliches Renngericht zuständig. Bei den Rennrichtern mussten sich die Pferdebesitzer, die sogenannten Rennmeister, einen Tag vor dem Rennen einschreiben. Es waren vor allem Bauern, Wirte, Brauer, Lohnkutscher oder Posthalter, die mit ihren Pferden aus ganz Bayern kamen. War man anfangs bestrebt, nur inländische Pferde zuzulassen, um so die heimische Pferdezucht zu fördern, fiel diese Beschränkung mit der Internationalisierung des Pferdehandels weg. Die Rennmeister überließen das Reiten im Wettkampf den Rennbuben, deren gute Führung durch ein Zeugnis des Dienstherrn oder Lehrers nachzuweisen war.

Das heutige Oval der Theresienwiese geht zurück auf die damalige Form der Rennbahn. Nach den Grundstückskäufen seitens der Stadt konnte um 1830 eine ovale Bahn mit Pfählen auf einer Länge von 1850 Metern abgesteckt werden. 1861 wurde sie auf rund 1622 Meter verkürzt, nach 1898 schließlich auf 1800 Meter festgelegt.

Der Gastwirt Georg Bader aus München gewann mit seinem Wallach „Picador" 1887 das Hauptrennen und bekam dafür 1000 Mark und eine gezierte Fahne. Im Hintergrund steht der Rennknabe mit Fahne und Pferd.

A. von Rummel, ***Rennmeister Georg Bader, 1887***
Öl auf Holz, 60x39,5 cm, GM-30/1820

Als Belohnung für erfolgreiche Rennknaben gab es diese Medaille, hier mit einer zusätzlichen Gravur: „Ist auch fern das Ziel, wird es doch erreicht. 1832"

Medaille für die Rennknaben, 1832, *Silber, Dm 4,6 cm, K-8094*

„Wer ko', der ko'!"

Fanz Xaver Krenkl, geboren 1780 in Landshut, kam 1806 nach München, war zuerst Wirt, dann Pferdehändler und Lohnkutscher. Als einer der ersten begann er mit englischen und ungarischen Pferden zu handeln und wurde dabei zum Wegbereiter der bayerischen Vollblutzucht.
Mit dieser beruflichen Ausgangsposition war er der dauerhaft erfolgreichste Teilnehmer an den Oktoberfestrennen, was ihm zu enormer Popularität verhalf. Seinen Ruhm verdankte Krenkl aber vor allem seiner derben Schlagfertigkeit, seinen Witzen und respektlosen Aussprüchen. Gleich nach seinem Tod 1860 erschienen diese Anekdoten als „Krenkliaden", von denen die folgende noch heute erzählt wird:
„König Ludwig, der sich in seiner Sparsamkeit für seinen Privatgebrauch nur leichte und billige Pferde hielt, war eben auf einer Spazierfahrt begriffen, als hinter der königlichen Equipage Krenkl mit seinem Gefährte nachkam, der eben ein paar neuerworbene Pferde einfuhr. Während des Königs Pferde in einem leichten, vom Münchner Fakeltrab genannten Tempo gingen, fuhr Krenkl stolz neben der Königlichen Equipage dieser vor. Ludwig rief ihm zu: Weiß Er nicht, daß das Vorfahren verboten ist?
Schnippisch entgegnete Krenkl vom Kutscherbock aus, sein Pferd antreibend: **Wer ko', der ko'!**
Beim nächsten Oktoberfeste wollte Krenkl eben mit einem feschen Traber die Wiese verlassen, als ihm der Bürgerwehrkordon den Weg versperrte, da auch die Hofwägen zur Abfahrt sich anschickten. Krenkl fluchte, mußte aber – wohl oder übel – mit dem ungeduldig stampfenden Pferd warten, bis der Hofzug vorüber war.
Ludwig, in bester Laune, fuhr eben mit seiner Gemahlin in offenem Wagen an, als er Krenkl bemerkte. Lächelnd rief er diesem zu:

„Krenkl, wer kann, der kann!"

*Benno Adam, **„Xaver Krenkl im 80ten Lebensjahre", 1859***
Lithographie, 51x40,5 cm, G-MII/1044.11

„Xaver Krenkl's Leben, Anekdoten und Sprüche", München, um 1900, *14,7x10,8 cm, PS*

Teilnehmerliste zum Ringelstechen, 1860
Lithographie, 33,5x21 cm, Stadtarchiv München, Okt 2/1

Ringelstechen waren Sonderveranstaltungen zu den Oktoberfesten 1830, 1860, 1863 und 1910. Dabei wurde vom galoppierenden Pferd aus mit einer Lanze auf den Ring gestochen, dessen Zentrum getroffen werden musste. Dieses volkstümliche Spiel leitet sich aus den höfischen Reiterübungen der Barockzeit her.

An der Aufhängung ist die Jahreszahl sowie der bekrönte Name des Münchner Schmiedes Sewalder als Hersteller eingeschlagen.

Ring vom Ringelstechen 1830, *Eisen, 28,3x18 cm, A-XIb/7a*

Schießen

Münchner Schützenzug, um 1860
Öl auf Leinwand, 159x273 cm, GM-66/384

Anlässlich der Hochzeitsfeierlichkeiten 1810 gab es zwar ein mehrtägiges Schießen, allerdings führten die Schützen dieses in ihrer Schießstätte vor den Toren der Stadt durch, die sich an der Stelle des heutigen Hauptbahnhofes befand.
Erst 1816 gab es ein Oktoberfest-Schießen. Es fand auf der Theresienwiese mit Vogel- und Scheibenschießen statt. Organisiert hatte es die „Königlich privilegierte Hauptschützengesellschaft“, deren Bestehen auf das Jahr 1406 zurückgeht. Diese damals einzige Münchner Schützengesellschaft blieb fortan Träger der Oktoberfest-Schießen. Seitdem versammelten sich die Schützen immer montags nach dem Hauptsonntag mit dem Pferderennen vor dem Rathaus und zogen mit ihren Insignien, den Schützenketten und -fahnen, zu den Schießständen auf das Festgelände. Über die ganze Woche fanden die Schießen statt, deren Gewinner am zweiten Sonntag mit den Preisfahnen und Geldpreisen ausgezeichnet wurden. Bei den Schießen „Haupt“, „Kranz“ und „Glück“ wurde auf Standscheiben mit schwarzen Zielpunkten aus einer Distanz von 130 Metern geschossen. Beim „Hirschschießen“, 1822 zum ersten Mal veranstaltet, schoss man auf die Holzattrappe eines laufenden Hirsches, der in einer Distanz von 110 Metern auf einer Schiene gezogen wurde. Das „Vogelschießen“, bei dem ein hölzerner Adler stückweise herunter geschossen wurde, fand bis 1875 statt. Dafür kam 1876 die mechanische Festscheibe „Deutscher Reichsadler“.
In den ersten Jahrzehnten prägten die einzelnen Schützen, die aus ganz Bayern zum Oktoberfest-Schießen angereist waren, das Geschehen. Danach bestimmte das vereinsmäßige Schützenwesen die Schießwettbewerbe.
Mit der Theresienwiese eng verbunden war das 1853 eröffnete Gebäude der „Schießstätte“ der „Kgl. priv. Hauptschützengesellschaft“ auf der Anhöhe rechts der Bavaria. Dort gründeten die Schützen anlässlich des Oktoberfestes 1862 den „Bayerischen Schützenbund“.

Peter Ellmer, ***Vogelschießen, Detail aus dem Blatt „Das Octoberfest zu München 1830“,*** *Lithographie, 29,4x37,2 cm, G-P1840 (Ausschnitt)*

Von einem Schießstand wurde auf den hölzernen Adler geschossen, der an die Spitze einer ca. 29 Meter hohen Stange montiert war. In ausgeloster Reihenfolge schoss man so lange, bis ein Schütze das letzte Stück herab geschossen hatte und damit den ersten Preis erhielt. Den zweiten Preis bekam der Schütze, auf dessen Schuss der Kopf des Adlers gefallen war. Zudem wurden pro Schütze die herab fallenden Splitter gewogen und ausgepreist.

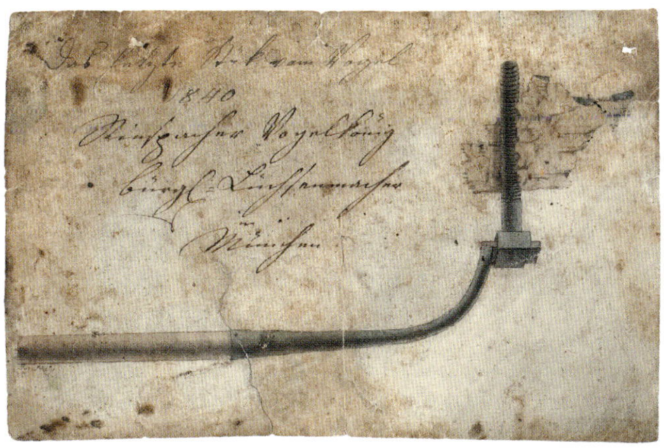

Das letzte Stück vom Vogelschießen 1840
Holz, 23x15 cm, A-VIII/15

Mit dem Herunterschießen dieses Teiles erhielt Karl Rinspacher den ersten Preis in Form einer Preisfahne, an die 25 silberne Geschichtstaler geknüpft waren. Zudem war er ein Jahr lang Schützenkönig. In seiner späteren Funktion als Hausmeister des Münchner Stadtmuseums hat er dieses für ihn so wichtige Relikt 1889 der Sammlung überlassen.
Bei dem Stück Holz ist das Gewinde gut erkennbar, mit dem der Adler an der Stange befestigt war. Auf einem beigelegten Zettel mit Skizze heißt es: „Das letzte Stück vom Vogel 1840, Rinspacher Vogelkönig bürgl. Büchsenmacher in München“.

Gustav Sundblad, ***„Das Oktoberfest in München", 1867***
Holzstich, 27,5 x 38,8 cm, PS-96/68

Zentral-Landwirtschaftsfest

Am 14. Oktober 1811 wurde auf der Theresienwiese das erste zentrale landwirtschaftliche Fest Bayerns veranstaltet. Erst mit diesem Fest wurde die Feier zu Ehren der Hochzeit des Kronprinzenpaares von 1810 zum „wahren bayerischen Nationalfeste" erhoben. 1812 erhielt es den Namen „Central-Landwirthschaftsfest".

Dass dem König und der Bevölkerung 1811 neben dem Pferderennen eine „Viehausstellung mit Markt" präsentiert werden konnte, war den Bestrebungen des ein Jahr zuvor gegründeten Landwirtschaftlichen Vereins in Bayern zu verdanken. Mit der landwirtschaftlichen Ausstellung sollte der ökonomischen Situation des Landes als Agrarstaat Rechnung getragen und ein Aufschwung der bayerischen Wirtschaft erzielt werden. Durch die Popularisierung von Anbaumethoden sowie die Verbreitung von Fachwissen wurde die Weiterbildung der Landwirte und der landwirtschaftliche Fortschritt gefördert. Die in Aussicht gestellten Prämierungen dienten der Motivation der Bauern. Nicht zuletzt realisierte die Begegnung des Monarchen bei diesem feierlichen Anlass mit dem bislang gering geschätzten Bauernstand auch das Ideal des „aufgeklärten Regenten", des tugendhaften Herrschers, der sich um die Liebe, das Wohl und das Vertrauen seines Volkes bemüht. Bis zum Ersten Weltkrieg fungierte er als Protektor des Festes.

1819 erfolgte eine Aufteilung der Zuständigkeitsbereiche. Fortan oblag dem staatlich subventionierten Landwirtschaftlichen Verein die Ausrichtung des Landwirtschaftsfestes. Für das übrige Geschehen war der städtische Magistrat verantwortlich. Damit war die bis heute erhaltene finanzielle und organisatorische Trennung der Festbestandteile eingeleitet.

Trotz dieses Arrangements war die Integration des Zentral-Landwirtschaftsfestes in die allgemeinen Feierlichkeiten im Verlauf des 19. und des beginnenden 20. Jahrhundert selbstverständlich. Der jährliche Turnus und die Größe – Ende des 19. Jahrhunderts musste die Ausstellung wegen ihres Ausmaßes auf das Südareal der Theresienwiese verlegt werden – unterstreichen seine große Bedeutung für die allgemeinen Feierlichkeiten.

Präsentation und Prämierung von Zuchtleistungen waren von Anbeginn zentrale Elemente des Landwirtschaftsfestes. 1816 kamen landwirtschaftliche Gerätschaften und Techniken hinzu, in den darauf folgenden Jahren spezielle Lehr- und Sonderschauen.

Die technischen Neuerungen wurden zunächst ausschließlich auf der Festwiese gezeigt. Mit den Jahren waren die Veranstalter angesichts der immer größer werdenden Ausstellung dann gezwungen, zusätzlich auf andere Räume auszuweichen, um sämtliche landwirtschaftlichen Maschinen und Modelle vorführen zu können. Hierfür wurden insbesondere das Ladenlokal des Landwirtschaftlichen Vereins in der Türkenstraße, aber auch das königliche Odeon und die städtischen Schulhäuser genutzt.

Beetpflug*, *um 1850
Holz, Eisen, L 265 cm, Niederbayerisches Landwirtschaftsmuseum, Regen

In verschiedenen Ausstellungsräumen außerhalb des Festgeländes wurden landwirtschaftliche Produkte und Geräte präsentiert und Fachversammlungen abgehalten.

Die technische Entwicklung des Pfluges gehört zu den Meilensteinen in der Geschichte des landwirtschaftlichen Geräts. Die ersten „Reformpflüge" waren in Bayern bereits 1810 im Einsatz, wenn auch noch vereinzelt. Ab 1860 lässt sich die allgemeine Durchsetzung der eisernen Pflüge bei der täglichen Arbeit auf dem Gut feststellen. Die schrittweisen Verbesserungen konnte die Bevölkerung stets bei der Ausstellung auf dem Zentral-Landwirtschaftsfest verfolgen.

„Landwirthschaftliches Fest in München bei Anwesenheit der VIII. Versammlung der deutschen Land- und Forstwirthe"
Illustrierte Zeitung, 1844, Holzstich, 16,2x22,3 cm, G-33/599

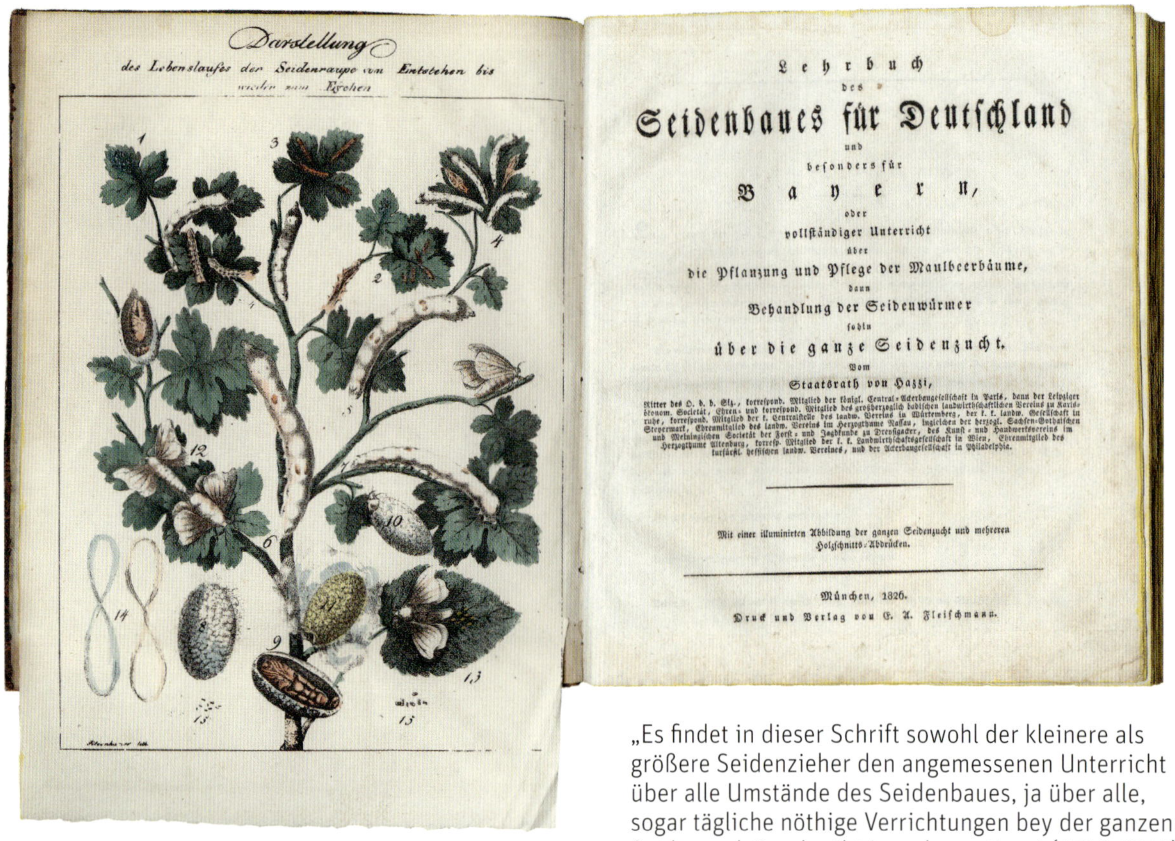

Joseph von Hazzi, ***„Lehrbuch des Seidenbaues", 1826***
24,2x20,5 cm, PS-OM988

„Es findet in dieser Schrift sowohl der kleinere als größere Seidenzieher den angemessenen Unterricht über alle Umstände des Seidenbaues, ja über alle, sogar tägliche nöthige Verrichtungen bey der ganzen Seidenzucht", schreibt Joseph von Hazzi (1768-1845) in seinem Vorwort.
Von Hazzi war Staatsrat und einer der führenden Köpfe des Landwirtschaftlichen Vereins, dessen Vorstehender er von 1818 bis 1835 war. Mit seiner Arbeit nahm er starken Einfluss auf die Entwicklung der bayerischen Landwirtschaft allgemein.
1827 lässt sich die Seidenzucht und Spinnerei als neuer Industriezweig in Bayern nachweisen. Das dafür notwendige Fachwissen wurde unter anderem durch Lehrbücher verbreitet, die auf dem Zentral-Landwirtschaftsfest erworben und gewonnen werden konnten.

Im Sinne des staatlichen Vorsatzes, durch das Landwirtschaftsfest eine Verbesserung des Agrarwesens zu erreichen, wurden außer der Preisvergabe von Fachbüchern zahlreiche didaktische Sonderschauen veranstaltet. Neben den innovativen landwirtschaftlichen Produktionsverfahren wurden auch die Erzeugnisse selbst vorgestellt, die durch die Verarbeitung der Rohstoffe gewonnen worden waren.
Eines der kostbaren Endprodukte ist hier in Form einer Preisfahne zu sehen, die 1830 beim Ringelstechen verliehen wurde und ein authentisches Relikt echt bayerischer Seidenproduktion darstellt. Der symbolische und materielle Wert der Preisfahne ist durch die Inschrift „von inländischer Seide" ausgewiesen.

Preisfahne „Ringelstechen bei dem October-Feste in München 1830"
Seidentaft, 53,5x66,5 cm, PS-OM763 (Ausschnitt)

Die Auszeichnung herausragender landwirtschaftlicher Leistungen, die im Rahmen des Festes bis zum Ersten Weltkrieg durch den König vollzogen wurde, sollte einen Ansporn für die Landwirte darstellen, höhere Erträge zu erzielen. Angesetzt waren großzügige Geldpreise, die zusammen mit Fahnen, Medaillen, Urkunden oder Lehrbüchern überreicht wurden.
Abgesehen von den Bauern selbst und ihrem Vieh, wurden auch Personen geehrt, die sich im weiteren Sinne um die Landwirtschaft verdient gemacht hatten. Seit 1829 wurden etwa Dienstboten in die Prämierungen einbezogen.

„Ehrendiplom" des Landwirtschaftlichen Vereins, 1878
Farblithographie, 67,4x53 cm, PS-OM333

Preismedaille für Dienstboten, um 1840
Silber, Dm 3,3 cm, K-9807

Die Preismedaille, die vom Landwirtschaftlichen Verein „Dem Verdienste um die vaterlaendische Landwirthschaft" verliehen wurde, war für ihren Empfänger ein wertvolles Statussymbol. Zum Miederanhänger umfunktioniert bot sie der Besitzerin eine attraktive Möglichkeit, die Auszeichnung an prominenter Stelle zur Schau zu tragen.

Preismedaillen in Gold, Silber und Bronze, um 1840
Dm 2,9 / 4,7 cm, K-9809 / K-8329 / K-8330

Preismedaille, um 1850
Dm 4,4 cm, PS-OM1167

Ludwig II., König von Bayern (1864-1886)
Lithographie, 61,5x50 cm, G-M74/51

1864
-1885

Die Oktoberfeste unter König Ludwig II.

Auf dem Oktoberfest 1864 zeigte sich Ludwig II. das erste Mal seinem Volk öffentlich als neuer König. Das besondere Ereignis löste einen Zustrom von rund 100.000 Besuchern aus.
Die Oktoberfeste der folgenden Jahre gestalteten sich schwierig. In den Jahren 1866 und 1870 fanden wegen der Kriege, in die Bayern verwickelt war, gar keine Oktoberfeste statt. 1873 wütete in München eine Choleraepidemie, die die Durchführung des Festes unmöglich machte. Oftmals verursachten auch starke Unwetter eine Verschiebung der Pferderennen, an denen zeitweise nur wenige Pferdebesitzer beteiligt waren. Zusätzlich entfiel aufgrund der Abwesenheit des Königs, der wegen seiner Menschenscheu die Veranstaltung mied, ein wesentlicher Bestandteil des Festes. Aber letztlich konnten all diese widrigen Umstände die Münchner nicht daran hindern, ihr Oktoberfest zu bewahren.
Durch neue Attraktionen gewann das Fest seine Beliebtheit bei den Besuchern wieder. Der Magistrat bemühte sich nach 1870 um eine Reorganisation. In diesem Zusammenhang wurden 20 Wirtsbuden in einem Ring hinter dem Königszelt aufgestellt. Von Jahr zu Jahr stieg das Angebot, 1880 gab es insgesamt bereits 401 Wirts-, Schaubuden und Verkaufsstände. Das Bild des Festplatzes wurde bestimmt von den Buden der Völker- und Abnormitätenschauen, den Menagerien, Varieté- und Zaubertheatern, den Zirkuszelten und Museen.
Waren anfangs lediglich die Läden in der Stadt am Hauptfestsonntag geöffnet, so fanden nun während der Oktoberfeste zusätzliche Veranstaltungen an verschiedenen Orten statt. Die Enthüllung von Kunstwerken und die Eröffnung von Ausstellungen zu Kunst, Handwerk oder Elektrizität ergänzten die Festtage auf der Theresienwiese. 1885 versandte der Magistrat erstmals werbende Ankündigungsplakate an die Kreisstädte, Städte und Marktgemeinden im Königreich.

Infanterie-Raupenhelm der bayerischen Armee, um 1870
H 25,5 cm, T-55/463

Ludwig II. zeigte sich in seiner gesamten Regierungszeit nur fünf Mal auf den Oktoberfesten. Das Königszelt blieb trotzdem das Zentrum der Veranstaltung, wo der Staatsminister des Inneren anstelle des Königs die Verteilung der Preise vornahm und sich mit hochrangigen Personen wie den Mitgliedern des Generalkomitées des Landwirtschaftlichen Vereins und der Gemeindekollegien einfand.
Dieser Blick auf die Festwiese ist das bislang früheste Foto vom Oktoberfest. Zwischen Zuschauertribüne und Königszelt ist die Ziellinie der Rennbahn deutlich zu sehen. Dahinter ist der Wirtsbudenring mit dem Musikpodium erkennbar. In der Ferne zeigt sich die Silhouette der Stadt mit den ersten Bauten des Bavariaringes.

Königszelt mit Festplatz, um 1880
Fotografie, 24x29 cm, G-57/963

Nach der Thronbesteigung König Ludwigs II. beschloss der Magistrat für das Oktoberfest eine neue Ehrenfahne mit der Initiale des nunmehr regierenden Königs anfertigen zu lassen.
Während des Oktoberfestes 1867 wurde offiziell bekannt gegeben, dass die Verlobung König Ludwigs II. mit Prinzessin Sophie in Bayern im beiderseitigen Einverständnis aufgelöst worden war. Der Magistrat hatte aber schon die Anfertigung der vorliegenden Ehrenfahne für die künftige Königin mit der Initiale „S“ beauftragt, damit sie zusammen mit der bereits vorhandenen Fahne Ludwigs dem Preisfahnenzug vorangetragen werden könnte. Nach der Entlobung fand sie beim Oktoberfest keine Verwendung und wurde dem Münchner Stadtmuseum übergeben.

Ehrenfahne mit der Initiale der Herzogin Sophie in Bayern, 1867
Seidentaft, bestickt, 88x97 cm, T-XId/1

Ehrenfahne mit der Initiale des neuen Königs, 1864
Seidentaft, bestickt, 88x95 cm, T-35/1312

Anton Ringler, ***Zur Erinnerung an das Oktoberfest, um 1880***
Bleistiftzeichnung, laviert, 35,7x25 cm, G-IIIc/508

Joseph Watter, ***„Oktoberfest 1859 München"***
Bleistiftzeichnung laviert, 17,9x22,9 cm, G-P1860

Gastronomie und Belustigungen

Die Sitzplätze im Garten der Wirtsbuden bestehen aus Holztischen und -bänken, die teilweise direkt in den Boden geschlagen wurden. Die Bedienung spült im Freien im Holzbottich die Krüge aus. Neben der offenen Bierschänke spielt eine kleine Musikgruppe. Die Bierbuden stehen im Rund um das Musik- und Tanzpodium mit dem sogenannten Kronenbaum.

Für die Unterhaltung der Festbesucher außerhalb des offiziellen Programmes und für das leibliche Wohl sorgten die Wirte der kleinen Festbuden. Bis in die 1890er Jahre organisierten sie Belustigungen, obwohl diese seit je von den Festveranstaltern als nicht der Würde des Festes entsprechend empfunden wurde. Die Verbindung von Bierausschank und derben Spielen führte auch immer wieder zu Prügeleien. 1880 richtete die Polizeidirektion eine Dienststelle auf der Theresienwiese ein, weil „grobe Exzesse sowie die Erfahrung, dass dieses Fest nur als Zechgelegenheit der arbeitenden Bevölkerung benützt wird", dies notwendig erscheinen ließen.

Das Volksfest dauerte wie heute 16 Tage, der Ausschank begann bereits eine Woche vor den offiziellen Veranstaltungen. An Regentagen beklagten die Wirte die entfallenen Einnahmen und um ihre hohen Investitionen auszugleichen, beantragten sie beim Magistrat in vielen Jahren eine Verlängerung der Festdauer. Zum Umsatz ist nur eine Zahl aus dem Jahr 1887 bekannt: Es wurden 2700 Hektoliter Bier konsumiert. Die Besucherzahlen waren sehr schwankend. Während 1865 und 1878 am Hauptfestsonntag 120.000 und 1874 gar 200.000 Festgäste geschätzt wurden, waren 1871 während der 16 Festtage nur 30.000 zugegen.

Bierkrüge, um 1860, *Steinzeug, gerattert,*
H 24 cm, PS-OM390, PS-OM593, PS-OM598, PS-OM1062

„Plan über eine Wirthschaftsbude für Herrn Jakob Hohenleitner, Bierwirth am unteren Anger Nr. 21", 1867
Tusche auf Papier, koloriert, 56,2x38,3 cm, Stadtarchiv München, Planslg. (Ausschnitt)

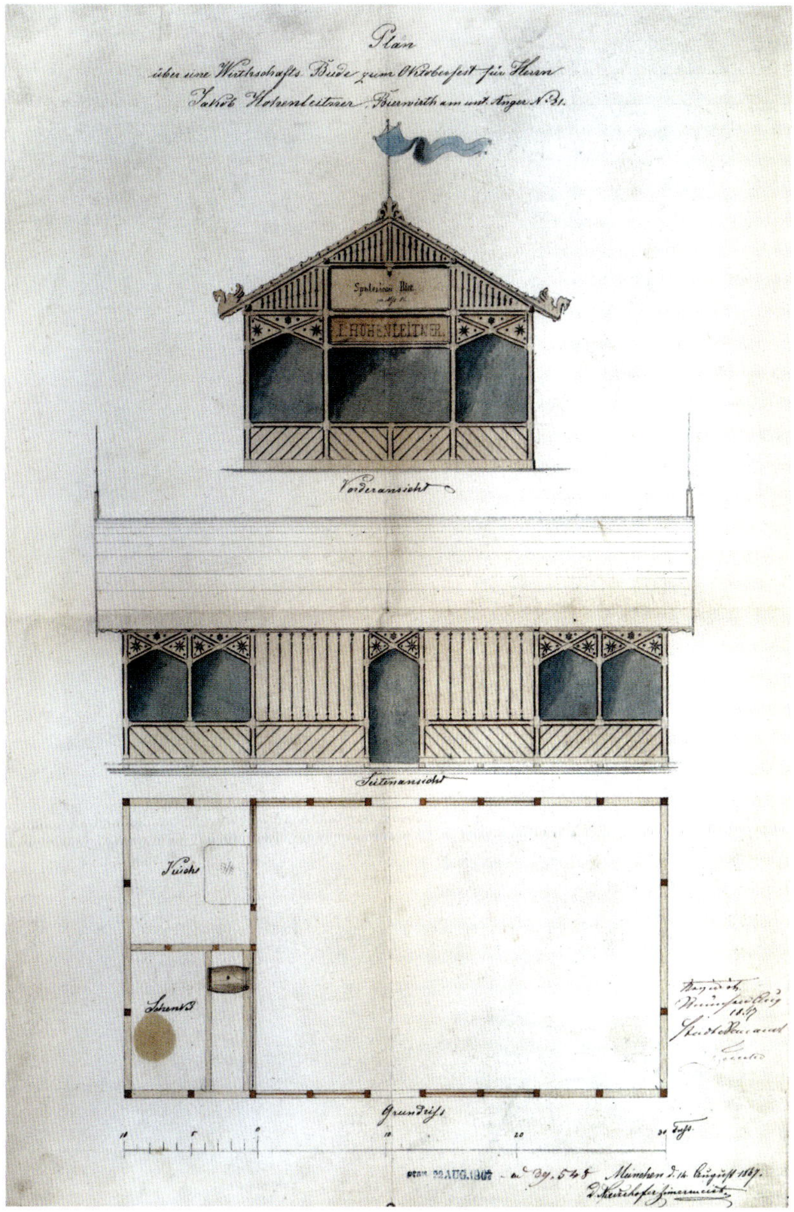

Der Plan zeigt eine Wirtsbude mit einer reich verzierten, gezimmerten Fassade. Die Bude war aufgeteilt in einen Gastraum mit 55 m² Fläche, einer Küche mit Herd und einer Schänke. Auf dem ganzen Festplatz konnte man sich nur in solchen kleinen Gasträumen vor dem oft beklagten schlechten Wetter schützen. Auf dem Giebel ist das ausgeschenkte Bier angeschrieben: „Spatenbräu Bier".
Das Äußere der Buden musste vom Stadtbauamt genehmigt werden, das die Ausführung im alpenländischen Stil wünschte. Die Buden waren meist von Zimmermeistern entworfen und bis in 1890er Jahre mit kunstvollen Verzapfungen, geschnitzten Dachpfetten und filigranen Durchbrechungen der Schalbretter erbaut. Vereinzelt waren sogar Übernahmen von Fassadenstrukturen oberbayerischer Bauernhöfe anzutreffen. Mit dieser Bauweise wurde der ländliche Aspekt des Oktoberfestes betont.

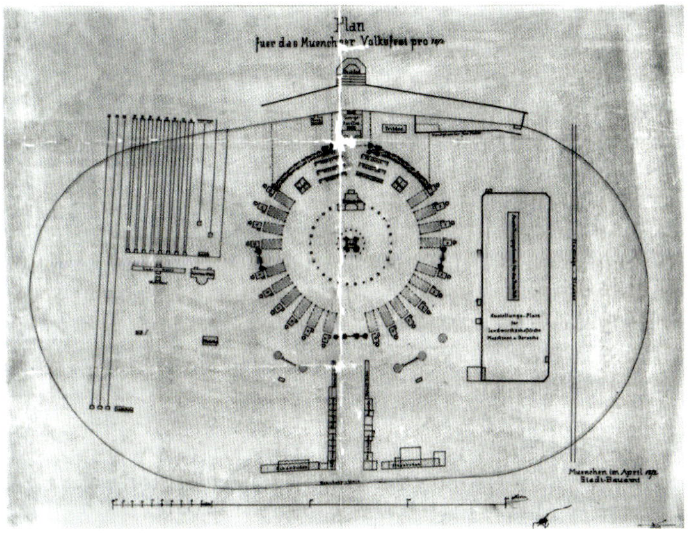

„Plan fuer das Münchener Volksfest pro 1872"
Tintenzeichnung koloriert, 56,5x70,5 cm, Stadtarchiv München, Planslg.

Auf dem Lageplan ist die kreisförmige Anordnung der 20 Wirtsbuden im Wirtsbudenring mit den nach innen ausgerichteten Biergärten zu sehen. Weiterhin ist der Standort von sechs Küchelbäckern, 20 Wurstküchen, 30 Käseständen und vier Karussells angegeben. Nicht vermerkt sind zahlreiche weitere Schau- und Verkaufsbuden, sowie „fliegende Stände" für Brot, Obst, Zuckerwaren, Spielwaren und Schriften.
In einer Achse stehen das Musikpodium im Mittelpunkt des Ringes, der Glückshafen und das Königszelt. Durch die Rennbahn getrennt liegen auf der gegenüberliegenden Seite die Tribünen für die Zuschauer.

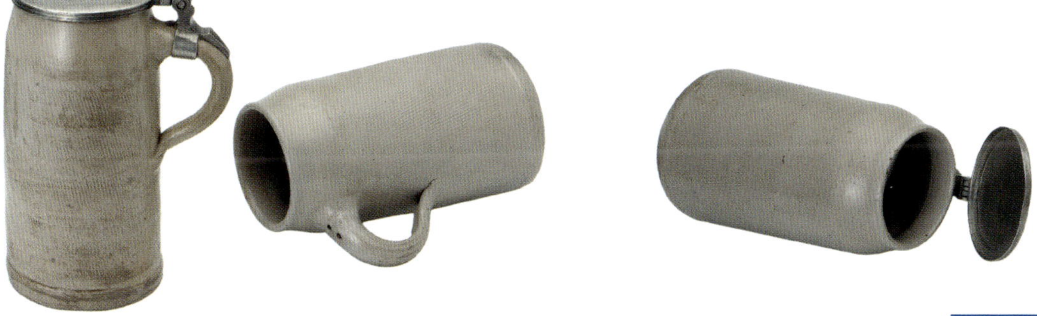

Auf der Kegelbahn.

Zu den frühesten Belustigungen der Festbesucher zählt das Kegeln. Seit 1818 betrieb der Praterwirt Anton Gruber eine Kegelbahn auf der Sendlinger Anhöhe. Im Laufe der Jahre erlangten auch andere Wirte die Genehmigung neben ihrer Bude eine abgegrenzte Bretterbahn unter freiem Himmel aufzubauen. 1866 entwickelte sich aus einer Schlägerei beim Wettstreit um das erfolgreiche Abräumen ein Tumult. Daraufhin untersagte der Magistrat die Einrichtung von Kegelbahnen.

Bettelmusik.

Zu den Klängen von Dudelsack und Klarinette wird direkt bei den Buden getanzt. Die Bettelmusikanten bezahlte nicht der Wirt, sondern sie mussten von Tisch zu Tisch gehen und bei den Besuchern ihren Obolus einsammeln.

Hundehetze.

Über mehrere Jahre zeigte der Hundehetzer Gabler seine Wettkämpfe. 1865 schritt jedoch die Polizei ein und verbat die Zurschaustellung des grausamen Kampfes der Hunde.

*Gustav Sundblad, **„Skizzen vom Oktoberfest in München", 1864***
Holzstich, 39x27,2 cm, PS-96/71 (Ausschnitte)

Ankündigung für das Musessen mit verbundenen Augen beim Festwirt Josef Hermann, 1869
Plakat Holzstich, 121x63 cm, Stadtarchiv München, Planslg.

Besonders einfallsreich im Vergnügungsangebot zeigte sich der Wirt Josef Hermann. Er bezog 1864 erstmals die Festwiese und genoss dank seiner originellen Veranstaltungen große Popularität. Jeden Tag bot er seinen Gästen eine andere Unterhaltung zum Mitmachen oder Zuschauen an, vom Altweiber- und Schubkarren-Rennen über das Gansviertel-Fangen bis zum Musessen. Die Veranstaltungen kündigte er mit auffälligen Plakaten in der Stadt an. Die Hermann-Bude wurde so bekannt, dass sie zum Inbegriff von Oktoberfestvergnügungen wurde.

***„Das Oktoberfest in München"**, Fliegende Blätter 1862, Holzstich, 27x22 cm, Bibl (Abbildung nächste Seite)*

Das Oktoberfest in München.

Unsere verehrten Gäste vom Lande benützen mit angeborener Energie, bereits vor Anfang des Festes jeden freien Augenblick, um musikalische und wissenschaftliche Studien in der Hauptstadt zu machen,

während der echte Vollblut-Münchener, blasirt gegen alle lärmenden Productionen, sowohl den Anfang als den Glanzpunkt des Festes in behaglichem dolce far niente vorüber gehen läßt, um zu seinen ferneren Pflichten gestärkt zu sein.

Das Rennen geht unter dem Jubel der fremden Gäste vor sich,

und der echte Münchner gibt sich nun, mit weltbekannter Ausdauer, ebenfalls den Freuden des Festes hin.

(Schluß folgt.)

Schaustellerei

Das Angebot an Schaustellerattraktionen war in den 1860er Jahren noch relativ spärlich und spielte auf dem Festplatz eine untergeordnete Rolle. Bis in die 1880er Jahre hielt sich auf dem Oktoberfest die Zahl der Bewerbungen mit den zur Verfügung gestellten Plätzen für Schaustellergeschäfte soweit die Waage, dass fast alle Bewerber vom Magistrat eine Zusage bekamen. Für das Aufblühen des Schaustellergewerbes gab es verschiedene Faktoren. Vor 1870 erschwerte die Autonomie der deutschen Kleinstaaten die weiträumige Reise einzelner Unternehmer. Für jedes Land musste eine eigene Konzession beantragt werden. Nach der deutschen Einigung 1871 entfielen diese rechtlichen Beschränkungen auf Landesebene zugunsten der nun reichsweit gültigen Wandergewerbeverordnung. Zudem sorgte die Verdichtung des Eisenbahnnetzes für eine bessere Mobilität innerhalb des Reiches. So war es etwa möglich, dass der Schauunternehmer Carl Hagenbeck aus Hamburg seine „Nubierkarawane" mit rund 30 Personen 1879 auf dem Oktoberfest präsentieren konnte. Mit dieser ersten großen Völkerschau begann die Reihe dieser Attraktionen, die bis in die 1930er Jahre das Schaustellerareal prägten.

Otto von Ruppert, ***Oktoberfest, um 1885***
Aquarell, 37,2x55 cm, G-P1864

Bavaria und Ruhmeshalle sowie die 1853 eröffnete Schießstätte überragen das Geschehen auf der Theresienwiese. Den Wirtsbudenring mit den holzgezimmerten Buden erkennt man im Hintergrund auf der rechten Seite. Den Vordergrund nehmen die Geschäfte der Schausteller mit Schaubuden und einem Karussell ein. Die Buden und Zelte sind locker platziert, einschließlich der Wohnwägen der Schausteller, bei denen auf einem Ofen im Freien gekocht wird. Bemerkenswert für den damaligen Fahnenschmuck auf dem bayerischen Nationalfest sind die schwarz-weiß-roten Farben als Reverenz an das 1871 gegründete deutsche Kaiserreich.

Figur „Radschläger" aus dem Mechanischen Theater von Peter Herzog, um 1850, *Holz, gefasst, H 94 cm, PS-30692*

Der Holzschnitzer Peter Herzog aus München hatte ein kleines, transportables Theater, in dem er seine mechanisch-beweglichen Figuren ohne szenische Einbindung vorführte. Außer diesem Theater gab es auf dem Oktoberfest 1857 zwei Karussells, eine Schaukel, zwei Bolzschießstätten und einen Kraftmesser. Letzterer wurde von Ignaz Schichtl, dem Vater des berühmten Michael August Schichtl, betrieben.

Otto von Ruppert, ***„Octoberfest 1885"***
Aquarell, 36,7x54 cm, G-P1865

Die breit angelegte Straße der Schaustellergeschäfte endet an den Wohnhäusern des erst 1886 festgelegten Bavaria-Rings. Die eine Seite bilden eine Bude für „Photografie", das Zelt des „Circus Soltheimer-Affentheater", ein „Welttheater und Cosmorama", ein großes Rundzelt und nochmals eine „Photografie-Bude". Auf der anderen Seite ist eine gezimmerte Schaubude mit dem Plakat für eine Menagerie erkennbar. Davor verkauft eine Frau in ländlicher Tracht Obst an die Festbesucher.
Die Gestaltung der Fassaden war zu dieser Zeit noch relativ schlicht: Vor die Bretterbuden und Zelte wurden einfache Rahmengerüste gestellt, an die die bemalten Rollbilder mit den Ankündigungen der Attraktionen gehängt werden konnten.

Otto von Ruppert, ***„Octoberfest 1876"***
Bleistiftzeichnung, aquarelliert, 8x31,5 cm, G-37/503

Die acht jungen Männer sind die ersten bekannten fotografisch festgehaltenen Oktoberfestbesucher. Die Beschriftung auf der Rückseite belegt sogar ihre Namen: „Kaiser, Miller, Seiler, Max Dosch, Billmaier, Rothen(...), Georg Dosch, Gerdeisen“. Die andere Fotografie aus dem gleichen Besitz wie die des Jahres 1879 zeigt zum ersten Mal eine Oktoberfest-Besucherin. Bei der Ferrotypie handelt es sich um ein fotografisches Direktpositivverfahren auf eine Blechplatte. Ab den 1870er Jahren waren auf dem Oktoberfest jeweils mehrere Fotobuden mit dieser Technik vertreten, deren Beliebtheit darin lag, dass man die fertige Fotografie sofort mitnehmen konnte.

Festbesucher in der Fotografie-Bude „Oktoberfest 1879“
Ferrotypie im Papierrahmen, 12x8 cm, PS-88/215a

Festbesucher in der Fotografie-Bude „Oktoberfest 1880“
Ferrotypie im Papierrahmen, 12x8 cm, PS-88/215b

Prinzregent Luitpold (1886 – 1912), um 1900
Öl auf Leinwand, 68,2x49,5 cm; GM-30/2059

1886 -1912 Die Oktoberfeste unter Prinzregent Luitpold

Luitpold bot durch seine immer währende Präsenz auf den Oktoberfesten herrschaftliche Kontinuität und stabilisierte so die Position des bayerischen Nationalfestes.
Die Prinzregentenzeit war die glanzvolle Ära des Oktoberfestes, in der sich die heutige Platzstruktur mit den typischen Bierbauten auf der einen Seite und den attraktiven, häufig wechselnden Schaustellergeschäften auf der anderen Seite entwickelte. Die Vergrößerung der Bierbuden zu großräumigen Festhallen lief parallel zum wirtschaftlichen Aufschwung der Brauereien, deren Produkt „Münchner Bier" mit gleich bleibender Qualität weltweit exportiert wurde. Zu dieser Zeit festigte sich das Image des Oktoberfestes zum Bierfest mit den dafür charakteristischen Großbauten.
Voraussetzung war die entsprechende Infrastruktur des Festplatzes, der 1886 durch die Anlage des Bavaria-Rings seine endgültige Form bekam. Im gleichen Jahr erstrahlte auf dem Oktoberfest erstmals elektrisches Licht. 1887 ließ der Magistrat Wasser- und Gasleitungen verlegen. In der Zeit davor gab es zur Wasserversorgung nur zwei Brunnen, aus denen das Wasser in großen Zubern zu den Bierbuden geschafft worden war. In den 1890er Jahren wurde das Fest bereits mehrfach vorverlegt, um so das in der Regel günstigere Septemberwetter zu nützen. Ab 1905 legte man den Hauptfestsonntag mit dem Pferderennen auf den letzten Sonntag im September. Der Festbeginn war jeweils eine Woche zuvor am Samstag um 12 Uhr, allerdings ohne Eröffnungszeremoniell. Wie heute dauerte das Oktoberfest 16 Tage.
Durch den Ausbau des Eisenbahnnetzes konnte eine Vielzahl der Festbesucher in Sonderzügen aus ganz Bayern in die Haupt- und Residenzstadt gebracht werden. Am Hauptfestsonntag 1907 bevölkerten rund 200.000 Besucher die Wiesn.

Oktoberfest-Hauptsonntag, 1886
Fotografie, 10,6x17,4 cm, PS

„Allgemeines Hochrufen verkündete endlich die Ankunft Sr. Kgl. Hoheit des Prinzregenten Luitpold, welcher in sechspänniger Galaequipage mit sechs prachtvollen Rappen unter Begleitung einer Eskadron Schwerer Reiter am Festplatze eintraf, woselbst vor dem Königszelte eine Kompagnie des Infanterie-Leibregiments die Ehrenwache bildete. Unter 101 Kanonenschüssen der auf dem Oberwiesenfeld aufgestellten Artillerie war die Fahrt des Regenten von dem Prinz Luitpold-Palais bis zur Festwiese erfolgt. Aller Augen hingen am Königszelt, wo der Regent von den Ministern, dem Generalkomitee des Landwirtschaftlichen Vereins und einer Deputation der Gemeindekollegien mit den Bürgermeistern Dr. von Erhardt und Dr. Widenmayer an der Spitze empfangen wurde und wo sich nun wieder ein Bild aus alten Tagen zu erneuern schien. Bunte Uniformen, reiche Toiletten, flimmernde Ordenssterne – nach zwölf Jahren war wieder der Hof da, und zwar bei einem Feste, das dem ganzen Bayernvolke gewidmet, dem ganzen Bayernvolke teuer ist.“ ***Destouches, 1910***

Pickelhaube der bayerischen Armee, um 1909
H 28 cm, T-69/217a

Max Stuffler, ***Auffahrt des Prinzregenten Luitpold am Hauptsonntag, 1909***
Fotografie, 16,2x21,6 cm, G-42/328

Zuschauertribünen und Königszelt, 1898
Postkarte, 8,7x42,5 cm, PS-PK0002

Eintrittskarten zu den Tribünen, 1909
Typendruck, 8x12 cm, PS

Von den Tribünen an der Theresienhöhe hatte man einen ausgezeichneten Blick auf das Königszelt und das Pferderennen.
Im Hintergrund ist die von 1892 bis 1906 im Bau befindliche St. Paulskirche zu sehen.

Joseph Bscherer, ***Preisfahnenträger, um 1880***
Fotografie, 11x17 cm, PS

Die Fahnenträger tragen die 1852 eingeführten Kostüme. Sie wurden in der Schrannenhalle eingekleidet. Die Kostüme wurden mehrfach verändert und erneuert.

Die einfachen Preisfahnen waren mit dem Stadtwappen versehen. Bis auf die jeweils aktualisierte Jahreszahl blieben sie unverändert. Es ist bezeichnend für das gewachsene Selbstverständnis der Stadt gegenüber dem Königshaus, dass diese Fahnen seit 1851 souverän mit dem Wappen des Festveranstalters geziert waren.

Einfache Preisfahne, 1894
Lithographie auf Seidentwill, 80x75 cm, T-VIII/43

Preisfahnenzug in der Findlingstraße (heute Pettenkoferstraße) auf dem Weg zur Theresienwiese, 1890, *Fotografie, G-Neg.4119*

Vor dem Pferderennen brachten die Preisfahnenträger die Preisfahnen in einem feierlichen Zug von der Innenstadt zum Königszelt. Die Ehrenfahnen mit den königlichen Initialen wurden voran getragen. Dahinter folgten die gemalten und einfachen Preisfahnen.

Kostüm eines Fahnenträgers, um 1890
Baumwollsamt mit Applikationsstickerei, T-98/154.1

Teilnehmergruppe des historisch-bayerischen Volkstrachtenzuges 1895 aus Immenstadt, Schwaben,
Fotografie, Stadtarchiv München, Stu1-0786

Teilnehmergruppe des historisch-bayerischen Volkstrachtenzuges 1895 aus Gerolsbach bei Pfaffenhofen, Oberbayern,
Fotografie, Stadtarchiv München, Stu1-0794

Volkstrachtenzug 1895

1895 fand unter Leitung des königlichen Hofrats und Schriftstellers Maximilian Schmidt aus der Oberpfalz, genannt Waldschmidt, das „historisch-bayerische Volkstrachtenfest" statt. Bereits 1884 hatte Schmidt im Zuge seiner Bemühungen um die Volkstracht dem Magistrat das Programm für ein Volkstrachtenfest vorgelegt.

Die ganze Veranstaltung war geprägt von einer patriotischen Grundhaltung und nostalgischen Besinnung auf die Vergangenheit. In der Absicht, dem bayerischen Volk, insbesondere dem Bauernstand, zu neuem Selbstbewusstsein zu verhelfen, sollte das Volkstrachtenfest die Vereinigung der Landesbewohner aus allen acht Kreisen Bayerns in ihren „althergebrachten Trachten" vollführen. Hauptprogrammpunkt der insgesamt dreitägigen Veranstaltung war der „Festzug der Bavaria". Über 1200 Teilnehmer aus ganz Bayern zogen am Sonntag, den 29. September, von der Maximilianstaße zur Theresienwiese. Die Ausgestaltung des Umzugs entsprach den frühen Huldigungszügen von 1835 und 1842 mit ihren drei zentralen Komponenten: Personifikation der Bavaria auf einem Festwagen, Repräsentation der bayerischen Kreise anhand regionaler Trachten und Inszenierung ländlich-wirtschaftlichen Alltagslebens.

Die positive Resonanz bei Zuschauern und Teilnehmern – etwa 50.000 Gäste sollen in diesem Jahr wegen des Trachtenumzugs zum Oktoberfest zusätzlich angereist sein – sollte die Verbreitung von „Volkstrachtenvereinen" fördern, die sich der Pflege und dem Erhalt der „angestammten" Trachten widmeten, um „dem gänzlichen Verschwinden derselben Widerstand" zu leisten. Seine herausragende Bedeutung in der Festgeschichte kommt dem Volkstrachtenzug von 1895 jedoch vor allem wegen seiner Funktion als Vorbild der heutigen Oktoberfest Trachten- und Schützenumzüge zu.

Den feierlichen Auftakt zu diesen Veranstaltungen bot in der Regel ein Rad-Corso vom Karolinenplatz bis zur Theresienwiese. Auf der Festwiese angelangt hatten die Velofahrer in Trikot, Kniebundhose und Schärpe anzutreten. Der Raddurchmesser musste mindestens 1,20 Meter betragen.

„Das Velociped-Rennen auf dem Münchener Oktoberfest", um 1895
Fotografie, PS-PK0032

Trinkhorn, 1896
Horn, Silber, vergoldet, L 50 cm, PS-OM337

Das Trinkhorn kam 1896 bei der Siegerehrung zum Einsatz, die Bürgermeister von Borscht im Anschluss an das letzte der insgesamt vier Velozipedrennen durchführte, die in diesem Jahr veranstaltet worden waren.
Rund 469 Mitglieder von insgesamt 19 Radsportvereinen hatten zuvor an dem Preiskorso teilgenommen, der das Wettfahren auf der Festwiese einleitete. Die hohe Teilnehmerzahl spiegelt die Radsporteuphorie wieder, die zu dieser Zeit unter der Bevölkerung verbreitet war und sich in der Gründung zahlreicher Radsportvereine niederschlug.

Veloziped-Rennen

Ende des 19. Jahrhunderts war die Begeisterung für den noch jungen Radsport so groß, dass der städtische Magistrat 1883 beschloss, das Festprogramm um ein Velozipedwettfahren zu erweitern.
Auf einer Rennbahn von 500 Metern Länge am Fuße der Theresienhöhe fanden am 11. Oktober zwei Wettfahrten auf dem erst wenige Jahre zuvor erfundenen Hochrad statt: Ein „Eröffnungsrennen", bei dem es galt, eine Distanz von 2000 Metern zu bewältigen, und ein „Hauptrennen" von 10.000 Metern Länge. 1884 wurde das Wettfahren durch einen Hindernisparcours ergänzt.
Das unwegsame Gelände und die anspruchsvolle Rennpiste mögen dazu beigetragen haben, dass die anfänglich komischen Darbietungen auf diesem neuartigen Fortbewegungsmittel sich zu ausgesprochen sportlichen Wettkämpfen entwickelten. War zunächst noch Jedermann aufgefordert, an den Wettrennen teilzunehmen, konnten mit der Zeit nur noch entsprechend professionelle und trainierte Fahrer antreten.
Infolge des technischen Fortschritts wurden im Lauf der 1890er die zu Beginn verwendeten Hochräder zunehmend von den sportlicheren „Niederrädern" abgelöst. 1897 fand das letzte Hochradwettfahren auf der Festwiese statt, 1899 wurde die Attraktion des Velozipedwettfahrens endgültig aus dem Festprogramm genommen.

Von der Bierbude zur Festhalle

Oktoberfest gegen Süden, 1895
Fotografie, 26x41,5 cm, G-39/551.3

Bis 1906 war der Festplatz geprägt durch die kreisförmige Anordnung von 18 gezimmerten Bierbuden: dem Wirtsbudenring. Mit den vorgesetzten Fassaden betrug ihre Grundfläche etwa 70 Quadratmeter. Nach 1886 verdoppelte sie sich durch Zeltanbauten an der Innenseite des Wirtsbudenrings, um so die witterungsunabhängigen Sitzplätze zu erhöhen.
1895 kam es zu einer Entwicklung, die sich auf die Anordnung des Wirtsbudenrings auswirken sollte: Neben den großen Bierpalästen in der Innenstadt gaben die mächtigen Brauereien jetzt auch die abbaubaren Festhallen bei namhaften Münchner Architekten in Auftrag. Aufgrund der gestiegenen Besucherkapazität wurden außerhalb des Ringes zusätzlich diese neuen Festbauten errichtet. Den Anfang machte 1895 die Festburg „Zum Winzerer Fähndl", der 1897 die neue Schottenhamel-Festhalle nach den Plänen von Gabriel von Seidl folgte. Die 1898 errichtete Riesenhalle des Festwirts Georg Lang hatte eine Fläche von 2000 Quadratmetern, die 1901 gebaute Festhalle „Zur Bräurosl" von 750 Quadratmetern. 1903 ließ Augustinerbräu eine neue dreischiffige Festhalle, wiederum 2000 Quadratmeter groß, erbauen.
1907 verschwand die Kleinteiligkeit des Wirtsbudenringes zugunsten von sechs Festhallen der Münchner Großbrauereien. Sie hatten eine Grundfläche von bis zu 1000 Quadratmetern und boten Platz für 1000 bis 1200 Besucher. Maßgeblich beteiligt war hier der Architekt Emanuel von Seidl, der bereits im Jahr 1906 die Bierhallen für das 15. Deutsche Bundesschießen in München konzipiert hatte. Die Festhallen sind zu den Wahrzeichen des Oktoberfestes geworden, sie haben den Ruf des Bierfestes manifestiert.
Damit diese Anlagen auch stimmungsmäßig funktionieren konnten, musste die Musik mit großen Kapellen und beliebtem Repertoir darauf abgestimmt werden. Nicht von ungefähr entstand 1898 das noch heute in jedem Bierzelt ertönende: **„Ein Prosit, ein Prosit der Gemütlichkeit! Oans – zwoa – drei – gsuffa!"**

Im Vordergrund blickt man auf die Dampfmaschinen und Großgeräte der landwirtschaftlichen Ausstellung. Dahinter liegt der Wirtsbudenring neben dem hellen Königszelt. Auf der linken Seite sind die Straßen mit den Schaustellergeschäften, dahinter erhebt sich der markante Neubau der Winzerer Fähndl-Burg, deren Turm die Silhouette des Oktoberfestes entscheidend veränderte.

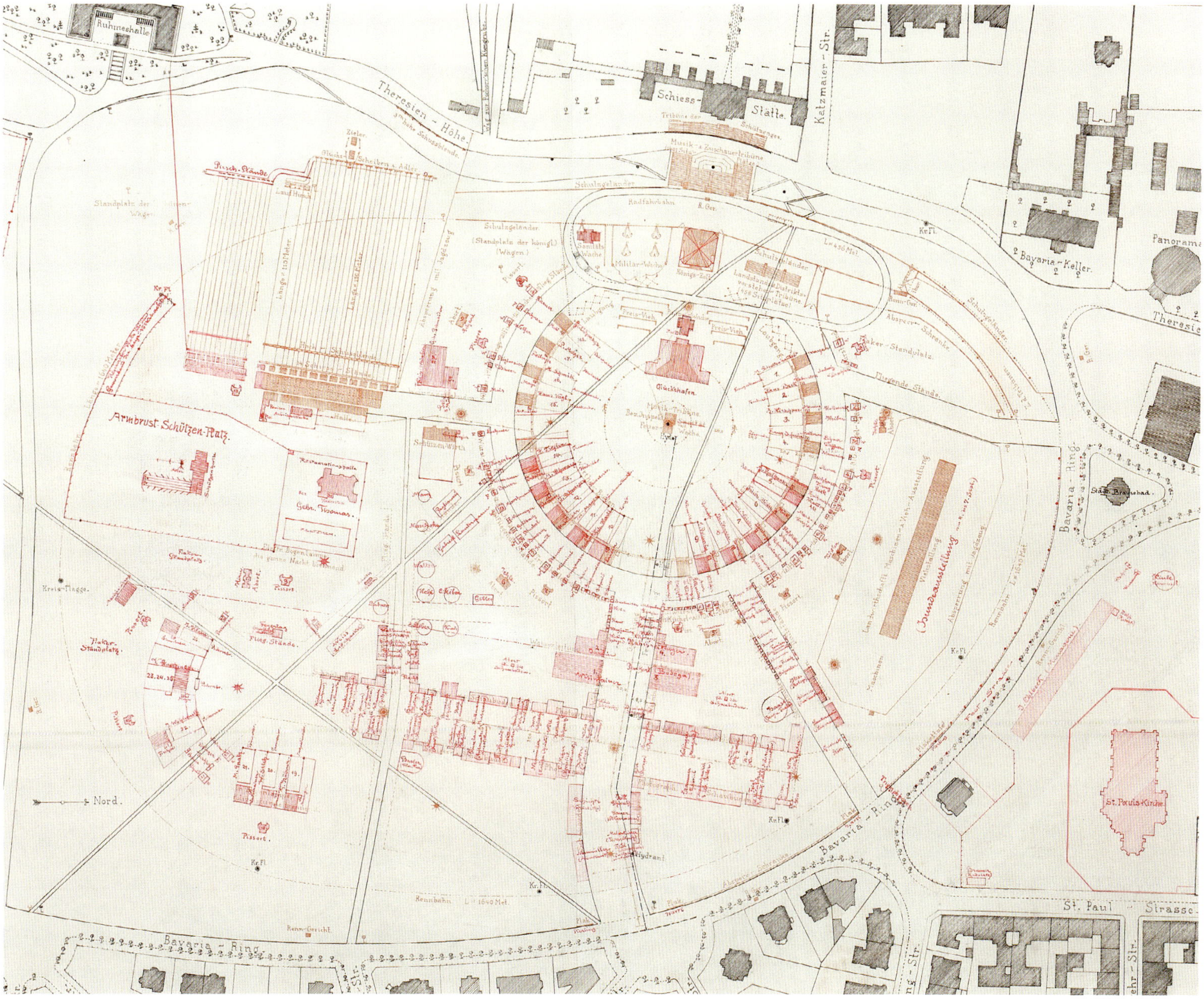

Im Wirtsbudenring sind die 18 holzgezimmerten Buden rot eingezeichnet, die nach innen gerichteten Zeltanbauten nur umrandet. Den zweiten Ring bilden die Stände der Käse- und Wurstverkäufer. Die weiteren Bierbuden sind in einem Bogen am Rand des Festplatzes aufgestellt. Viel Raum nimmt der „Armbrust-Schützen-Platz“ ein, mit der daneben liegenden Festburg des „Winzerer Fähndls“, hier bezeichnet „Restaurationshalle der Gebr. Thomas“. Zur Theresienhöhe erstreckt sich die Anlage der Schießstände. An der breiten Straße vom Wirtsbudenring zum Bavaria-Ring liegen die Weinzelte „Wisintainer“ und „Bodega“. Die Querstraße sowie das angrenzende Areal ist den Schaustellergeschäften vorbehalten.

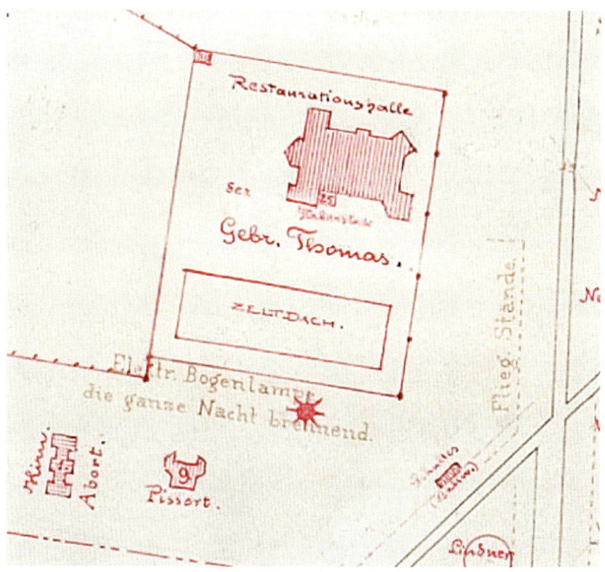

Plan des Oktoberfestes 1895
77,7x112,5 cm, G-VIII/7a.3b (Ausschnitte)

Christian Steinicken.
Oktoberfest 1894.

Am linken Bildrand unterhalb der Theresienhöhe steht das Königszelt, dem sich der Wirtsbudenring mit dem bekrönten Musikpodium im Zentrum anschließt. Gut erkennbar ist die 1894 neu erbaute Bierbude „Zum Bauern in der Au" im Stil eines alpenländischen Bauernhauses mit Balkon. Ebenfalls neu waren die kleinen Türme der Hackerbräu-Bude und Thomasbräu-Bude weiter rechts. Hinter dem Wirtsbudenring erhebt sich der 1892 begonnene Rohbau der St. Paulskirche. Den Vordergrund bestimmt die Anlage für das Oktoberfestschießen mit den Zielvorrichtungen am Hang der Theresienhöhe und dem breiten, ziegelgedeckten Gebäude für die Schießstände. Dahinter sind die Dächer der Karussells und Schaubuden zu sehen. Auffällig ist die dichte Beflaggung mit den Fahnen des Königreiches Bayern und des Deutschen Reiches sowie die Verdichtung rauchender Kamine im Hintergrund des Bildes. Letztere gehören zu Münchner Brauereien und der „Rathgeberschen Waggon-Fabrik", die sich in der Nähe des heutigen Stiglmaierplatzes befanden.

Christian Steinicken, ***Oktoberfest 1894***
Tuschzeichnung, koloriert, 49,5x89 cm, G-IIIf/33

Karl Holzer, ***Bierbude Nr.16 „Herman" von Festwirt Josef Herrmann, 1886***
Fotografie, 10,8x14,8 cm, G-63/4018

Die Fotos zeigen eine stabile, aber zerlegbare Holzbude, eine Bauart wie sie für die Wirtsbuden seit den 1850er Jahren auf der Theresienwiese vorzufinden war. Vor der schlichten Bude sitzt der Wirt Hermann umgeben von seinen Bedienungen, Schankkellnern und Gästen. Im Wirtsgarten vor der Bude stehen improvisierte Gartenmöbel, im einen Jahr Schreinertische und Stühle, die für eine Gaststube bestimmt scheinen, im anderen Jahr grob gezimmerte Holztische und -bänke wie sie aus den Bierkellern bekannt sind. Ausgeschenkt wurde Bier des Münchener Bräuhauses, das zu dieser Zeit seinen Sitz in der Maistraße 44 hatte. Betreiber der Brauereiwirtschaft war Josef Herrmann. Vermutlich handelt es sich um denselben Festwirt, der in den 1860er Jahren mit seinen Belustigungen bekannt geworden war

Bierbude Nr.16 von Festwirt Josef Herrmann, um 1885
Fotografie, 16,8x22,5 cm, G-41/790.4

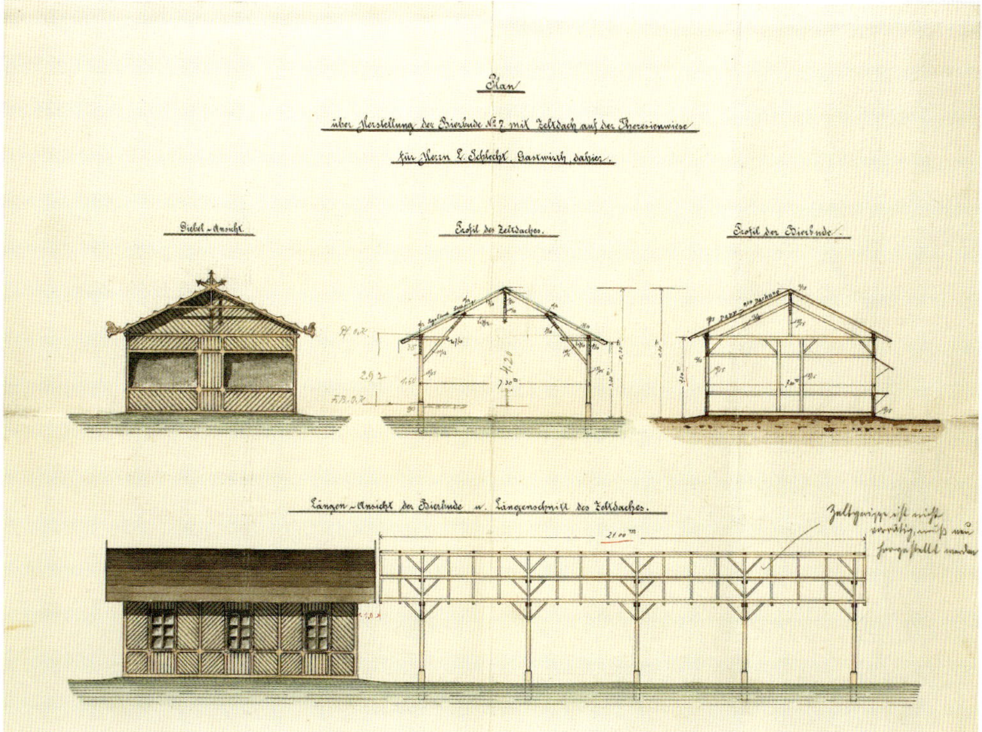

Plan für die Bierbude Nr.7 von Festwirt Ludwig Schlecht, 1893
Federzeichnung koloriert, 50x42 cm, Archiv Augustiner-Bräu Wagner KG (Ausschnitt)

Der Plan zeigt die Konstruktion der in einzelne Bauelemente zerlegbaren, stabilen Holzbauten mit einer Grundfläche von ca. 70 m². Daran konnte eine Ständerkonstruktion angeschlossen werden, um den Gästen der Bude zusätzliche, mit Leinwand überdachte Sitzflächen zu bieten. In dem festen Holzbau waren neben einem kleinen Gastraum Küche und Schänke untergebracht. 1886 ist das erste Leinwandzelt dieser Art vom Wirt der Gastwirtschaft „Zum Donisl" aufgebaut worden.

Bierbude Nr.1 von Festwirt Franz Xaver Schuster, um 1890
Fotografie, 17,7x23,6 cm, G-35/973

Die Fotografie zeigt den Baukörper einer Bierbude, wie sie in der Zeit um 1890 üblich war. An den festen Holzbau, in dem die feuergefährdete Küche untergebracht ist, schließt das Zeltdach an, das auch seitlich zu schließen ist. Vor dem Leinwandzelt ist die Bestuhlung im Biergarten erstmals mit Klappstühlen zu sehen.
1897 heißt es zur Entwicklung der Bierbuden: **„Der Fortschritt, der sich in den Gastwirtschaftslokalitäten seit Jahren überhaupt bemerkbar gemacht hat, zeigte sich auch in den Wirtsbuden auf der Festwiese, denn die Wirte waren überall bemüht, dortselbst ihren Gästen alle Bequemlichkeiten des modernen Wirtshauslebens zu bieten, ohne die Tradition der originellen Münchener Gemütlichkeit zu beeinträchtigen. Insbesondere wurden fast durchgängig die einzelnen Wirtsbuden so wasserdicht abgeschlossen, dass sie auch gegen die ärgsten Unbilden der Witterung Schutz zu bieten geeignet sind. Jede Bude trägt an der Front ein charakteristisches Bild."**
Destouches, 1910
Hier ist die Bude mit der Darstellung der Schützenlisl dekoriert, die die Münchner Kindl Brauerei um 1890 als Schutzmarke gewählt hatte. 1881 hatte sie erstmals die Bierbude „Zur Schützenlisl" geziert, die anlässlich des Deutschen Bundesschießens auf der Theresienwiese im Juli aufgebaut worden und für das Oktoberfest in diesem Jahr stehen geblieben war. Das Motiv hatte 1878 Friedrich August von Kaulbach entworfen. Es stellt die berühmteste Münchner Kellnerin Coletta Möritz (1860-1953) dar. Schlagartig fand die Darstellung über Postkarten und Reproduktionen Verbreitung und erfreute sich sehr großer Beliebtheit. Noch in den 1950er Jahren war der Schlager „Schützenlisl – drei Mal hat's gekracht" ein Wiesnhit.

Die Architektur des Voralpenlandes wurde gerne für die Bauten der Bierbuden imitiert. Dabei waren den ebenerdigen Buden zweigeschossige Bauernhausfassaden vorgeblendet. Ende des 19. Jahrhunderts traten zunehmend die Brauereien in den Vordergrund und verdrängten die Wirte als Namensgeber für die Buden. Das Plakat zeigt die „Pschorr-Alm“, die von künstlich eingesetzten Bäumen umgeben wird.

Eugen von Baumgarten, ***„Theresienwiese: Bierbude Nr.22 Zum Bayrischen Oberland“ von Festwirt Vinzenz Staudinger, 1894***
Plakat, Lithographie, 85x111 cm, P-C7/41

Nicht als Bierbude zu erkennen, sondern ganz dem traditionellen ländlichen Leben verpflichtet, war die Wirtsbude „Zum Bauern in der Au“. Sie wurde 1894 erstmals im Wirtsbudenring aufgebaut. Ihre Bauweise bezog sich auf die gleichnamige Ausflugsgaststätte bei Bad Wiessee. Die Bierbude bildete eine Parallele zum Zentral-Landwirtschaftsfest, auf dem Almen und Bauernhöfe errichtet wurden, um bäuerliche Lebensweise und Bauformen vorzuführen. Im Vordergrund ist ein einfacher Münchner Bierwagen zu sehen, bei dem alle Fässer abgeladen sind.

L.Bertold, ***Bierbude „Zum Bauern in der Au“, um 1900***
Fotografie, PS-PK0003

Bude Nr.9 von Anton Dreher's Brauhaus aus Klein-Schwechat bei Wien, um 1897
Postkarte, PS-PK0007

Auf dem Oktoberfest wurde ausschließlich Münchner Bier ausgeschenkt. Bei der Konzession gab es jedoch Ausnahmen. In der ersten Jahrhunderthälfte wurde Tölzer Bier zum Ausschank zugelassen. 1895 bis etwa 1904 wurde sogar Bier aus Wien angeboten. Anton Drehers Brauhaus aus Klein-Schwechat bei Wien stand schon seit Jahrzehnten in engem Austausch mit Familie Sedlmayr von der Franziskaner-Leistbrauerei. Auf diesen Kontakt ging auch die Einführung einer neuen Biersorte auf dem Oktoberfest 1871, das sogenannte Märzenbier, zurück. Wie es zur außergewöhnlichen Erlaubnis der Zulassung einer Wiener Brauerei auf dem Festgelände kam, ist nicht bekannt. Die Kleidung der Bedienungen mit ihrem Anklang an österreichisch-ungarische Uniformen unterstrich noch die Herkunft der Bieres. Neben dem Märzenbier wurde außerdem ein stärker eingebrautes Bockbier angeboten.

Anzeige für Bude Nr.9,
Oktoberfest-Zeitung 1895, PS

Carl W. A. Seiler, ***Biergartenszene im Wirtsbudenring, um 1905***
Deckfarben, 27x37,5 cm, PS-OM343

Bierbude der Hackerbrauerei von der Innenseite des Wirtsbudenringes, 1904
Postkarte, PS-PK0005

Festbude der Hackerbrauerei von der Außenseite des Wirtsbudenringes, 1904
Postkarte, PS-PK0006

Bieranlieferung mit Ochsengespann, 1904
Fotografie, 8,7x11,5 cm, PS

Die Brauereien lösten Ende des 19. Jahrhunderts die Wirte als Inhaber der Bierbuden ab. Diese wesentliche Umstrukturierung brachte eine weitergehende Differenzierung der Architekturen und eine Verbesserung der Ausstattung mit sich.
In eine lange Reihe neuer Buden im Jahr 1894 gehörte die Festbude der Hackerbrauerei mit einem kleinen Turm. Bude Nr. 1 und 2 wurden von der Hackerbrauerei zu einem großen Gelände zusammengefasst. Die Außenansicht der Bierbuden im Ring zeigt wieder die stabilen Holzbauten, die Innenansicht die Leinwandzelte, die sich zum daran anschließenden Biergarten mit Klapptischen und -stühlen hin öffnen. Die Gäste konnten im Zelt oder im Freien sitzen. Die Bieranlieferung – wie hier mit einem Ochsengespann – erfolgte von den Straßen an der Außenseite des Ringes zu den Schänken in den Holzbuden.
Die Jahrzehnte lang konstante Anzahl von 20 Bierwirtschaften war 1896 auf 29 gestiegen, davon standen nur 18 im Wirtsbudenring. Die übrigen waren über die Festwiese verteilt aufgestellt.

Die Kochelbrauerei war bis 1906 im Wirtsbudenring vertreten. Der Schmied von Kochel ziert als Brauereisignet die Fassade.

Kochelbräu-Bude Nr.15 von Festwirt August Trefler, 1901
Fotografie, 9x14 cm, PS-PK0004

Bei den umfangreichen Erdbewegungen auf der Theresienwiese 1999 zur Beseitigung von Kriegslasten konnte eine Abfallgrube der Kochelbräu-Bude geborgen werden. Sie enthielt die Scherben mehrerer Bierkrüge, die als Bruch entsorgt worden waren. Darunter befanden sich auch die Knochen eines Wiesnhendls der damaligen Zeit.

Kochelbräu-Bierkrug und Scherben, um 1900
Steinzeug, K-2010/1, A-2009/101.2

Knochen eines Wiesnhendls, um 1900
A-2009/101.3

Der Steyrer Hans (1848-1906) vor seiner Bude auf dem Oktoberfest, um 1890
Fotografie, Stadtarchiv München, Photoslg.

Innenansicht der Bude des Steyrer Hans, 1908
Postkarte, PS-PK0008

Von 1879 bis 1903 war Hans Steyrer Wirt auf dem Oktoberfest. Eigentlich war er gelernter Metzger und betrieb mehrere Münchner Wirtshäuser, die bei Kraftakrobaten und Athleten ein beliebter Treffpunkt waren.

Der „Steyrer Hans", wie er von den Münchnern genannt zu werden pflegte, war bekannt für seine immense Körperkraft. 528 Pfund, sagt man, konnte er allein mit seinem Mittelfinger heben, wie das Bild über seiner Bude vorgibt.

Außerdem hatte er einen bemerkenswerten Geschäftssinn. 1887 zog er zu Werbezwecken am Eröffnungstag des Oktoberfestes mit seiner Familie im festlich geschmückten Vierspänner, gefolgt von weiteren Wägen mit Musikkapelle und Personal, im „Corso" von seiner Wirtschaft in Giesing auf die Theresienwiese. Im Tal beim „Weißbräu" auf eine Stehmaß Halt machend, belangte ihn die Polizei wegen „Störung der öffentlichen Ordnung und Sicherheit" mit einer nicht geringen Geldstrafe – schließlich war der Umzug von der Stadt nie genehmigt worden. Seinen Geschäften konnte dieser Vorfall aber nichts anhaben. Im Gegenteil, der Ruhm, den ihm die Unternehmung eingebracht hatte, schlug sich äußerst positiv in seinem Umsatz nieder.

Erst seit den 1930er Jahren ist diese originelle Aktion fester Bestandteil der Eröffnung des Oktoberfestes und als „Einzug der Wiesnwirte" einer der beliebtesten Programmpunkte.

Steyrer war berüchtigt, ein Bierfass von rund 40 Litern mit nur zwei Fingern auf den Schanktisch zu wuchten oder seine Prise aus einer angeblich 50 Pfund schweren Schnupftabakdose zu nehmen. Das machte den Besuch seiner Bude stets zu einem spektakulären Erlebnis. Ausgeschenkt wurde, gemäß seinem Ruf als „Bayerischer Herkules", „Kraftbier" der Spatenbrauerei.

In roter Joppe, grüner Weste und Schildmütze mit Federbusch – das für ihn so typische Gewand – steht er inmitten der Besucherschar. Auf der Tribüne im Hintergrund ist die „Athletenkapelle" mit gewichtiger Kopfbedeckung zu erkennen.

Den etwa zehn Kilogramm schweren Spazierstock, hatte Steyrer von seinem Freund Sebastian Miller, dem „Weltmeisterschaftsringer Chicago (Amerika) 1892", geschenkt bekommen. In der Öffentlichkeit war Steyrer kaum ohne ihn unterwegs. Der Stock wurde, neben dem gewaltigen Schnurrbart, zu seinem Markenzeichen.

Spazierstock vom Steyrer Hans, um 1895
Stahl mit Messingmanschette, 95x13 cm,
Valentin-Karlstadt-Musäum PS-V 01784

Festburg „Winzerer Fähndl", um 1897
Fotografie, 23x28,5 cm, G-IIIc/4808

Biermarke für das „Winzerer Fähndl", 1895
6x9,7 cm, PS

Bayer. Volkstrachten-Fest.

Gut für ½ Liter Bier.

Giltig für Sonntag den 29. September 1895
von 12—2 Uhr Mittag in der Festbude
Burg zum Winzerer Fähndl.

Das „Winzerer Fähndl" der Thomasbrauerei, benannt nach dem Pächter, der gleichnamigen Armbrustschützengesellschaft, war die erste Bierhalle, die 1895 wegen ihrer Größe außerhalb des Wirtsbudenrings errichtet wurde. Die herkömmliche Wirtsbudenordnung war damit räumlich und strukturell überholt, eine neue Ära der Bierarchitektur eingeleitet.
Der Architekt Carlo Evora hatte einen stabilen Bau aus Holz und Dachpappe konzipiert, dessen Ausgestaltung dem Selbstverständnis des Vereins als Schützengilde mit historischem Bezug auf das Landsknechtswesen entsprach. Infolge entstand ein burgähnlicher Bau mit Steinquaderbemalung und 26 Meter hohem Wehrturm. Dekoriert war die Bierburg mit Landsknechtsfahnen und Schießscheiben.

Dieses Erinnerungsstück an das Oktoberfest-Armbrustschießen von 1896 ist ein Geschenk des Münchner Restaurators Karl Joseph Zwerschina an das Münchner Stadtmuseum. Die beiden Vogelzungen, die das Objekt unterhalb des Adlers rahmen, soll er mit nur „2 Schüß hintereinander" herab geschossen haben.
Das Oktoberfest-Armbrustschießen wurde 1895 durch die Armbrustschützengilde „Winzerer Fähndl" eingeführt, deren Gründer Zwerschina war. Binnen weniger Jahre entwickelte es sich von einer Oktoberfest-Attraktion zur ernstzunehmenden Sportart mit entsprechendem Regelwerk.

Erinnerungsstück an das Oktoberfest-Armbrustschießen 1896
Holz, Papier, 26x17 cm, A-VIII/25

Den Holzadler in Form des alten Reichsadlers schenkte die Armbrustschützengilde dem Münchner Stadtmuseum für die Jubiläumsausstellung von 1910. Er entspricht jenen, die beim Oktoberfest-Armbrustschießen verwendet wurden. Er war an der Spitze des 30 Meter hohen „Vogelbaums" befestigt und der Schütze hatte vom Schießtisch auf ihn beinahe senkrecht nach oben zu schießen. Ziel war es, in mehreren Durchgängen nach zuvor ausgeloster Reihenfolge, möglichst viel Holz herunter zu holen. Gewonnen hatte, wer beim Auswiegen das meiste Gewicht geschossenen Holzes vorweisen konnte.

Adler für das Oktoberfest-Armbrustschießen 1910
Fichtenholz, bemalt, 188x183 cm, A-VIII/24

1895 veranstaltete das „Winzerer Fähndl", ein das Landsknechtsleben des 15. und 16. Jahrhunderts romantisierender Münchner Verein, auf Gesuch des Magistrats in entsprechenden Kostümen einen historisierenden Schützenzug auf die Theresienwiese. Als Gegenleistung erhielt die Armbrustschützengilde einen Zuschuss und die Erlaubnis eine eigene Wirtsbude aufzustellen.

Armbrustschützengilde „Winzerer Fähndl", 1895
Fotografie, 26,5x35,3 cm, G-IIIf/37d

Schottenhamel-Festhalle, 1897
Postkarte, PS-PK0010

Die innovative Schottenhamel-Festhalle von 1896 geht auf einen Entwurf des Architekten Gabriel von Seidl zurück. Die Bierhalle gewährt Platz für 1500 Gäste, der Grundriss entspricht einem L-förmigen Bau, bestehend aus dem vorderen Querbau und der nach hinten anschließenden Haupthalle. Der Turm betont die Schnittstelle zwischen den beiden Gebäudeteilen. Für einen temporären Bau bemerkenswert sind das Krüppelwalmdach und die geschweiften Giebelaufbauten. Die Bierhalle entsprach der zeitgenössischen Villenarchitektur und galt als gelungenes architektonisches Beispiel süddeutscher Bautradition. Zu groß für den Wirtsbudenring musste sie außerhalb desselben aufgebaut werden.

Carl Teufel, ***Innenansicht der Schottenhamel-Festhalle, 1897***
Fotografie, 15,7x22,3 cm, G-IIIc/465.4

Die Halle ist mit modernen, industriell gefertigten Biergarten-Möbeln ausgestattet. Die Stühle sind klappbar, die Tische haben ein starres Eisengestell. Die Dekoration, bestehend aus Blatt- und Tannengrün, Hirschgeweihen und Schützenscheiben, bezieht sich auf die Funktion Schottenhamels als „Schützenwirt“. Die Aufnahme ist die einzig bekannte Innenansicht einer Festhalle vor 1900.

Die Direktion.

Oktoberfest 1897.

Ich beehre mich ergebenst bekannt zu geben, daß ich auf dem diesjährigen **Oktoberfest** die neu errichtete, künstlerisch ausgeführte, große

Schützen-Wirthschaft

übernommen habe und daselbst das allgemein als vorzüglich bekannte

Franziskaner-Leistbräu Märzenbier

zum Ausschank bringen werde.

Für gute Küche, insbesondere für ausgezeichnete **Schweinswürstl** und **am Spieß gebratene Hühner** wird ebenfalls bestens Sorge getragen; von 6 **Uhr Abends an** auch für **delikate Spanferkel.**

Indem ich das verehrliche Publikum, sowie meine werthen Stammgäste bitte, mich auch heuer mit recht zahlreichem Besuche zu beehren, zeichne ich

Hochachtend

Mich. Schottenhamel.

Anzeige von Michael Schottenhamel,
Oktoberfest-Zeitung 1897, PS

Georg Pettendorfer, ***Michael Schottenhamel (1838-1912),***
Fotografie, PS-PK0018

Michael Schottenhamel warb regelmäßig für den Besuch seines Festzeltes mit Franziskaner Leistbräu und deftigen Münchner Spezialitäten. 1872 hatte er das stärkere „Märzenbier" auf dem Oktoberfest eingeführt, das in den darauf folgenden Jahren das klassische Oktoberfestbier werden sollte.

Michael Schottenhamel war gebürtiger Oberpfälzer und von Beruf eigentlich Schreiner. 1866 kam er nach München und begann nur ein Jahr später eine steile Karriere als Hotelier, Gastronom und Festwirt auf der Theresienwiese. Er ist Begründer der mittlerweile fünf Generationen umfassenden Schottenhamel-Dynastie, der ältesten Wirtsfamilie auf dem Festplatz.

Bierkrug mit Schottenhamel-Bude, 1885
Porzellan, H 27 cm, PS-OM1078

Der Bierkrug illustriert den Beginn der architektonischen Entwicklung der Schottenhamel-Bierbude. Gerade einmal 50 Plätze zählt die spartanische Bretterbude 1867, die Schottenhamel, wie hier zu sehen ist, direkt hinter dem Königszelt platzierte.
Die Popularität Schottenhamels war so groß, das der bekannte Münchner Volkssänger „Papa" Geis ein Couplet auf ihn verfasste, das die Szene auf dem Bierkrug betitelt: „Grosser Rammel – Schottenhamel, Haringsgstank – Etzt no krank!". Der Bierkrug ist der bislang frühest bekannte Souvenirkrug zum Oktoberfest.

Oktoberfest München 1898.

Krokodilwirth Lang

aus Nürnberg.

I. Bayerische Riesenhalle.

Motto:
Alt und Jung sich amüsiren kann
In der Riesenhall' beim lust'gen Lang.

(Nachahmung wird gerichtlich verfolgt).

1. Neuer Trinkspruch.

Herrn Lang gewidmet von Bernh. Dietrich, Chemnitz.

Edler Freund, komm' trink' mit!
Profit — Pro—fit — Pro—fit!

(kl. Trommel) Schlag — Alles: „Gsuffa!"

2. Allgemeiner Trinkspruch.

(Nachahmung verboten).

Herrn Lang gewidmet von Bernh. Dietrich, Chemnitz.

Ein Profit, ein Profit der Gemüthlichkeit
Ein Profit, ein Profit der Gemüthlichkeit
Eins — Zwei — Drei — Profit!

Alles darf trinken — Niemand genieren!

Lang.

3. „Servus Schurschl."

Componirt und Herrn Georg Lang freundlichst gewidmet
von

Adolf Eichinger.

4. Krokodil-Marsch.

Herrn Georg Lang gewidmet von Gust. Gemming.

In der alten Noris — In dem Krokodil, — Glaubt mir nur, daß wahr is, — Gibt es Kurzweil, viel — :,: Bier ganz eminent (Bum) — Fraß auch deliquent (Bum) — Was dein Herz nur will, (das) — Findst im Krokodil. :,:

An dem Pegnitzstrande — In dem Krokodil — Knüpft man Freundschaftsbande — Innig mit Gefühl. — :,: Musik und Humor (Bum) — Lebt alleine nur (Bum) — In dem Krokodil, (Ja) — Dem fidelen Pfühl. :,:

Wenn dich Grillen plagen — Geh' ins Krokodil — Glaub' mir deine Klagen — Schweigen plötzlich still! — :,: Bock vom Lederer (Bum) — Hoch Patrizier (Bum) — Sauf'n kannst net z'viel, (Du) — In dem Krokodil. :,:

Drunten in Aegypten — in dem dunklen Nil — Seufzt mit der Geliebten — Grad ein Krokodil. — :,: Wär'n in Nürnberg wir (Bum) — Hätt' mer mehr Plaisir, (Bum) — Hoch die alte Noris, — Hoch das Krokodil. :,:

In dem Urwald klettert — Fröhlich der Mandrill, — Ob Sonnenschein, ob's wettert, — Sei es wie es will. — :,: Im Krokodil beim Lang (Bum) — Frohsinn und Gesang (Bum) — Herrscht zu aller Zeit (drum) — Profit liebe Leut! :,: Gsuffa.

Liederheft für die Festhalle von Georg Lang 1898
20,3x14,5 cm, PS

16

Octoberfest 1898 München.

Buden Nr. 22, 23, 24, 25, 26.

A. HUB. FRANZ KLEBER.

Krokodilwirth **Lang** aus Nürnberg

mit seiner

I. bayerischen Riesenhalle

(6000 Personen sind vor jedem Wetter geschützt)

und **Gesammtpersonal** (120 Personen).

Täglich von Vormittags 10 Uhr an:

Grosse Frei-Concerte

ohne Sammeln — ohne Sammeln

der originellen Hauskapelle (30 Mann in Oberländlercostüm),

Direction: **Krokodilwirth Lang.**

50,000 Liederbücher mit den neuesten Melodien gratis.

Specialität: Nürnberger Rostbratwürste. Bürgerliche Küche. Geflügel am Rost.

Extra eingebrautes **Märzenbier** aus der Brauerei zum **Münchner Kindl.**

Einzig existirendes Geschäft in dieser Branche.

Hochachtungsvollst! Georg Lang.

Anzeige für die Festhalle von Georg Lang
Oktoberfest-Zeitung 1898, PS

Georg Lang (1866-1904) firmierte bei seinem ersten Auftritt auf dem Oktoberfest 1898 als „Krokodilwirth aus Nürnberg", Bezug nehmend auf das mit einem Krokodil geschmückte Signet der Nürnberger Lederer-Brauerei, mit der Lang geschäftlich in Verbindung stand. Als Großgastronom profilierte er sich mit einer Festhalle auf dem „12. Deutschen Bundesschießen Nürnberg 1897". Mit Geschick gelang es ihm für das Oktoberfest 1898 anstelle von fünf Budenplätzen außerhalb des Wirtsbudenrings seine „1. bayerische Riesenhalle" zu platzieren. Lang zog von Nürnberg nach München, wo er von 1900 bis 1902 den „Münchner Kindl-Keller" betrieb. Zudem war er deutschlandweit mit seinen Festhallen auf großen Volksfesten vertreten.

Langs Rezept war klar: Mit der Stimmung steigt der Umsatz. Eine 30 Mann starke Blasmusik in Oberländlerkostümen schmetterte durch die Halle. Damit jeder mitsingen konnte, wurden 50.000 Texthefte verteilt, deren entsprechende Liednummer durch eine Tafel auf dem Musikpodium angezeigt wurde. Als weitere Neuerung verzichtete Lang auf das Geldeinsammeln für die Musiker, das bis dahin üblich war. Zudem beweist das erste Liederheft 1898 die Urheberschaft für den allerorts gebräuchlichen Trinkspruch **„Ein Prosit der Gemütlichkeit. 1-2-3 gsuffa"**. Der hier genannte Autor Bernhard Dietrich aus Chemnitz (1840-1902) komponierte Liedgut für Gesangvereine, aber auch Kirchenlieder.

Augustiner-Festhalle mit „Langs Original Oberlandler Kapelle", um 1910
Postkarte, PS-PK0013

Georg Ritzer, ***„Ein Prosit der Gemütlichkeit.", 1899***
Postkarte, PS-PK0011

Anton Bernsdorf, ***Georg Lang, Oktoberfest 1904***
Plakat, Lithographie, 126,7x98,4 cm, P-C7/30

Plakat und Bierkrug reduzieren die Botschaft auf das Porträt mit eigenhändiger Unterschrift, das als Signet des Unternehmens „Georg Lang" fungiert.

Der Zinndeckel trägt die Gravur „Zur Erinnerung an das 12. deutsche Bundesschießen Nürnberg 1897".

Bierkrug „Georg Lang Nürnberg, 1. bayerische Riesenhalle", 1897
Steinzeug, H 24,5 cm, PS-OM1159

Bierkrug „Georg Lang"
um 1900, Steinzeug, H 23,1 cm, PS-OM55

Festhalle von Georg Lang, 1901
Postkarte, Fotografie, PS-PK0012 (Ausschnitt)

Unter dem überdimensionalen Porträt bestätigt der Schriftzug die nun endgültige Formulierung von „1,2,3, gsuffa!“. Über die Resonanz auf seinen Trinkspruch „Ein Prosit der Gemütlichkeit“ ist der Festwirt so stolz, dass er ihn in kurios zerhackter Form zwischen dem Fachwerk anbringen lässt. Als Giebelbekrönung reitet das Münchner Kindl auf einem Krokodil zum Zeichen der Verbindung zwischen Brauerei und Festwirt.

Der Architekt Albin Lincke entwarf für die Augustinerbrauerei 1903 eine neue Festhalle, die durch einen Turm mit Walmdach, ein Nebengebäude mit Fachwerk und ein großes Tor eine Burgsituation vorgab. Dahinter befand sich allerdings auf 2000 Quadratmetern eine klare Zeltarchitektur mit Segeltuchbedachung in 50 Meter Länge und Seitenschiffen für die Infrastruktur. Mit diesem Bau entwickelte sich die moderne Zeltarchitektur der Festhallen, die allerdings noch lange ihre eigentliche Form durch aufwändige Vorbauten vertuschte.
Den Festwirt Georg Lang hofierte die Brauerei mit seinem unübersehbaren Namenszug auf der Fassade. Nach seinem Tod 1904 führte seine Frau Minna Lang die Halle, in der weiterhin „Georg Lang's Original-Oberlandler“ Musik machten.

Jaeger & Goergen, ***Südlicher Teil des Oktoberfestes, um 1905***
Fotografie, 22x30 cm, Archiv Augustinerbräu

Bräurosl-Festhalle, 1901
Fotografie, G-Neg.3045

Nach den Plänen des Hofbaurates Eugen Drollinger erbaute die Pschorrbrauerei 1901 die Festhalle „Bräurosl" außerhalb des Wirtsbudenringes. Innerhalb des Wirtsbudenringes mit seiner festen Struktur von 18 Wirtsbuden war ein Neubau dieser Dimension nicht möglich.
In der Eingabe bei der Lokalbaukommission betonte die Brauerei mit dem gediegenen künstlerischen Neubau eine Zierde des Oktoberfestes schaffen zu wollen. Das weiß-blaue Zeltdach aus Leinwand überspannte die große Festhalle, der ein Prunkbau vorgestellt war. Auf dem geschmückten sechseckigen Turm musizierten Bläser. Neuartig und auffallend war außerdem die Fassade, an der nachts Glühbirnen leuchteten. Über dem Haupteingang war das Signet der Bräurosl, gemalt von Hofmaler Karl Schultheiss, angebracht. Die Darstellung und der 1901 geschützte Name „Bräurosl" beziehen sich auf eine Anekdote, der zufolge eine Brauerstochter die Angewohnheit hatte, beim allabendlichen Rundritt über den Brauereihof auf einem Brauross eine Maß Bier zu trinken.

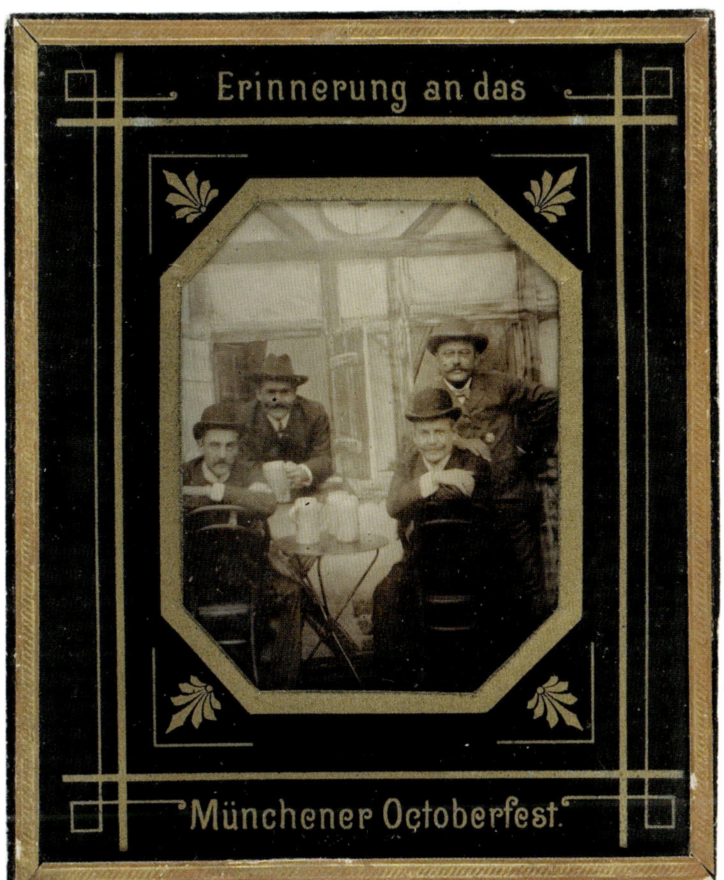

Die Festbesucher sitzen mit Bierkrügen in der Hand vor einem gemalten Hintergrund in einer Fotografiebude.

Festbesucher, 1903
Fotografie, 12x10 cm, PS

Festhalle Hackerbräu entworfen von Hessemer und Schmidt, 1907
Fotografie, 16,5x22 cm, G-IIIc/472f

Festhalle Wagnerbräu entworfen von Emanuel von Seidl und Eduard Schmucker, 1907, *Fotografie, 16,2x22,3 cm, G-IIIc/472f*

Festhalle Löwenbräu entworfen von Emanuel von Seidl, 1908
Fotografie, 12,8x18 cm, G-36/448

Im Jahr 1907 wurde eine wesentliche Innovation auf dem Festplatz realisiert. Das Rund des bisherigen Ringes mit 18 Wirtsbuden wurde in sechs ca. 1.800 qm große Grundstücke parzelliert, auf denen fünf bedeutende Münchner Brauereien ihre aufwendig gestaltete Festhalle, entworfen von bekannten Architekten, aufstellten. Die Festhalle für Bürgerbräu entwarf Heilmann und Littmann. Einer der Plätze war mit einer Doppelbude der Hackerbrauerei bebaut.
Jede Halle auf einer Grundfläche von ca. 1000 qm gilt als Meisterwerk der zeitgenössischen dekorativen Architektur mit Zitaten aus der Barock- und Biedermeierzeit. Durch Anordnung, Dekoration und Stil bildeten diese fünf, ab 1909 sechs Hallen ein überzeugendes Gesamtbild für den Festplatz. Der Haupteingang der Festhallen war zum Außenring hin gelegen.

Festhalle Spatenbräu entworfen von Emanuel von Seidl, 1907
Fotografie, 16,7x22 cm, G-IIIc/472d

*Otto Obermeier, **„Balthasar Trinkl's Fest-Halle“, 1909***
Plakat, Lithographie, 124,5x87 cm, Stadtarchiv München, Plakatslg. 12750

1909 kam in den Ring als sechste Bierhalle eine Neuigkeit im Festhallen-Bau nach den Entwürfen des Architekten Franz Zell. Die Halle wurde erstmals mit einer Holzbinderkonstruktion ohne Säulen und Stützen im Innenbereich überspannt. Das Dach war in weiß-blauen Farben gehalten, der Dachfirst durch einen turmartigen, offenen Aufbau, worin ein Braubottich von außen zu sehen war, belebt. Eine weitere auffallende Besonderheit war die Galerie über dem Haupteingang. Von hier spielten die Musiker für die Gäste in der Halle und im Garten.
Im Gegensatz zu den anderen Festhallen, die von Brauereien erbaut waren, wurde diese noch von einem Wirt, dem Pächter des Augustinerkellers, Balthasar Trinkl, errichtet. Bereits 1910 jedoch übernahm die Festhalle die Unionsbrauerei mit dem Wirt Paul Finkenzeller.

Carl Moos, ***„Löwenbräu München", 1909***
Plakat, Lithographie, 124x90 cm, P-C9/21

Blick auf die Festhallen im Ring, 1910
Postkarte, 9x14 cm, PS-PK0014

Seit 1909 waren alle sechs Parzellen im Ring hinter dem Königszelt mit den großen Festhallen der Münchner Brauereien bebaut. Der Ring umschloss den Glückshafen und begann rechts davon mit der Festhalle von Bürgerbräu, Unionsbräu, Spatenbräu, Hackerbräu, Wagnerbräu und endete links davon mit der Festhalle von Löwenbräu. Dahinter sind außerhalb des Wirtsbudenringes die Festhallen von Franziskaner-Leistbräu und Thomasbräu und am linken Bildrand von Augustinerbräu zu erkennen. Nur die Pschorrbräu-Halle ist nicht sichtbar. Im Vordergrund stehen das Zelt vom Circus Sidoli und die Achterbahn von Max Stehbeck.

Außerhalb des Wirtsbudenringes waren seit 1895 vier Bierhallen entstanden. Michael Schottenhamel erneuerte bereits 1908 anlässlich seines 40-jährigen Jubiläums als Wiesnwirt seine erst elf Jahre alte Halle. Die Franziskaner Leist-Brauerei erbaute für ihn nach den Entwürfen des Architekten Max Ostenrieder eine wesentlich größere Halle mit aufwendigen Eckbauten, Vordächern und einem hohen Turm.

Georg Böttger, ***Festhalle Michael Schottenhamel, 1908***
Fotografie, 25,5x31 cm, G-IIIc/465.8

Friedrich Josef Rehse, ***Im Garten der Löwenbräu-Festhalle, um 1910***
Fotografie, 16,3x20,8 cm, G-IIIc/330a

„Einen besonders anheimelnden Schmuck verleiht dem Festplatze die von Jahr zu Jahr immer reicher werdende Verwendung von freundlichem Grün. Fichten-, Föhren-, und Eichengewinde umschlingen Flaggenstangen und Tragsäulen, ranken sich von Pfosten zu Pfosten und schmücken Sparrenwerke und Deckengebälke. Harzduftende Kränze zieren die Fahnenstangen und füllen leere Wandfelder, winden sich um Embleme und Sinnsprüche. So verschlingt die Dekoration des Oktoberfestes alljährlich kleine Waldungen. Ein Arrangeur allein, Kunstgärtner und Dekorateur Grein, welcher 1895 zum erstenmal Föhren zum Wiesenschmuck verwendet hatte, bedurfte im Jahre 1904 nicht weniger als 80 Hochstammföhren, 600 hohe Fichten, 2000 kleine Fichten und Tannen, 1200 niedere Föhren, dann Eichen und Wachholderstauden, welche Grein auf sieben Flössen von Pupplingerau bei Wolfratshausen nach München gebracht hatte. An Fichtengewinden brauchte Grein 4400 Meter, an Eichengirlanden 2000 Meter und an Föhrengirlanden 80 Meter, und außerdem 100 große Kränze.“ ***Destouches, 1910***

Festbesucher, 1898, *Ferrotypie, 8,5x6,5 cm, PS*

Augustinerbräu.
München.
Leistbräu
Löwenbräu
München.
zum

Auf dem Oktoberfest wurde das Bier immer aus Maßkrügen getrunken, die dem normalen Gebrauch entsprachen. Ursprünglich waren es einfache Steinzeugkrüge ohne Deckel, die sogenannten Keferloher. Ab den 1880er Jahren begannen die Brauereien die Bierkrüge mit ihrem Schriftzug zu versehen, um damit auf ihr Produkt innerhalb der Palette des „Münchner Bieres" hinweisen zu können. Die Einführung der Brauereisignets löste sukzessive die reinen Schriftzüge ab, bis schließlich sämtliche Krüge und Deckel damit geschmückt waren.
Nach dem Vorbild des Hofbräuhauses mit seinem 1879 eingeführten Signet folgte 1884 die Spatenbrauerei, deren klarer Entwurf von Otto Hupp bis heute unverändert geblieben ist. Von Michael Schottenhamel, seit 1867 Festwirt auf dem Oktoberfest, weiß man, dass er anfänglich nur 400 Keferloher und etwa 50 Deckelkrüge brauchte, dagegen im Jahr 1908 mit 7000 Deckelkrügen von Franziskaner Leistbräu die Wiesn bezog.

Bierkrüge von Augustinerbräu, Franziskaner Leistbräu, Hackerbräu, Löwenbräu, Münchener Bürger-Bräu, Brauerei zum Münchner Kindl, Paulanerbräu, Pschorrbräu, Spatenbräu, Thomasbräu und Unionsbräu, 1890 bis 1910
Steinzeug, gestempelt, geritzt, K-2009

Philipp Kester, ***Augustiner-Bräu, Schenke 3, um 1910***
Fotografie, FM-479.6

Auf dem Ganter stehen zwei 200 Liter Fässer, sogenannte „Hirschen". Davor ist der Tröpferltisch mit einem Bierkrug zum Auffangen des Tropfbieres.

Philipp Kester, ***Krugwäscherinnen, 1907***
Fotografie, FM-479.2

Die Bierkrüge von Franziskaner Leistbräu mit und ohne Deckel werden in der Brenten vorne links gewaschen.

Bierkrugdepot am „Winzerer Fähndl", um 1900
Fotografie, PS (Ausschnitt)

Der „Wurzel Sepp“, 1900
Fotografie, 9x12 cm, PS

Zum Trinken gab es nicht nur Bier. An dem kleinen Holzstand vom „Wurzel Sepp“ wurde der Festbesucher zur Abwechslung mit Schnaps verköstigt, vorzugsweise mit Enzian. Angeblich wurde der Schnaps immer aus denselben Stamperln gereicht, ohne dass diese zwischendurch gespült wurden. Der Hut mit der ausladenden Krempe und der lange Bart, die der „Wurzel Sepp“ zu tragen pflegte, sind unverkennbare Bestandteile dieses Oktoberfest-Originals.

Die Weinzelte „Bodega“ und „Messerer & Geiger“, um 1900
Fotografie, 15,8x22 cm, G-42/333

Das Weinzelt „Bodega“ war seit 1885 auf der Festwiese vertreten. Der Bretterbude war eine auffällige rot-weiß gestreift Fassade vorgebaut, welche die spanische Architektur zitierte und sich damit deutlich von der sonst erbauten alpenländischen unterschied. Betreiber war „The Continental Bodega Company“, eine Import-, Exportfirma für Weine. Neben Kaffeehausspezialitäten wurden hier Qualitätsweine aus Spanien und Portugal angeboten. Die Festbude „Messerer & Geiger“ wurde von einer Weinhandlung geführt. Beide Festbuden sind von Anbeginn nicht im Wirtsbudenring platziert, sondern in der Straße bei den Verkaufs- und Vergnügungsbuden.

Im äußeren Wirtsbudenring neben der Augustiner Festburg errichtete 1904 der Münchner Wirt und Fischhändler Josef Pravida eine originelle Wirtsbude, ein Fischerhäuschen. Nach den Entwürfen des Kunstmalers Hammerschmidt entstand ein Fachwerkbau mit Krüppelwalmdach, dekoriert mit einem Storchennest auf dem Dach, einem Kahn neben dem Seiteneingang und Netzen und Reusen an der Fassade. Am Seitenflügel der Bude werden bis heute über offener Glut See- und Flussfische auf einen Stock gespießt gegrillt: die Steckerlfische.

***Fischer-Vroni*, 1907**
Fotografie, 17x22 cm, GIIIc/472k

1907 konnte Max Schmid den Budenplatz Nr. 1 im äußeren Wirtsbudenring, also gegenüber den neuen Bierhallen, für eine Zeitspanne von sechs Jahren vom Magistrat ersteigern. Seine Wurstbude durfte wie alle anderen Buden dieser Art maximal 60 m² einnehmen. Wurst wurde auch in fliegenden Ständen verkauft sowie durch Hausierhändler direkt in den Festhallen. 1907 machte der Wurstverzehr 70 Prozent des Nahrungsverzehrs aus. Seit 1890 waren um die 23 Wurstküchen auf der Festwiese vertreten. In kleinen Gärten hinter den Buden fanden die Gäste auch Sitzplätze. Bier wurde im Krug von den gegenüberliegenden Bierwirten geholt.

***„Wurstbude Max Schmid“*, 1909**
Fotografie, 24x30 cm, PS

Geflügelbraterei Joseph Ammer, um 1900
Plakat, Lithographie, 86,2x109,2 cm, P-B7/20

1885 führte der Geflügelhändler Josef Ammer die Hühnerbraterei auf dem Oktoberfest ein. Der Betrieb wird heute in der fünften Generation geführt und gehört somit zu den ältesten Unternehmungen.
Bis zum Zweiten Weltkrieg waren die Wiesnhendl etwas besonderes und hatten noch lange nicht ihren jetzigen Stellenwert als bekannteste Oktoberfestspeise. Früher war es sogar üblich, dass Bauern ihr eigenes Geflügel mit auf die Wiesn brachten und es bei einem Hühnerbrater gegen Geld braten ließen. Für diese Lohnbraterei gab es numerierte Marken, die eine Verwechslung der Hendl auf den Bratspießen ausschloss.

Ochsenbraterei, 1898
Postkarte, PS-PK 0047

Der Metzgermeister Johann Rössler war 1881 erstmals mit einer neu konstruierten Maschine auf dem Festgelände vertreten, die unter freiem Himmel mit einem Lokomobil den schweren Drehspiess für einen ganzen Ochsen antrieb. Die Münchner Firma „Wamsler“ hatte den Herd für diese außergewöhnliche Anforderung gebaut.
Nach einer Pause von 1891 bis 1897 beantragte Rössler den Bau einer eigenen Halle von 20 Metern Breite und 40 Metern Länge, um der Konkurrenz der neu entstandenen Bierhallen zu begegnen. Mit einem basilikalen Hallenbau in Fachwerkmanier, in dessen Innenraum nun die Ochsen gebraten werden konnten, war er 1898 dann wieder am Oktoberfest beteiligt.

Schaubude „Undine. Medusa.", 1890
Fotografie, G-Neg.4120

Schaustellerei

In den Jahrzehnten um 1900 erlebte die Schaustellerei in Deutschland in Bezug auf Neuheiten und Ausgestaltung der Geschäfte einen Höhepunkt. Grundlage dafür war eine leistungsstarke Karussellindustrie, die von innovationsfreudigen Schaustellerunternehmen getragen wurde. Die anwachsenden Großstädte boten mit ihren Volksfesten wie dem Oktoberfest, der Dresdner Vogelwiese oder dem Hamburger Dom das entsprechende Besucherpotential für große Schaustellergeschäfte. Diese waren wiederum auf die rasche Abwicklung der Reise mittels Bahnverkehr angewiesen.

Der alle überragende Schaustellerunternehmer war Hugo Haase aus Leipzig, später mit Firmensitz in Hannover, der um 1910 mit zehn Geschäften nicht nur auf deutschen Plätzen, sondern auch im Ausland vertreten war. Noch immer dominierten die großen Schauen, die vor allem Exotisches boten. Die Menagerien reisten in Sonderzügen mit ihren Tieren und Käfigwagen und beanspruchten weitläufige Areale auf dem Festplatz. Ähnlich ausladend präsentierten sich die Völkerschauen, bei denen Bewohner fremder Länder mit den dazugehörigen Tieren und Gerätschaften zur Schau gestellt wurden. Der Münchner Schauunternehmer Carl Gabriel organisierte in Zusammenarbeit mit den jeweiligen Agenten für die durch Deutschland reisenden Truppen die Station auf dem Oktoberfest. Lokalkolorit brachte Michael August Schichtl auf den Festplatz, dessen Parade sich sprachlich dezidiert an die Münchner und das bayerische Umland richtete.

König Ludwig II., Nachttopfsitzer, Bauer auf Fahrrad mit Kartoffelsetzmaschine, Bilder für Scherzfotografie, um 1895, *Pappe, Textil, 76x60 cm, PS-97/61*

Johann Bremauer aus München hatte die originellen Bilder für seine Fotografiebude selbst gemalt. Der Kunde musste sein Gesicht durch die Öffnung des Bildes stecken und wurde so fotografiert.

Kasperltheater von Karl Birkenmeier, um 1900
Fotografie, 16x22,7 cm, PS

Kasperl und Tod aus dem Kasperltheater von Karl Birkenmeier, um 1900
Holz, Textil, H 65 cm, H 48 cm, PS-8740, PS-8737

Die Brüder Karl und Johann Birkenmeier gehörten zu den bekanntesten Kasperlspielern auf dem Oktoberfest und den Auer Dulten. Der „Münchner Kasperl" war wie ein Markenzeichen und wurde von den Kindern sofort an seinem grünen Geißbubenhut, der blauen Leinenjoppe und der schwarzen Hose mit dem grünen Seitenstreifen erkannt. Die Buden der Kasperltheater waren nach vorne hin offen, um so das Publikum besser anlocken zu können.

Richard Holzner, ***Parade beim Schichtl, um 1910***
Tempera, 36,8x29,3 cm, G-P1871

Der Münchner Michael August Schichtl (1851-1911) bleibt das bekannteste Wiesnoriginal. Sein Ruf „Auf geht's beim Schichtl" ist in den allgemeinen Sprachgebrauch eingegangen. Nach den Anfängen mit einem „Zaubertheater", das er noch mit seinen Brüdern betrieb, hatte Schichtl seit den 1870er Jahren sein eigenes „Spezialitäten-Theater", ein reisendes Varieté mit wechselnden Artisten in einem Nummernprogramm. Eine dieser Attraktionen, die Illusion „Enthauptung einer lebenden Person mittels Guillotine", blieb seit den 1880er Jahren die Standardnummer des Unternehmens und hat sich bis heute erhalten. Schichtl war bekannt für seine Sprüche auf der Parade, bei der auch der kleinwüchsige „Stopsel" als Tambourmajor auftrat. Nach Schichtls Tod übernahm das Theater sein langjähriger Mitarbeiter Johann Eichelsdörfer (1877-1954), in dessen Nachfolge seine Frau Franziska (1902-1987) bis 1985 die „Schichtlin" blieb.

„Also geht's rei und schaugt's naus oder moant's vielleicht, i stell mi daher und mach euch an Hanswurscht'n? Des hab i net notwendi; i hab a Geld auf der Bank, a Automobui, a Villa in Keferloh und a Luftschiff. I tua des all's zu mei'n Vergnüng'n da, net zu dem Euern! Wann's mi aus'm Häusl bringt's, na halt i a Seperatvorstellung für mi alloa, zu meiner Unterhaltung. Wißt's was? Gebt's Enkere greaspannan Nickl her, na brauchts gar net einageh, na könnt's higeh', wos wollt's; es seid's schnell vergessen und mir ham unsern Grüabig'n!"
Oktoberfest-Zeitung 1909.

Schichtl-Theater, um 1900
Fotografie, 19,2x27,7 cm, PS

Der Schaustellerunternehmer Hugo Haase (1857-1933) kam 1889 zum ersten Mal mit seinem Dampfschiffkarussell auf das Oktoberfest. 1892 brachte er die erste elektrisch betriebene Berg- und Talbahn. Die Maschinen zur Erzeugung des Stromes waren in einem eigenen Bau in rund 300 Metern Entfernung untergebracht.

Berg- und Talbahn von Schausteller Hugo Haase aus Leipzig, um 1905
Fotografie, G-Neg.3040

Hinter dieser prächtigen Fassade mit aufwändiger Illumination betrat man ein eingebautes Karussell, in dessen geräumigen Umfeld sich die Besucher vergnügen konnten. Das Konzept war auf den großen Festplätzen Luxus für Jedermann zugänglich zu machen.

Karussellpalast von Schausteller Hugo Haase, um 1905
Fotografie, G-Neg.3050

Ab 1896 verbreitete sich die Erfindung des Films schlagartig auf den Festplätzen durch die reisenden Kinematographen. Das erfolgreiche Geschäft spiegelt sich in den prachtvollen Fassaden, in die auf der linken Seite die Dampfmaschine für die Erzeugung des elektrischen Stromes und auf der rechten Seite die große Orgel integriert sind. Lindner war mit seinem Kinematographen seit 1899 auf dem Fest vertreten.

Max Stuffler, ***Kinematograph von Schausteller Peter Lindner aus Nürnberg, 1903***
Fotografie, Stadtarchiv München, Fotoslg. Stu1-8877

Zwei dieser imposanten Engel standen am Eingang von Hattenhorsts Berg- und Talbahn, mit der er 1913 das Oktoberfest beschickte.

Engel aus der Berg- und Talbahn von Schausteller Gustav Hattenhorst aus Herford, um 1905
Holz, H 304 cm, PS-86/193

Im Inneren verblüffte die Besucher ein enormer Einsatz von elektrischem Licht mittels Glühbirnen und anderen Beleuchtungskörpern, deren Wirkung durch Spiegelungen gesteigert wurde.

„Juwelen Palast“ von Schausteller Hugo Haase, 1901
Plakat, Lithographie, 65x92,5 cm, Stadtarchiv München, Plakatslg. 12707

Der Erfolg dieser Rutschbahn, die Franz Anton Bausch 1907 in Deutschland einführte, basiert auf dem Vergnügen, den Fahrgästen bei ihrem Ungeschick auf dem Förderband zur oberen Plattform zuzuschauen. Von dieser Neuheit standen auf dem Oktoberfest 1908 bereits drei Geschäfte.

Toboggan von Hugo Haase, 1909
Postkarte, PS-PK0034

Das Teufelsrad mit drehbarer Scheibe, auf der sich die Fahrgäste entgegen der Fliehkraft möglichst lange halten müssen, brachte Carl Gabriel 1910 als Neuheit. Dahinter sieht man die Fassade seiner „Pracht-Reitbahn“, dem Hippodrom, das er seit 1902 betrieb.

Teufelsrad von Carl Gabriel aus München, 1910
Fotografie, 22,7x29 cm, PS

Der Münchner Max Stehbeck stellte auf dem Oktoberfest 1909 die „Original amerikanische Figur 8 Bahn“ als erste transportable Achterbahn Deutschlands auf. Für die Konstruktion hatte er den Ingenieur Erwin Vettel aus Sandusky, Ohio herangezogen, da die Amerikaner schon seit Jahren in diesem Metier tätig waren. Der Strom für den Antrieb des Kettenaufzuges sowie für die elektrische Beleuchtung erzeugten die Maschinen neben der Bahn.

Lokomotive und Dampfmaschine neben der Achterbahn von Schausteller Max Stehbeck, 1909, *Fotografie, 17,5x22,3 cm, PS*

1905 reiste Ernst Malferteiner mit dem tätowierten Stier als zusätzlicher Attraktion seines Geschäftes. Dabei warb er mit einem zweiteiligen Plakat: Die obere Hälfte war das Standardplakat für die ganze Saison, die untere Hälfte wurde den jeweiligen Festplätzen entsprechend ergänzt.

Der tätowierte Stier, Menagerie Ernst Malferteiner, 1905
Plakat, Lithographie, 139x95 cm, PS-09/205

Moderne Kunstausstellung auf dem Oktoberfest, 1902
Fotografie, 16,8x22 cm, G-IIIc/469

Humoristische Kunstausstellungen

Den modernen Kunstbetrieb mit seinen „Internationalen" und „Allgemeinen Kunstausstellungen" der Secessionen und anderer Künstlergruppen zu parodieren, war um 1900 in der Kunststadt München ein gängiges Phänomen. Mit eigenen Werken und mittels komisch kommentierter Kataloge persiflierte eine Künstlergruppe von 1900 bis 1907 in den humoristischen „Modernen Kunstausstellungen" auf dem Oktoberfest die zeitgenössischen Kunstproduktionen.

Mit der Formensprache des Jugendstils, dem Blattfries, dem Halbkreis über und den Bäumen neben dem Eingang spielte die Fassadengestaltung der Ausstellungsbude auf das 1898 von Josef Maria Olbrich erbaute Wiener-Secessions-Gebäude an. Die Eule auf dem Ankündigungsplakat – Attribut der Pallas Athene, Schirmherrin der Künste und der Wissenschaften –verweist auf ein beliebtes Motiv des gern karikierten Künstlers Franz von Stuck. Durch die von ihm entworfenen Plakate war die Pallas Athene zum Symbol der Internationalen Kunstausstellungen und Secessionen geworden. Bei den humoristischen Kunstausstellungen auf dem Oktoberfest wurde dieser Aspekt aufgegriffen, indem ein Türsteher, „Äthenerich" genannt, die Göttin der Künste mimte: Mit Römerhelm, Armspange, einem Speer, an dessen Schaft ein Pinsel statt einer Spitze befestigt war und seiner Pfeife war er selbst ein gelungenes Kunstwerk.

*Harry Schultz, **„Der kranke Gockel", Kinderspielzeug, 1904***
Holz, bemalt, L 100 cm, A-61/305.a-h

Das Spielzeug „Der kranke Gockel" war 1904 Exponat der „IV. Modernen Kunstausstellung" auf dem Oktoberfest und ist eine Parodie auf das um 1900 auf den Markt kommende Reformspielzeug. Von Pädagogen war einfaches, in Material und Gestaltung kindgerechtes Spielzeug gefordert worden. Da dieses bislang nicht erhältlich war, beauftragte man mittels Preisausschreiben und Wettbewerbsveranstaltungen Künstler, solche neuen, pädagogisch wertvollen Spielsachen zu entwerfen.

Die Kunst war dicht an dicht in einer mit Leinwand ausgekleideten, bodenlosen Bretterbude ausgestellt und konnte vor Ort käuflich erworben werden: „Um den Künstlern den Besuch der Hendlbratereien auch einmal zu ermöglichen", heißt es im offiziellen Katalog der „II. Modernen Kunstausstellung", hatte man die Hälfte der Kaufsumme jedoch gleich bar zu bezahlen.
Das Gemälde im Zentrum der Fotografie ist eine Parodie auf Franz von Stucks skandalumwittertes Werk „Die Sünde" von 1893. Bemerkenswert ist, dass den damaligen Besuchern, die persiflierten Werke ohne weiteres bekannt gewesen sein müssen. Die Zusammenführung von Original und Karikatur gestaltet sich heute dagegen nahezu unmöglich, sofern kein kommentierender Ausstellungskatalog vorhanden ist.

Innenansicht der Modernen Kunstausstellung auf dem Oktoberfest, 1900
Fotografie, Stadtarchiv München, Fotoslg. Stu1-0308

Oktoberfest-Zeitungen

Die illustrierten Oktoberfest-Zeitungen mit farbigem Deckblatt erschienen seit dem Jahr 1883 in verschiedenen Verlagen. Sie informierten jährlich einmal über das Festprogramm und die Wiesn-Attraktionen. In humoristischen Beiträgen wurde das Festgeschehen kommentiert. Für Fremde sind kurze Hinweise auf Sehenswürdigkeiten in der Stadt München abgedruckt. In Anzeigen warben Festwirte und Schausteller wie auch Hoteliers und Firmen für ihre Angebote.

E. H. und Eugen von Baumgarten, ***Oktoberfest-Zeitung, 1900 und 1902***
28,2x22 cm, PS

MÜNCHEN 1900
PROGRAMM
Oktoberfest
Zeitung
PREIS
10
Pfennig
Lith. Anst. A. Bernsdorf, München.

Die älteste bekannte Ansichtskarte vom Oktoberfest ist 1886 gelaufen. Mit dem Aufdruck „Wie es beim Oktoberfest zugeht“ kam sie vielen Kunden entgegen, die im Schreiben nicht geübt oder in der Bierseligkeit nicht mehr fähig dazu waren. Sie brauchten nur mehr auf der Anschriftenseite die Adresse einzusetzen. Mitteilungen auf Festpostkarten beschränkten sich meist auf den Hinweis der Teilnahme am Fest. Die Ansichtskarten wurden in kleinen Buden oder von fliegenden Händlern auf der Theresienwiese verkauft. Die Verkäufer übernahmen auch den Transport zum Postamt.
Bildpostkarten waren in der Zeit um 1900 bis zum Ersten Weltkrieg so beliebt wie nie. Sie waren damals ein junges Korrespondenzmittel. Die erste sicher datierte Münchner Ansichtskarte wurde 1880 verschickt. Für die Gestaltung der Postkarten arbeiteten die renommierten Münchner Verlage wie Ottmar Zieher und Ludwig Zrenner mit bekannten Graphikern und Malern zusammen. Ludwig Zrenner hat als erster Verlag den Vordruck „Gruss aus“ oder „Gruss vom Oktoberfest“ auf seinen Postkarten verwendet. Dieser Kartentyp hat weltweite Verbreitung erfahren.
Die Motive kreisten um den Festplatz, die Besucher, das Bier mit seinen Folgen und die Fahrgeschäfte. Dabei wurden viele Stereotype verwendet, die durch die Ansichtskarten auch international bekannt wurden, wie beispielsweise der Betrunkene in einem Berg von Maßkrügen, der überdimensionierte Maßkrug, der Dachauer Bauer und die „Schützenlisl“, der Inbegriff einer Münchner Bedienung.

Max Mandl, Verlag Ottmar Zieher München, 1886, PS-PK0016

Verlag Ludwig Zrenner München, 1899, PS-PK0019

Festpostkarten

Emil Kneiß, Verlag Ottmar Zieher München, um 1900, PS-PK0045

Paul Otto Engelhard, um 1910, PS-PK0027

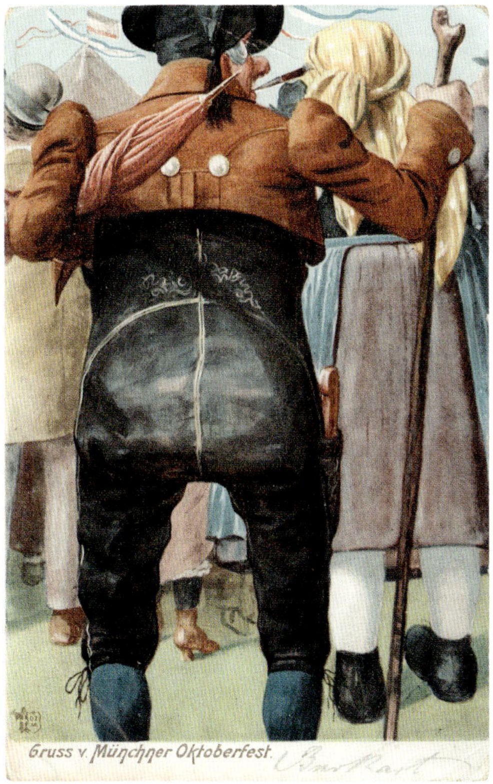

Verlag Ottmar Zieher München, 1905, PS-PK0023

Verlag Karl Stücker, München, um 1910, PS-PK0044

Ernst Schlemo, 1913, PS-PK0026

Michael Zeno Diemer, ***Oktoberfest 1910***
Vorlage für die Sopraporte des Festportals, Gouache, 33,5x72 cm, G-VIIb/55

Oktoberfest-Jubiläum 1910

Die Jahrhundertfeier 1910 bleibt in der Geschichte des Festes das Aufwändigste, was die Festplatzgestaltung und das Rahmenprogramm betrifft. Die Stadt bot als Festveranstalter eine souveräne Selbstdarstellung, die programmatisch als Huldigung an das Königshaus ausgerichtet war. Den enormen zusätzlichen finanziellen Aufwand reduzierte man geschickt durch eine Jubiläums-Geldlotterie.

Das Festprogramm für die Festdauer vom 17. September bis 2. Oktober beinhaltete Veranstaltungen mit historischen Bezügen. So erinnerte der Wettlauf der Münchner Wagnergehilfen mit Wagenrädern an das gleiche Ereignis von 1835. Ebenso reaktivierte man das Ringelstechen aus den Jahren 1830 und 1860. Ernst von Destouches, Vorstand von Stadtarchiv und Stadtmuseum verfasste eine umfangreiche Festchronik und organisierte zugleich die erste Oktoberfest-Ausstellung im Museum am St.-Jakobs-Platz.

Der „Historische- und Huldigungs-Festzug“ am Hauptfestsonntag inszenierte ein Defilee der Festgeschichte mit nachgeschneiderten Uniformen und Kostümen, bot aber auch eine Trachtenschau der acht bayerischen Kreise, rekrutiert durch die damals sich etablierende Trachtenbewegung in Bayern.

Die Festelemente wurden von Münchner Künstlern in aktueller Form gestaltet. Festschrift, Bierkrüge, Medaillen oder Preispokale dokumentieren die Blütezeit der angewandten Kunst in München.

Ludwig Hohlwein, ***Festabzeichen für die Mitglieder des Festausschusses, 1910***
Metallprägung, bemalt, 6,7x5,3 cm, K-58/672

An der Straße zur Bavaria wurde ein Portal errichtet, das auf beiden Seiten mit riesigen Gemälden von Zeno Diemer geschmückt war. Die Außenseite zeigte das Oktoberfest 1810 nach der Darstellung von Peter Heß, die Innenansicht das Jubiläumsfest 1910, das Diemer im Vorgriff gemalt hatte. Hinter dem weißen Königszelt steht der rot gedeckte Glückshafen. Um ihn reihen sich die Festhallen von Bürgerbräu, Wagnerbräu, und Löwenbräu. Dahinter erheben sich die Türme der Augustiner- und Schottenhamel-Festhalle. Am Ende der Straße erkennt man das Festportal. Beide Gemälde mit einer Größe von drei mal acht Metern verwahrt das Münchner Stadtmuseum.

Festportal auf dem Oktoberfest, 1910
Fotografie, 14x9 cm, PS-PK0046

*Ernst von Destouches, **Gedenkbuch 1910***
Titelentwurf Paul Neu, 26x18,5 cm, Bibl.

*Franz Ringer, **Offizieller Festkrug 1910***
Steinzeug, H 23 cm, K-2009/22

*Franz Ringer, **Souvenirbecher 1912***
Entwurf 1910, Steingut, H 15,2 cm, PS-OM1108

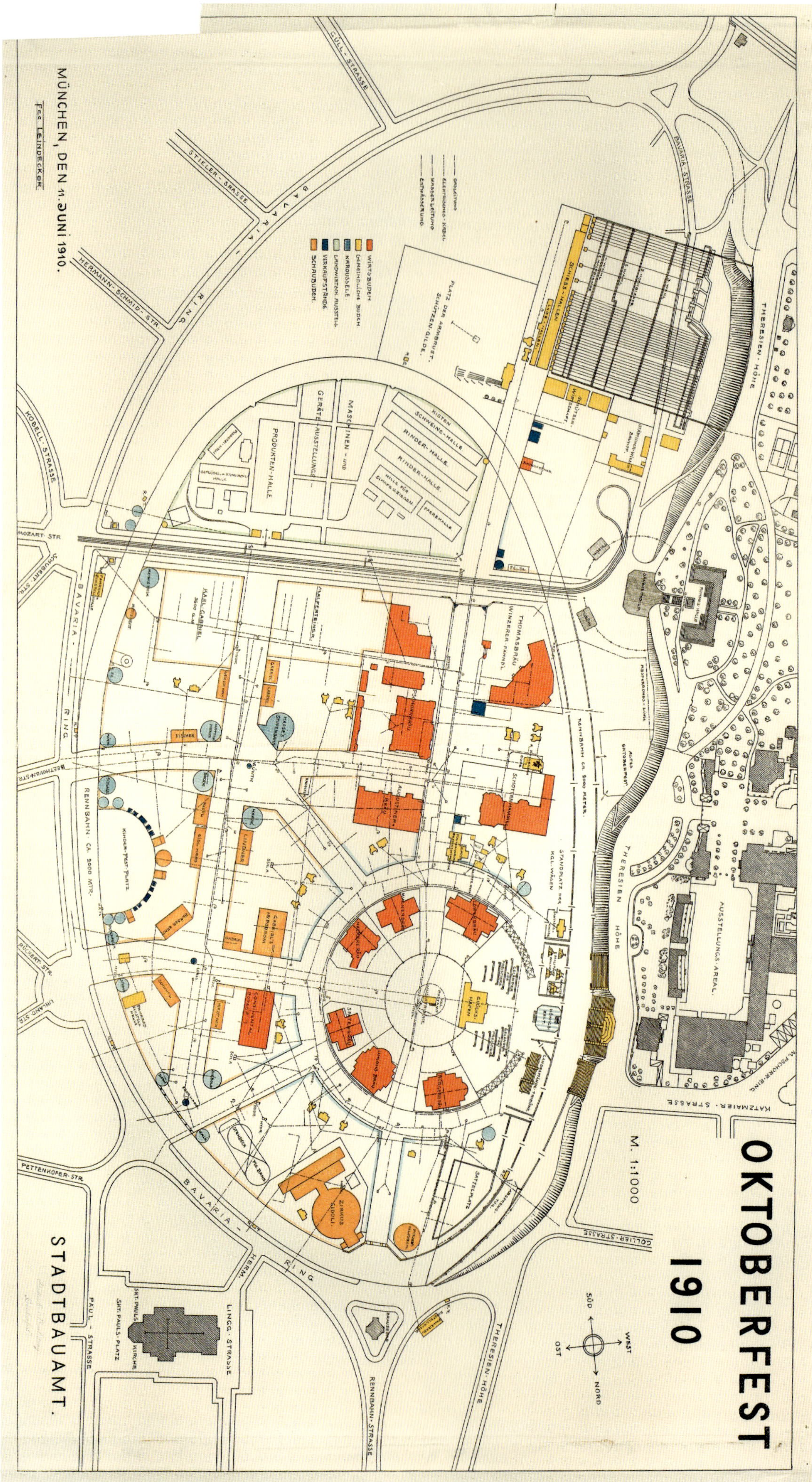

Oktoberfest-Plan 1910
82,5x137,5 cm, G-VIII/7a,18b

Ludwig Hohlwein, ***Preisfahne für das Pferderennen, 1910***
Lithographie auf Seide, 79x78 cm, T-XI/d30

Karl Goetz, ***Jubiläumsmedaille mit Prinzessin Therese, Kronprinz Ludwig und Prinzregent Luitpold, 1910***
Bronze, Dm 8,5 cm, K-8393

Maximilian Dasio,
Offizielle Jubiläumsmedaille der Stadt München, 1910
Silber, Dm 3,1 cm, K-8391

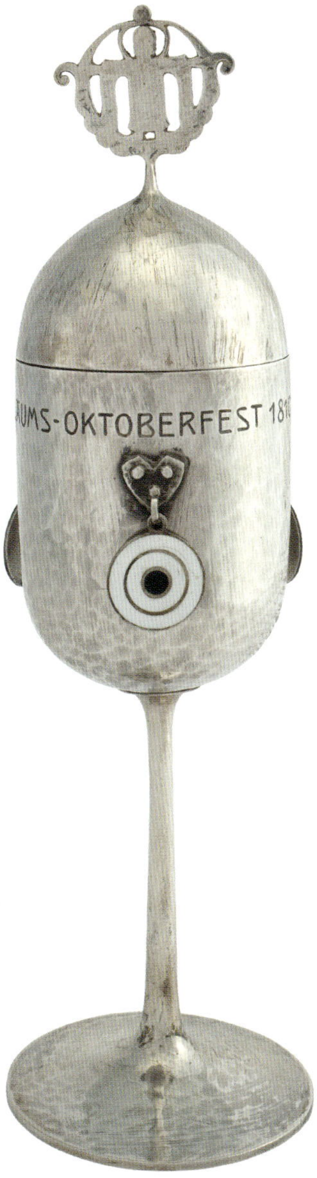

Ludwig Hohlwein (Entwurf), Matthias Heinloth (Ausführung),
Preispokal für das Zimmerstutzen-Schießen, 1910
Silber, H 23,8 cm, K-2009/54

Ludwig Hohlwein (Entwurf), Carl Winterhalter (Ausführung),
Ehrenbecher für das Pferderennen, 1910
Silber, H 9,5 cm, K-XIa/21

Georg Ritzer, ***Medaille für das Zimmerstutzen-Schießen, 1910***
Silber, Dm 3,3 cm, PS-OM879

Die Fahne mit den Worten des Kronprinzen, die er 1810 nach der Aushändigung der Einladung für das Pferderennen geäußert hatte, wurde beim Festzug 1910 von einem Pagen zu Pferd mitgeführt.

Festzugsfahne mit dem Motto des Kronprinzen Ludwig von 1810, 1910
Leinen, bemalt, 112x118 cm, T-XII/131.4

Hermann Stockmann, ***„Kornwagen aus dem Gäuboden", Gruppe aus dem „Historischen- und Huldigungs-Festzug", 1910***
Gouache, 53x72,5 cm, G-VIIb/57.7

Hermann Stockmann hat als künstlerischer Leiter des Zuges diesen in 14 Blättern dokumentiert. Mit einem Kornwagen und Produkten seiner Leinwandindustrie präsentierte sich Niederbayern als einer der acht bayerischen Kreise. Insgesamt zogen über 1000 Zugteilnehmer am Hauptfestsonntag durch München. Von dem Ereignis existieren die ersten Filmaufnahmen des Festes, die sogleich in den Kinematographen auf dem Oktoberfest dem Wiesnpublikum präsentiert wurden.

Uniform eines Kavallerie-Offiziers der Kgl. Nationalgarde III. Klasse, 1810
Neuanfertigung 1910, T-XII/125a.1

Kostüme der Rennknaben, um 1830
Nachbildung 1910, T-XII/125d

Jubiläums-Ausstellung im Münchner Stadtmuseum, 1910
Fotografie, 22,5x28,7 cm, G-IIIc/516.1a

Die Uniformen der Nationalgarde sowie die Kostüme der Rennknaben wurden mehrfach für den historischen Teil des Jubiläumsfestzuges nachgeschneidert. Weitere Exemplare präsentierte die Ausstellung im Historischen Museum der Stadt München, dem heutigen Stadtmuseum, die sich wohl als erste thematisch einer Festgeschichte gewidmet haben dürfte. Geöffnet bis April 1911 konnten insgesamt 60.000 Besucher registriert werden.

Prinzregent Ludwig, später König Ludwig III. von Bayern (1913-1918) in der Schaustellerstraße, 1913, Fotografie, 13x18 cm, PS

1913 Das Oktoberfest unter Prinzregent Ludwig

Der letzte bayerische Monarch Prinzregent Ludwig (seit 7. November 1913 König Ludwig III.) besuchte 1913 mehrfach das Oktoberfest und mischte sich bei seinen Rundgängen über die Festwiese unter die Menschenmenge. Seine Verbundenheit mit der Landwirtschaft zeigt sein Amt als Ehrenpräsident des Zentralkomitees des Landwirtschaftlichen Vereins, das er seit 1868 bekleidete. Das verschaffte ihm im Volksmund den Spitznamen „Millibauer“.

1913 fand das bayerische Nationalfest letztmals unter dem monarchischen Protektorat statt und präsentierte sich als ein Fest der Superlative. Sechs Festhallen waren nochmals erweitert worden. Die Halle der „Bräurosl“ bleibt bis heute in ihren Dimensionen unübertroffen.

Beim Schausteller Xaver Schichtl wurden mithilfe von mechanisch bewegten Schiffsmodellen Marine-Schauspiele vorgeführt. Bei der Vorstellung „Deutschlands Flotte im Kampf“ griffen acht Panzerkreuzer, ein Zeppelin, vier Aeroplane und Torpedoboote in das Geschehen ein. Hier wurde Rüstungspropaganda betrieben und der bevorstehende Erste Weltkrieg vorweggenommen. Am 1. August 1914 erklärte das Deutsche Reich Russland den Krieg. Bis zum Kriegsende fanden keine Oktoberfeste mehr statt. Im November 1918 wurde die Monarchie in Bayern gestürzt.

Prinzregent Ludwig bei der Viehprämierung vor dem Königszelt, 1913
Fotografie, Stadtarchiv München, Fotoslg. AB-Erg-0014

Am weißen Bart und der Pickelhaube ist der 68-jährige, neue bayerische Herrscher zu erkennen. Das Foto zeigt den letzten Auftritt eines Wittelsbachers in der Funktion als monarchischer Mittelpunkt des Nationalfestes.

Michael Obergassner, ***Glückshafen, 1910***
Fotografie, 22,5x28,7 cm, PS

1816 wurde der erste Glückshafen auf dem Oktoberfest eingerichtet. Seit 1819 war der städtische Armenpflegschaftsrat der Betreiber. Der Glückshafen hatte durch die Auslosung der Gewinne in einer Lostrommel großen Unterhaltungswert und diente zudem der Sicherung von Einnahmen für den Armen-Fonds. Mit den kostenlos eingereichten Gewinnen stellte er eine Ausstellung des heimischen Gewerbes und eine Absatzmöglichkeit für Arbeiten aus Schulen, Anstalten und Arbeitshäusern dar. Ursprünglich war der Glückshafen in unmittelbarer Nachbarschaft des Königszeltes aufgebaut und wurde später in das Areal der Wirtsbuden integriert. Nach mehreren Vergrößerungen der alten Bude nahm das Glückshafenkomitee 1892 einen Neubau in Angriff. Dieser Blickfang des Wirtsbudenringes wurde als repräsentativer Fachwerkbau errichtet. Der großzügige Grundriss bot den notwendigen Platz für die Ausstellung und Lagerung der zahlreichen Gewinne. 1898 wurden 105 Losserien zu je 7000 Losen ausgespielt. Auf 13 Nieten kam 1 Treffer.
Links im Bild das Musikpodium mit dem 1904 eingeführten Wiesn-Postamt.

Carl Moos, ***„Riesenzelt Bräu-Rosl", 1913***
Postkarte, PS-PK0031

Die Pschorrbrauerei wartete 1913 mit einer besonderen Attraktion auf, einem Riesenzelt. Die nochmals vergrößerte Anlage der Bräurosl bedeckte mit Halle und Garten eine Fläche von 10.500 Quadratmetern und bot 12.000 Sitzplätze – die maximale Anzahl an Sitzplätzen in einem Bierzelt betrug 2009 dagegen 9992. Damit bleibt der damalige Bau bis heute die größte Festhalle.
Der Riesenbau mit 15 Metern Firsthöhe und 28 Metern stützenfrei überspannter Breite nach den Plänen von Hofbaurat Eugen Drollinger ersetzte die von ihm 1901 erbaute Halle. Sie stand in der Schützenstraße, der späteren Wirtsbudenstraße, und hatte auch den Standplatz der Ochsenbraterei einbezogen. Den langgestreckten Zeltbau mit Arkaden und Vorbauten dominierte ein 24 Meter hoher Turm. Das Zelt war in dieser Form nur 1913 aufgebaut, da ein großer Teil während des Krieges verbrannte.

Bierkrug „1L" „Braeu-Rosl" „Zur Erinnerung an das Oktoberfest 1907"
Steinzeug mit Zinndeckel, H 24 cm, PS-OM153

Bierkrug „10 L" „Pschorr-Bräu", 1910
Steinzeug mit Zinndeckel und Zinnfuß, H 46 cm, PS-OM1119

Die Plakette wurde vom Magistrat als Nachweis der Legitimation für ambulante Händler und Verkäufer auf dem Oktoberfest ausgegeben. Deutschland erklärte am 1. August 1914 Russland den Krieg. Infolge der Kriegsereignisse wurde das Oktoberfest vom Magistrat kurzfristig abgesagt. Die Vorbereitungen zum Fest waren jedoch schon so weit gediehen, dass unter anderem diese Plaketten bereits angefertigt worden waren, aber keine Benutzung mehr fanden.

Paul Neu, ***Legitimationsplakette für ambulante Händler, 1914***
Messing, gegossen, bemalt, 7,5x6 cm, PS-OM179

Im Stellungskrieg in den Vogesen trieb die Sehnsucht nach der Heimat bayerische Soldaten an, ein provisorisches Karussell zu bauen.

„Oktoberfest 1915 in St. Benoit bei St. Michel"
Fotografie,9x14 cm, PS-PK0048

1.432.000 bayerische Soldaten waren am Ersten Weltkrieg beteiligt. Die Aufnahme der Bayerischen Etappen-Kraftwagen-Kolonne 14 Alpenkorps wurde im September 1915 gemacht.

„Oktoberfest 1915 Schottenhamel"
Fotografie, 9x14 cm, PS-PK0049

Preisfahne für das Zentral-Landwirtschaftsfest, um 1925
Lithographie auf Baumwolle, 70x60 cm, PS-OM185

1919 -1932 Die Oktoberfeste im Freistaat Bayern

Bei der Preisfahne „In Anerkennung der Zuchtleistung" wurde die gekrönte Initiale des Monarchen gegen den Schriftzug „Freistaat Bayern" ausgetauscht. Mit der Bezeichnung Freistaat oder auch Volksstaat für die verschiedenen Bundesstaaten in der Weimarer Republik wurde ab 1918 der Gegensatz zur Monarchie ausgedrückt.
Nach dem verlorenen Weltkrieg, dem Sturz der Monarchie und der Niederschlagung der Räterepublik wurden 1919 und 1920 auf der Theresienwiese kleine Herbstfeste abgehalten, die nicht zu den Oktoberfesten gezählt werden.
Trotz der Entwaffnung der deutschen Wehrorganisationen durch die Alliierten zeigten überraschenderweise die zivilen Schützen die größte Initiative zur Wiederbelebung des Festes nach fünfjähriger Pause. Münchner Bürger gründeten einen „Verein zur Erhaltung des Oktoberfestes", da man sich aufgrund des Fehlens des Königshauses um den Fortbestand sorgte. Nach dem bescheidenen Wiederbeginn fielen schon 1923 und 1924 die Feste wegen der Inflation erneut aus.
1925 begannen die Goldenen Zwanziger Jahre: Erstmals veranstalteten die Wiesnwirte einen festlichen Einzug. Nach 12 Jahren Pause wurden 1925 und 1927 wieder Zentral-Landwirtschaftsfeste veranstaltet. Löwenbräu, Pschorrbräu, Augustinerbräu, Wagnerbräu, Franziskaner-Leistbräu und Thomasbräu dominierten wieder mit ihren großen Bierhallen den Festplatz. Das Terrain jedoch, auf dem bis 1913 das Königszelt gestanden hatte, blieb ungenutzt. Auch die Neustrukturierung des Festplatzes 1930 löste zwar endgültig den Wirtsbudenring auf, belegte den üppigen Raum des Königszeltes selbst jedoch nur mit einer Achterbahn.

Felix Schwormstädt, ***Heimkehrerschießen des Bayerischen Schützenverbandes, 1919***
Chemigraphie, 40,5x54,8 cm, Archiv Verlag Werner, München

Im Jahr 1919 wurde vornehmlich auf Initiative des Oberbayerischen Zimmerstutzenschützenverbandes ein Ersatzfest für die aus dem Krieg zurückgekehrten Soldaten veranstaltet, weshalb das Fest auch „Heimkehrerschützenfest" genannt wurde. Festzuhalten ist, dass mit dem Ende des Krieges eine große Zahl von Berufssoldaten arbeitslos war und allgemeine Verunsicherungen aufgrund der Kriegsverluste, der gesellschaftlichen Veränderungen und der revolutionären Aufstände vorherrschten. An Schützenzug und Schießen beteiligten sich etwa 4000 Schützen. In Größe und Anzahl der Fahr- und Schaugeschäfte fand in diesem Jahr ein bescheidenes Fest statt, bei welchem nun weder das Königszelt aufgestellt war noch Pferderennen abgehalten wurden. Es gab keine Hendl, keine Schweinswürstl, keine Ochsen und nur Dünnbier.

Protektor-Prinz-Alfons-Medaille, 1929
Silber, vergoldet, 7,5x3,7 cm, PS-OM875

Prinz Alfons von Bayern befehligte vor 1918 ein eigenes Regiment. Nach dem Ersten Weltkrieg blieb er dem Schützenwesen sehr verbunden, indem er Protektorate von bayerischen Schützengesellschaften übernahm und auch selbst das sportliche Schießen ausübte.
Königliche Protektoren und damit verbundene Protektorschießen wurden von den Schützengesellschaften als Ehre betrachtet, zu deren Anlass Prinz Alfons zu Zeiten auch persönlich teilnahm. Nebst repräsentativen Funktionen als Protektor kam diesem aber auch die Aufgabe zu, Auszeichnungen zu stiften und in einigen Fällen auch persönlich zu verleihen. Anhand des Schützen-Protektorats artikuliert sich eine Nähe zum und die Anerkennung des bayerischen Königshauses, obwohl die Monarchie in Bayern durch die Revolution 1918 abgeschafft worden war.

Schützenfest, 1919
Fotografie, 9x14 cm, PS-PK0035

Trotz politischer Unruhen sowie erheblich erhöhter Platzgebühren für die Schausteller und Budenbetreiber fand im Jahr 1921 wieder ein offizielles Oktoberfest statt, welches in der Größe und Anzahl der Bierzelte, Vergnügungsgeschäfte und Besucherzahlen an die Dimensionen der Oktoberfeste vor dem Ersten Weltkrieg anklingen sollte. Zu diesem Anlass fand ein organisierter Trachtenzug mit einem Festprogramm über drei Tage lang statt, an welchem eine große Anzahl an Trachtenvereinen teilnahm.
Bei den Trachtenvereinigungen lässt sich in der Zeit nach dem Ersten Weltkrieg eine deutsch-nationale Einstellung ablesen, so wurden die Leser der Bayerischen Gebirgs- und Volkstrachten-Zeitung 1921 unter anderem mit dem Vers begrüßt: „Denkt daran an Bayerns Heldentreue / An Sendlings blut'ge Bauernschlacht / An all' die Helden, die aufs neue / Ihr Blut der Heimat dargebracht“. Deshalb versammelten sich die Trachtenvereine als weiteren Fest-Programmpunkt zu einem Gedenktreffen in Sendling vor dem Schmied-von-Kochel-Denkmal und am Grab der gefallenen bayerischen Bauern von 1705.

Aus dem ersten Zimmerstutzenschießen auf dem Oktoberfest 1896 entwickelte sich das vom „Bayerischen Schützenverband“ organisierte Oktoberfest-Landesschießen. Seit 1926 wird beim Oktoberfest-Landesschießen der Titel des Landes-Schützenkönigs ausgeschossen.

Trachtenschau, 1921
Fotografie, 9x14cm, PS-PK0036

Schützenkettenanhänger „Oktoberfestschießen 1896-1921 BSV“, 1921
Silber, vergoldet, 8,3x4,7 cm, PS-OM543

Heinrich Hoffmann, ***„Ein Tänzchen im Freien“, 1920***
Fotografie, 12,3x16,8 cm, PS

Die beiden Fotos des späteren Leibfotografen Adolf Hitlers, zeigen die bescheidenen Vergnügungen beim Herbstfest 1920. Die Münchner feierten unter sich. Erstmals wurde wieder Vollbier ausgeschenkt. Die Bierzelte waren kleine schlichte Behelfsbauten der Brauereien, die an die Bierbuden aus der Zeit um 1890 erinnern. Die Sitzplätze befinden sich wie vor der Jahrhundertwende im Freien.
Dennoch lassen das Angebot an Brotwaren, Fleisch, Bier sowie die Einnahmengewinne für die Betreiber darauf schließen, dass es sich nicht nur um ein „Ersatzfest“ gehandelt haben muss.

Heinrich Hoffmann, ***„Massenandrang zum Vollbier“, 1920***
Fotografie, 12,3x16,8 cm, PS

Otto Weil, ***„Bayerisches Zentrallandwirtschaftsfest 1925"***
Plakat, Lithographie, 83,5x63 cm, P-B7/32

Otto Obermeier, ***„Oktoberfest und s'Wiesenhendl nur vom Ammer", 1930***
Plakat, 88,5x60 cm, Stadtarchiv München, Plakatslg. 17845

Augustinerbräu baute 1926 eine neue Festhalle mit Turm, die im ersten Jahr von Festwirt Xaver Kugler aus Deisenhofen betrieben wurde. Während diese Fassade noch sich stilistisch an der Zeit vor dem Ersten Weltkrieg orientierte, zeigte die im selben Jahr erbaute Wagner-Bräu-Fassade Stilelemente der sachlich modernen Architektur.

Heitzer/Jentsch, ***„Augustinerbräu-Festhalle Xaver Kugler", 1926***
Plakat, Lithographie, 50x40 cm, Stadtarchiv München, Plakatslg. 12761

Cajetan Dreisser, ***Wagner-Bräu Festhalle, um 1930***
Plakat, Lithographie, 122x86,1 cm, P-C7/34

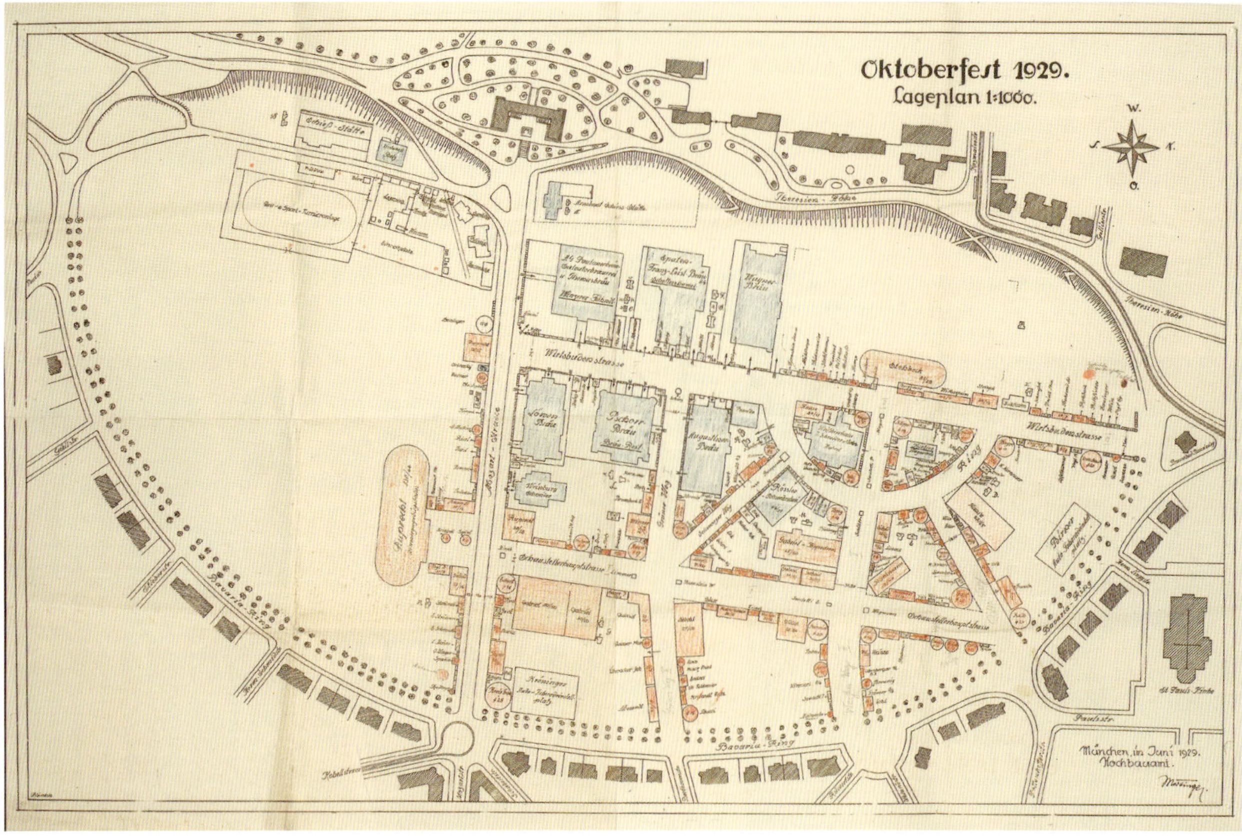

Oktoberfest-Plan 1929
77x120,5 cm , G -2010/7

Durch die Initiative der Stadtverwaltung wurde 1930 die Festplatzanordnung neu gestaltet. Sie teilte das Areal in die von Norden nach Süden verlaufenden Wirtsbuden- und Schaustellerstraßen sowie die von Osten nach Westen führende Mozartstraße, heute Matthias-Pschorr-Straße. Damit war der seit der zweiten Hälfte des 19. Jahrhunderts bestehende Wirtsbudenring aufgelöst. Aus Gründen der Verkehrs- und Feuersicherheit wurden die Wirtsbudenstraße auf 35 Meter verbreitert und zwischen den Bierhallen Straßen in 16 Metern Breite angelegt. Um dem bei schlechten Wetter immer entstandenen Morast vorzubeugen, ließ die Stadtverwaltung die neuen Straßen befestigen und 1936 teeren. Wegen der installierten Versorgungseinrichtungen wie Gas, Wasser und Strom blieb diese Struktur des Areals bis heute festgeschrieben.

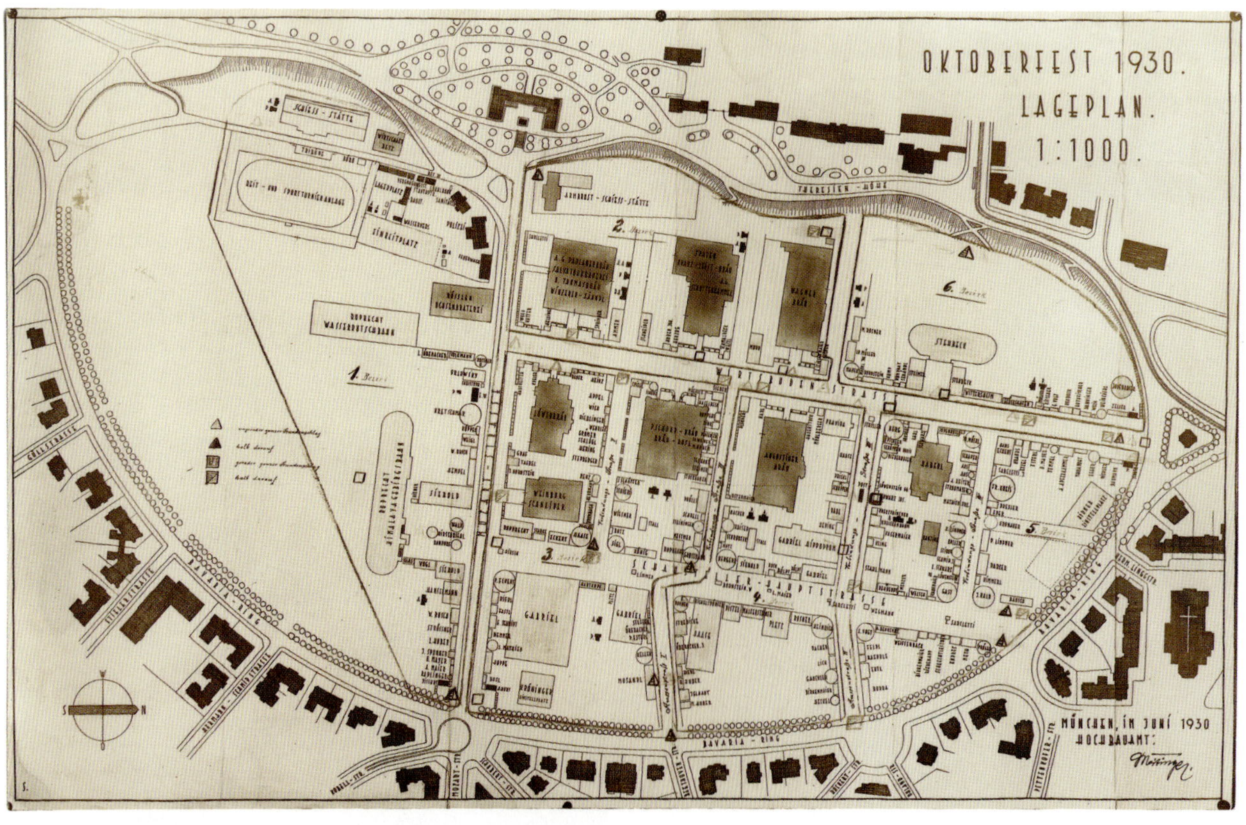

Oktoberfest-Plan, 1930
28,2x42,3 cm, PS

Alfred Schwarzschild, ***Oktoberfest-Paar*, 1928**
Öl auf Leinwand, 90x90 cm, PS-98/211

Schaustellerei

In der Zeit zwischen den beiden Weltkriegen hatte die Schaustellerei auf dem Oktoberfest, gemessen an den wirtschaftlich schlechten Verhältnissen, eine erstaunliche Bedeutung und Präsenz. So dominierten die großflächigen Völkerschauen, die der Schauunternehmer Carl Gabriel nach München brachte, und die riesigen Holzkonstruktionen der Gebirgsbahnen von Schausteller Josef Ruprecht den Festplatz. Als Neuheiten auf dem Fahrgeschäftssektor kommen 1926 der erste Autoscooter, 1930 das Kindersportkarussell von Schausteller Eugen Distel aus München mit Miniaturfahrzeugen oder 1932 die Geisterbahn in vier verschiedenen Ausführungen. Vielleicht sind diese und andere Innovationen gerade durch die schwierige Wirtschaftslage entstanden, die man durch Kreativität zu überwinden versuchte.

Eduard Laetsch, **Moritatentafel „Die Rabenmutter, welche durch ihre Kinder an der zweiten Ehe gehindert wurde, und deshalb dieselben verhungern liess.", um 1925**
Leinwand, 260x173 cm, PS-81/20

Während Karl Zettl mit dem Zeigestab auf das Bild weist, dreht seine Frau die kleine Walzenorgel und singt dazu den Text der Moritat, die meist von einem schaurigen Ereignis erzählt. Diese vormals für die Festplätze so typische Darbietung verschwand durch das Aufkommen des Kinos, in dem ähnliche Geschichten wesentlich aktueller und realistischer geschildert wurden.

Schausteller Karl Zettl aus Höchstadt a.d. Aisch vor seinen Moritatentafeln, 1937
Fotografie, 18x13 cm, Stadtarchiv München, Fotoslg. 3720/IV/31

Zunge und oberes Eckstück aus der Schiffschaukel von Schausteller Karl Thomä aus München, um 1925
Textil mit Applikationen, 129x154 cm, 99x134 cm, PS-95/66, PS-95/65

Die Schaukeln hatten eine prächtige Ausstattung mit der sogenannten Perldekoration, Textilteile mit Applikationen aus Malerei und verspiegelten Glasstäben. Um diese vor Witterungseinflüssen zu schützen, war das weitgespannte Dach nötig, das nachts auf die Schaukelböcke heruntergeklappt werden konnte. Die Mitte der Schaukel bildete das Orgelfeld mit der Orgel im dazugehörenden Transportwagen.

Schiffschaukel von Schausteller Franz Überacker aus München, um 1925
Fotografie, 9x14 cm, PS-PK0037

Bei den Kettenfliegern, umgangssprachlich Kettenkarussell genannt, waren die Dachkanten häufig im Wechsel mit schönen Frauen und Landschaftsdarstellungen dekoriert. Kalbs Flieger, gebaut 1919, steht noch heute auf dem Oktoberfest und ist somit das älteste Fahrgeschäft.

Konrad Ochs, ***Dachkantenteil des Kettenfliegers von Schausteller Johann Kalb aus München, 1919***
Leinwand, 101x134 cm, PS-83/179.13

Franz Xaver Heinrich, ein gelernter Zimmermann, hatte sich diesen Flieger 1925 selbst gebaut. Mit einer Höhe von 12 Metern war es eines der größten Geschäfte dieser Art. Während der Flieger durch einen Elektromotor angetrieben wurde, musste die Walzenorgel auf der Plattform noch per Hand gespielt werden.

Kettenflieger von Schausteller Franz Xaver Heinrich aus München, um 1927
Fotografie, PS-PK0057

Die Walzenorgel der Orgelfabrik Wilhelm Bruder Söhne in Waldkirch, Modell 74, Seriennummer 3359, spielte auf dem Oktoberfest bis 1938. Nachdem der dazugehörige Flieger während des Krieges auf einem Lagerplatz verbrannte, wurde die Orgel eingelagert und 1998 von der Familie Heinrich der Münchener Schausteller-Stiftung übergeben. Nach einer aufwändigen Restaurierung kann sie zum Wiesn-Jubiläum wieder ertönen.

Walzenorgel zum Kettenflieger von Franz Xaver Heinrich, 1921
194x245x80 cm, PS-98/177

Alfred Paul, ***Gebirgsbahn „Wilde Katze" von Josef Ruprecht, 1929***
Fotografie, 13x22 cm, PS

Der Zimmermeister, Architekt und Schaustellerunternehmer Josef Ruprecht aus München (gestorben 1933) spezialisierte sich auf den Bau von Gebirgsbahnen mit enormen Ausmaßen, wie hier mit einer Fläche von 130 auf 44 Meter. Die Bahnen waren reine Holzkonstruktionen außer der Fahrgestellen, den Wagen und der Aufzugsanlage. Der Aufbau solcher Bahnen war nur durchführbar, da aufgrund der Arbeitslosigkeit ein hohes Potenzial an Fachkräften zur Verfügung stand.

August Ruprecht (1904 – 1958) führte die Schaustellergeschäfte seines Vaters Josef weiter. Um 1937 ließ er sich von der Fahrzeugbau Schumann GmbH, Werdau in Sachsen einen Wagen mit Wohn- und Schlafzimmer bauen. Den finanziellen Verhältnissen des Besitzers entsprechend ist dies eine noble Ausstattung. 1995 konnte der Wagen in den Besitz des Museums übernommen werden.

Wohnwagen von Schausteller August Ruprecht aus München, um 1937
320x690x290 cm, PS-95/1

Das „Humoristische Velodrom“ stand von 1901 bis 1962 auf der Wiesn. Zu Beginn besaß es Eduard Pirzer, der seit 1888 in München eine der ersten Fahrradfabriken betrieb. 1908 übergab er es an seinen Schwager Hermann Kretzschmar, dessen Söhne Max und Hermann das Geschäft dann später übernahmen. Mit dem Velodrom bereisten sie alle großen Festplätze Deutschlands, hatten aber vor allem auf dem Oktoberfest über Jahrzehnte eine sichere Resonanz. Im Inneren befand sich eine kreisrunde Fahrbahn, um die sich die Zuschauer stellten, die nicht fahren wollten. Die eigentliche Attraktion bildeten die 30 Fahrräder mit unterschiedlicher Bauart und Antriebsweise. So konnte man auf Tandem oder Hochrad fahren, wurde von Excenterrädern durchgeschüttelt oder musste Handkurbeln am Lenker betätigen. Die Bemühungen der Fahrenden, die nach einigen Maß Bier entsprechend komisch ausfielen, machten die Gaudi im Velodrom aus.
1988 konnte das komplette Geschäft mit Fassade, Zeltbau, Wohn- und Packwägen sowie den Rädern durch die Münchener Schausteller-Stiftung für das Museum erworben werden.

Emil Kneiß, ***„Humoristisches Velodrom“ von Schausteller Hermann Kretzschmar aus München, um 1925***
Plakat, Lithographie, 100x71,6 cm, PS

Der authentisch erhaltene Wagen verfügt noch über die originale Ausstattung wie die Holzräder mit Eisenbeschlag. Im Inneren befindet sich im vorderen Teil die Küche mit Wohnbereich, dahinter das Schlafabteil mit zwei Betten. In diesem Wagen spielte sich das gesamte Familienleben während der Reise ab. So heißt es in der Sterbeurkunde von Helene Kretzschmar:
„Ist am 25. September 1958 um 11 Uhr 15 Minuten in München Theresienwiese, Wohnwagen verstorben.“

Wohnwagen der Familie Kretzschmar, gebaut von der Wagenfabrik Hermann Schumann in Zwickau, 1905
PS-88/345

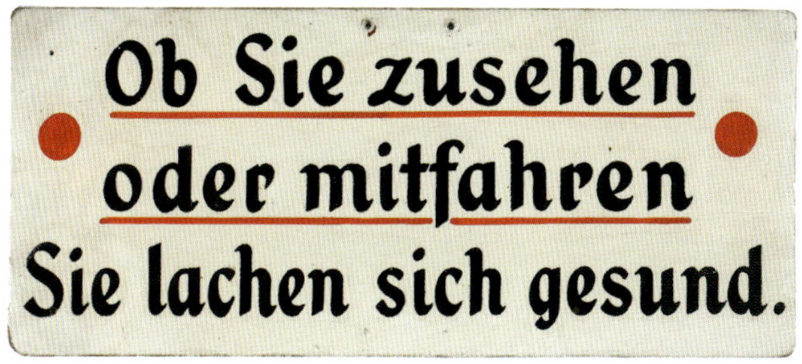

Schilder und Räder aus dem „Humoristischen Velodrom", um 1910
PS-88/345
Bei der „Buttermaschine" erfolgt der Antrieb durch eine vertikale Bewegung des Lenkers, der über eine Exzenterstange mit dem Vorderrad verbunden ist. Beim „Excenter" ist die Nabe des Vorderrades exzentrisch eingespeicht. Die „Drehmühle" hat am Lenker eine Kurbel mit Kettenantrieb zum Vorderrad. Für das beliebte Hochrad musste ein Aufschlag bezahlt werden. Sämtliche Räder haben keinen Freilauf und keine Bremse.

Carl Gabriel, 1930, *Fotografie, 14x9 cm, PS-PK0038*

Carl Gabriel (1857 Bernstadt in Schlesien – 1931 München) kam als Sohn eines Schaustellers 1892 nach München, ging im Gegensatz zu seinen Berufskollegen nicht mehr auf Reisen, sondern stieg zum größten Schauunternehmer in München auf. Er gehörte zu den Pionieren der Münchner Kinogeschichte. 1907 eröffnete er in der Dachauerstraße 16 eines der ersten Kinos in München, das noch heute als „Kino Gabriel" existiert. Ebenso erhalten haben sich seine „Sendlingertor-Lichtspiele", die 1913 als erster Münchner Kinopalast von der Fa. Heilmann und Littmann erbaut worden waren.

Als seine erste Oktoberfestattraktion brachte Gabriel 1894 die „Hexenschaukel", eine Illusionsschaukel, die gerade als Neuheit auf den Markt kam. In der Folgezeit spezialisierte er sich auf die Präsentation von Völkerschauen, die von Agenten für die jeweilige Saison zusammengestellt worden waren. An eigenen Geschäften betrieb Gabriel auf dem Fest ab 1902 das „Hippodrom" und ab 1910 das „Teufelsrad". Mit jährlichen Neuheiten wie der „Steilwand Todesfahrt" 1930 in Zusammenarbeit mit Schausteller Josef Ruprecht bestimmte er das Festgeschehen.

Als führende Persönlichkeit gründete er 1897 die „Sektion München" des „Internationalen Vereins reisender Schausteller und Berufsgenossen". Als deren Vorstand veranstaltete er die jährliche Versammlung im Hippodrom, wo sie noch heute am Donnerstag vor Wiesnbeginn stattfindet.

Diese riesige Fassade ließ Carl Gabriel für seinen „Karawanenplatz" auf dem Oktoberfest anfertigen, damit dahinter auf rund 10.000 Quadratmetern die von dem Tierhändler Ludwig Ruhe aus Alfeld und dem Schauunternehmer John Hagenbeck aus Hamburg zusammengestellte Schau gezeigt werden konnte.

Franz Schramm, ***Fassade der Völkerschau „Wild Afrika", 1926***
Fotografie, 9x14 cm, PS-PK0039

12 Mechanische Zielfigur „Krokodil" aus der Schießhalle „Erstes Deutsches Jagdschießen" von Carl Gabriel, 1927
Eisen, 60x110x27 cm, PS-OM115.7

Bei dem seit 1902 bestehenden Hippodrom wurde die Fassade mehrfach dem jeweiligen Zeitstil entsprechend geändert. Im Inneren konnte man um die Reitbahn an Tischen sitzen, die im Gegensatz zu den Festhallen mit Tischdecken versehen waren. Die jeweiligen Pächter der Gastronomie mussten sich dafür einsetzen, dass es im Hippodrom etwas feiner als auf der übrigen Wiesn zuging. Auf der Reitbahn, für die ein Manegeleiter zuständig war, standen 25 gut eingerittene Pferde dem Publikum zur Verfügung. Am Abend bot man eine Stunde Reitervorführungen.

„Pracht-Reitbahn, Hippodrom" von Carl Gabriel, Fassade und Innenansicht, 1930
Fotografie, 24,5x37 cm, PS-92/100

Franz Halmanseger (gestorben 1962) lockte von 1920 bis 1962 als Rekommandeur die Leute durch seine eleganten Bewegungen an. Er wippte wie ein Reiter, legte den Zeigefinger an die Lippen und wirbelte die Reitgerte. Alle Wiesnbesucher kannten ihn, der im normalen Leben Gepäckträger am Hauptbahnhof war, nur als „Der vor'm Hippodrom".

Franz Halmanseger 1951
Fotografie, Sebastian Winkler, München

Kostüm von Franz Halmanseger, Rekommandeur des Hippodrom, um 1950
T-63/10782

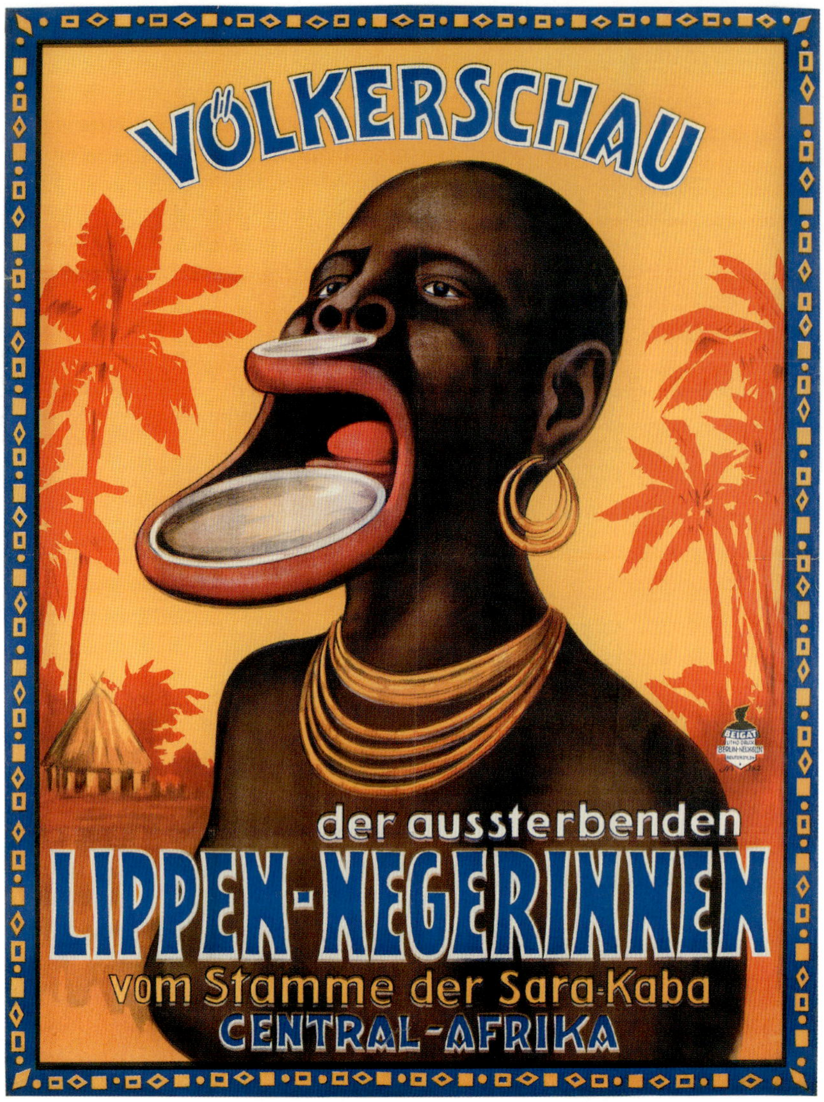

Mit welcher Ungeniertheit man zu dieser Zeit die Zurschaustellung fremder Menschen betrieb und wie man über sie informierte, vermittelt eine Zeitungsankündigung:
„Das zentralafrikanische Schönheitsideal wird sich in Reinkultur den Münchnern offenbaren und es ist zu hoffen, daß unsere Damenwelt nicht zu neidisch wird. Die schwarze Venus vom Stamme der Sara-Kaba gibt ein Gastspiel. Sie ist für unseren Geschmack sehr erotisch und gar wenn du einmal ans Küssen denkst, werden sich ungeahnte Schwierigkeiten einstellen. Denn schon den neugeborenen Mädchen dieses Stammes werden die Lippen durchgestoßen, und in die Wunde nach und nach Holzscheiben eingeführt, bis zur Größe eines richtiggehenden Kronfleischtellers."
Münchner SS-Sonntags-Anzeiger Nr. 36, 1930

„Lippen-Negerinnen aus Zentral-Afrika", Völkerschau von Carl Gabriel und Schausteller Willy Siebold aus Essen, 1930, *Plakat, Lithographie, 121,8x91,5 cm, P-C25/8*

Als zweite Schau neben den „Lippen-Negerinnen" brachte Carl Gabriel mit dem Agenten Ludwig Ruhe die „Polarschau". Hinter der großen Fassade stand das Publikum an einer Barriere und konnte unter freiem Himmel die Inszenierung eines als typisch erachteten Lebens der Lappländer betrachten. Den Hintergrund bildete eine gemalte Landschaft, über die die Häuser des Bavaria-Rings ragen. Sämtliche Utensilien wie die Zelte, Boote oder Werkzeuge hatte die Truppe im Gepäck, das Ambiente wurde auf dem jeweiligen Festplatz von ortsansässigen Firmen realisiert.

„Polarschau", Völkerschau von Carl Gabriel, 1930
Fotografie, 24,5x37 cm, PS-92/100

„In eine Geisterbahn geraten wir hinein. Durch eine kleine Doppeltür bricht der kleine Wagen mit uns. Wird im Wirbel gefasst und saust in tiefe Finsternisse hinein. Da, ein Gerippe leuchtet auf, langt mit hagerer Hand zu uns her. Weiter wirbelt der Wagen. Aus einem schwarzen Sarg tritt eine weiße Totengestalt. Eine grausliche Teufelsfratze grinst uns an. Ein Mann am Galgen lässt seine Glieder schlenkern. Ein nasser Lappen fährt aus der Dunkelheit heraus an unserer Nase vorbei. Eine Laterne blinkt auf. Ein schauerliches Lachen wird laut. Ein anderer Wagen saust auf uns zu (Gottlob nur eine Spiegelung!)… Abermals knallt eine Doppeltür. Und der helle Schein der tausend Lichter nimmt uns wieder auf."

München Beobachter, 18. September 1933

Geisterbahn von Schausteller Josef Ruprecht aus München, 1932
Fotografie, 8,5x11,3 cm, PS

Auf dem Oktoberfest 1932 standen als Neuheit vier Geisterbahnen, die vom Publikum begeistert angenommen wurden. Die Fassaden dieser frühen Bahnen waren nur gemalt und hatten noch keine plastischen Figuren. Die Geister im Inneren zeigten sich, gemessen an den heutigen Monstern mit elektronisch gesteuerten Bewegungen, noch relativ harmlos. Einer dieser Geister hat sich erhalten, da er noch bis in die 1970er Jahre in der Geisterbahn von Edmund Eckl aktiv geblieben ist und dann den Weg ins Museum fand.

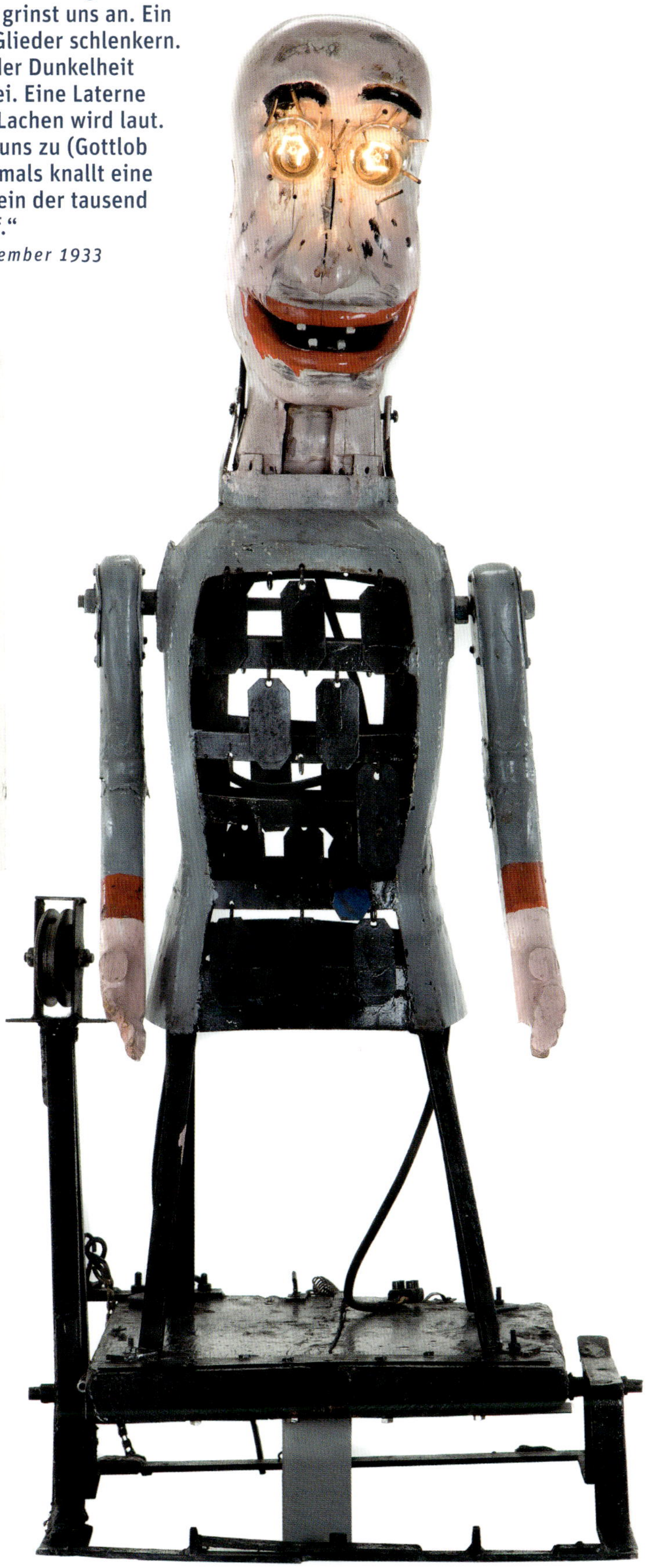

Geist aus der Geisterbahn von Hugo Haase, später von Edmund Eckl aus München, um 1935
Holz, Eisen, 135x60x60 cm, PS-83/161

Julius P. Junghanns, **„Gruß vom Oktoberfest!“**, 1938
Postkarte, PS-PK0054

1933 -1938

Die Oktoberfeste zur Zeit des Nationalsozialismus

Das Oktoberfest erfuhr durch die Nationalsozialisten überraschend wenig Veränderungen. Trotzdem wirkte sich die Machtergreifung auf einige Festelemente aus. So konnten die Bauernkammern das Zentral-Landwirtschaftsfest nur noch 1933 ausrichten, danach wurden sie aufgelöst. Die Funktion der Veranstaltung übernahm die Reichsnährstand-Ausstellung, die seit 1934 jährlich in einem anderen Ort Deutschlands präsentiert wurde. Personen jüdischer Abstammung waren weder als Schausteller noch als Wirte oder als deren Mitarbeiter zugelassen. Von 1934 bis 1938 initiierte der NS-Stadtrat Christian Weber wieder Pferderennen. Zum 125-jährigen Jubiläum wurde 1935 ein Festzug unter dem Motto „Stolze Stadt – Fröhlich Land“ veranstaltet.

Im Laufe der Jahre wurden keine weiteren Festelemente eingeführt, nur der festliche Fahnenschmuck in den weiß-blauen Landesfarben und den schwarz-gelben Stadtfarben wurde nach und nach gegen die Fahnen der Nationalsozialisten ausgetauscht, bis 1936 schließlich die einheitliche Beflaggung mit Hakenkreuzfahnen verordnet wurde.

1939 bis 1945 fiel das Fest wegen des Zweiten Weltkrieges aus.

J. Schiekofer, ***Matthias-Pschorr-Strasse, 1935***
Fotografie, 15,2x66,5 cm, G-35/1363 (Ausschnitt)

In einer Anweisung zum Oktoberfest 1937 heißt es: „Der Herr Oberbürgermeister der Hauptstadt der Bewegung teilt folgendes mit: **Auf dem Festplatz dürfen grundsätzlich nur Hakenkreuzfahnen gehißt werden.** Bei der Innendekoration dürfen weiß-blaue und schwarz-weiß-rote Flaggen, Fahnen oder Wimpel nicht verwendet werden." Die schwarz-gelben Fahnen der Stadt durften in zurückhaltender Weise im Innenbereich eingesetzt werden.

Ernst Schlemo, ***Eingang zur Wirtsbudenstraße, 1936***
Postkarte, PS-PK0055

Bierfuhrwerk beim Einzug der Wiesnwirte, 1936
Fotografie, 8,5x11,5 cm, G-36/1296.17

Die seit Ende des 19. Jahrhunderts herausragende Bedeutung der Bierbuden und Festhallen für das Oktoberfest, erfuhr mit dem Einzug der Festwirte und Brauereien ihre adäquate Repräsentanz. Zur ersten gemeinsamen Aktion kam es 1925: Um 12 Uhr am Eröffnungssamstag zogen einige brauereigebundene Wirte der Löwen-, Pschorr- und Thomasbrauerei zusammen auf den Festplatz hinaus. 1936 wurde die Beteiligung am festlichen Einzug dann für alle Wiesnwirte verpflichtend. Die 1937 eingeführte Prämierung der schönsten Festgespanne mit Diplomen und zusätzlichen Geldpreisen bot den Brauereien einen verlockenden Anreiz, sich mit den Prachtgeschirren und der Pferdepflege besondere Mühe zu geben.

Hans (1913-1993) und Max (1906-1983) Schottenhamel beim Einzug der Wiesnwirte, 1936
Fotografie, 8,5x11,5 cm, G-36/1296.32

Georg Heide (1889-1971, seit 1936 Wirt der Bräurosl) beim Einzug der Wiesnwirte, 1936
Fotografie, 8,5x11,5 cm, G-36/1296.30

Gruppe der Bräurosl beim Einzug der Wiesnwirte, 1936
Fotografie, 8,5x11,5 cm, G-36/1296.14

Bräurosl Festhalle, 1934
Fotografie, 9x14 cm, PS-PK0040

1934 erhielt der im Vorjahr neu konzipierte Bau der Bräurosl Festhalle ein neues Eingangsportal, das von zwei gigantischen Türmen flankiert wurde. Für die Konstruktion war ein Metallgerüst gebaut worden, das – komplett verglast – von innen nachts beleuchtet werden konnte. Die Türme standen bis 1938.

Der Entwurf der Toilettenhinweiser „Klo-Engel“ und „Mutter mit Kind“ geht auf den Münchner Bildhauer Lorenz Schwind zurück. Die Motive haben sich bis heute erhalten, auch wenn sie nun aus Polyester gefertigt sind.

Lorenz Schwind, ***Toilettenhinweiser, 1935***
Fotografie, 14x9 cm, PS-PK0041, PS-PK0042

Edmund Liebisch, ***Offizielle Festpostkarte „125 Jahre Münchener Oktoberfest“, 1935***
PS-PK0043

Paul Neu, ***Bierkrug für das Oktoberfest-Jubiläum 1935***
Steinzeug, H 22,3, K-35/1409

Die nationalsozialistische Stadtverwaltung gestaltete das 125-jährige Jubiläum des Oktoberfestes ganz in ihrem Sinne unter dem Motto „Stolze Stadt – Fröhlich Land“, hier symbolisiert durch die beiden Figuren. Beim Festzug marschierten zwischen den Schützen- und Trachtengruppen die Kapellen von SA und Hitlerjugend, sowie Gruppen des Reichsnährstandes und des Arbeitsdienstes. Das Münchner Stadtmuseum stellte wie 1910 eine Jubiläumsausstellung zusammen.

Paul Krombach, ***Bräurosl, 1935***
Öl auf Leinwand, 129x96 cm, Willy Heide, Planegg

Richard Benno Adam, ***Pferderennen, 1934***
Öl auf Leinwand, 104x167 cm, GM-35/1113

Seit 1913 fanden auf der Theresienwiese keine Pferderennen mehr statt, weil der Platz nicht mehr den Ansprüchen an eine Rennbahn genügte, nachdem der Pferdesport in Vereinen organisiert und professionalisiert worden war. 1934 hat der NS-Stadtrat Christian Weber, ehemaliger Pferdehändler und Präsident des Rennvereins München-Riem, im Südteil der Theresienwiese eine neue Rennbahn erbauen lassen und so fanden bis 1938 wieder Trab- und Galopprennen sowie Reitervorführungen statt. Der Rennverein, die Reiter-SS und die Reiter-HJ richteten die Turniere aus.

Oktoberfest-Plan 1935
30x46 cm, PS

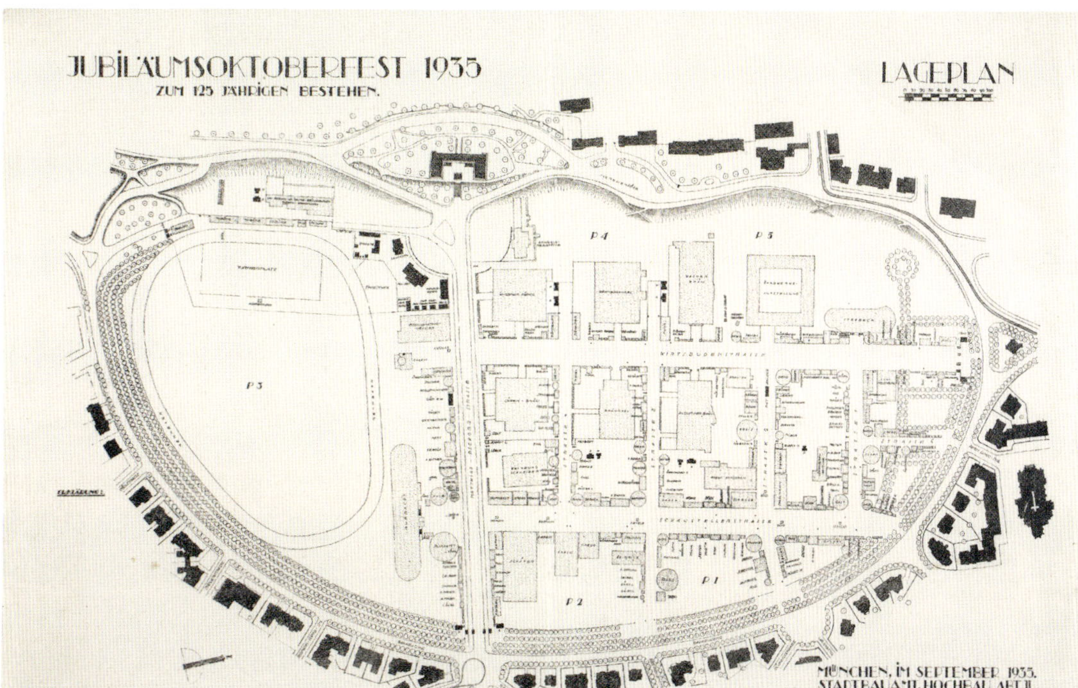

„SS-Reiter Wettkämpfe, Oktoberfest-Hauptsonntag“, 1934
Plakat, Lithographie, 84,3x137,5 cm, P-C14/43

Während des Zweiten Weltkrieges wurden auf der Theresienwiese fünf unterirdische Bunker errichtet. 1999 veranlasste man eine Generalsanierung des Geländes wobei sämtliche Überreste der Bauten freigelegt werden konnten. Der Bodenfund, bestehend aus Brandbomben und militärischen Ausrüstungsteilen, wurde im Zuge der Grabungsarbeiten geborgen.

Britische Flammstrahlbombe, deutsches und italienisches Infanteriegewehr, *L 91 cm und L 74 cm,* ***tschechischer Stahlhelm aus der Zeit des Zweiten Weltkrieges,*** *Bodenfund 1999, A-2009/100.6*

Die Karikatur des Münchner Künstlers Max Radler entstand kurz nach dem Zusammenbruch des Dritten Reiches. Sie steht für die Durchdringung sämtlicher gesellschaftlicher Bereiche während der nationalsozialistischen Herrschaft in Deutschland durch die Machthaber. Ob „Goebbels' Panoptikum", das „Foto Atelier Hoffmann", „Heinrich Himmlers Geisterbahn" oder der Kettenflieger, dessen Dachkanten mit den Portraits von Goebbels und Hitler neben dem Schriftzug „Köpfe müssen rollen" versehen sind – indem Radler in seiner Bildersatire die Zeit des Nationalsozialismus als Jahrmarkt beschreibt, verurteilt er das NS-Herrschaftssystem und gibt es zugleich der Lächerlichkeit preis.

Max Radler, ***„Politischer Jahrmarkt 1945"***
Druck, handkoloriert, 43x61 cm, PS-05/36

Herbert Heerlein, ***Schießbudenware, um 1948,***
Holzwolle, Papiermarché, Textil, H 50 cm, PS-00/105

1946 -1948

Wiederbeginn mit den Herbstfesten

Im Bemühen um den Fortbestand des Oktoberfestes und dem Bestreben um ein wenig heitere Gelassenheit im Nachkriegsalltag, setzte man sich auch in den ersten Jahren nach Ende des Zweiten Weltkrieges wieder dafür ein, sogenannte Herbstfeste auszurichten. Zusammen mit Oberst Eugene Keller, amerikanischer Stadtkommandant und Direktor der Militärregierung, eröffnete Oberbürgermeister Karl Scharnagel am 14. September 1946 das erste Nachkriegsfest.

Aufgrund der dürftigen Versorgungslage war es nur zwei Festwirten möglich Dünnbier anzubieten. Für Fleischmarken konnten Bratwürste, für Brotmarken Fischsemmeln erworben werden. Das Vergnügungsangebot der Schausteller durfte „markenfrei" genossen werden. Insgesamt war nur ein Drittel der herkömmlichen Fläche des Oktoberfestes bestellt.

Im darauf folgendem Jahr konnte nur in einem Festzelt Dünnbier ausgeschenkt werden, welches die Festbesucher dafür umso reichlicher konsumierten: Eineinhalb Millionen Maß sollen über die Theke gegangen sein. Waren Schießbuden 1946 noch von den amerikanischen Besatzern verboten und statt dessen 25 Wurfbuden errichtet worden, so waren sie in diesem Jahr wieder vorläufig gestattet – wenn auch mit Armbrustgeräten bestückt und nicht wie üblich mit dem Gewehr. Wegen Strommangels mussten die meisten Geschäfte bereits um 19 Uhr schließen.

1948 gab es keine offizielle Eröffnung des Festes, nur ein einziges Pferdegespann zog hinaus auf die Theresienwiese. Die im Sommer diesen Jahres erfolgte Währungsreform mit ihren Auswirkungen auf die Finanzlage der Bevölkerung bekamen insbesondere die Schausteller zu spüren, ihre Geschäfte liefen schlecht in diesem Jahr. Das von der Besatzungsmacht eigentlich verbotene Vollbier dagegen und die heiß ersehnten Hendl ließen sich die Besucher trotzdem schmecken.

Die Kasperlpüppchen stammen aus dem Bestand der Schießbude Rosa Großmann. Man hatte diese dürftige Nachkriegsware aufgrund der herrschenden Güterknappheit aus Stoffen gefertigt, die noch aus dem Bestand der Münchner Reichszeugmeisterei (RZM) der NSDAP vorhanden waren. Der bei einer der Puppen verwendete Stoff ist mit dem Signet „RZM" gestempelt.

Wiesnsouvenir „Herbstfest 1946"
Eisen, Dm 3,8 cm, PS-OM1152

Herbert Sommer, ***Entwurf für die Fassade des Laufgeschäftes „Hollywood macht Spass“ von Schausteller Heinrich Feldl aus München, 1946,*** *Gouache, 12,2x41 cm, PS-85/10*

Der Entwurf für die Fassade spiegelt die Aufbruchsstimmung der Nachkriegsjahre mit ihrer Begeisterung für die amerikanische Kultur wieder. Als Vorlage für die Anfertigung der Schauspielerportraits von Gary Cooper, Greta Garbo oder Marlene Dietrich dienten dem Künstler Herbert Sommer ein Zigarettenbilderalbum aus den 1930er Jahren. Sommer zählte später zu den herausragendsten Fassadenmalern der Schaustellergeschäfte, „Hollywood macht Spass“ war sein Debüt.

Amerikanischer Soldat auf dem Herbstfest 1946
Fotografie, G-54/1138.622

Das politische und gesellschaftliche Leben im Nachkriegsdeutschland stand unter Aufsicht der Behörden der jeweiligen Besatzungszonen. Die Fotografie ist ein Beleg für die allgegenwärtige Präsenz der amerikanischen Militärpolizei im Münchner Alltag dieser Zeit.

Das Bild illustriert die 1947 von den Amerikanern durchgeführte Sprengung des Oberbaus der sogenannten Ehrentempel. 1935 hatten die Nationalsozialisten die Tempel am Münchner Königsplatz, dem ideologischen und verwaltungstechnischen Zentrum der NSDAP, zu Ehren der „Blutzeugen“ des Hitler-Putsches von 1923 errichten lassen. Der naive Titel „Eine Kulisse stürzt ein. Detonation – Staubwolke“ verdeutlicht die in der Bevölkerung unmittelbar nach dem Krieg weit verbreitete Verdrängungshaltung.
Im Welt-Panorama konnten eine Serie gemalte Bilder von aktuellen Ereignissen betrachtet werden.

Wiesnsouvenir „Münchner Herbstfest“, um 1947
Eisen, H 4,6 cm, PS-OM1153

Sprengung der „Ehrentempel“, Bild aus einem Welt-Panorama vom Oktoberfest, 1947
Deckfarben auf Pappe, 114x99 cm, PS-91/227b

Hacker-Festzelt, 1949, Fotografie, PS

seit 1949

Konstante Feststrukturen

Das erste offizielle Oktoberfest nach dem Zweiten Weltkrieg fand 1949 statt. In den Jahren bis 1951 wurden die Festelemente gesetzt, die bis heute den Ablauf bestimmen: Einzug der Wiesnwirte, Anzapfen, Trachten- und Schützenzug, Zentral-Landwirtschaftsfest, Landesschießen. Zudem wurde die noch heute bestehende Aufteilung des Areals in die Wirtsbudenstraße mit ihren großen Bierzelten und die Schaustellerstraße mit den Fahrgeschäften auf der 1930 festgelegten Platzstruktur weitergeführt. Der Münchner Stadtrat als Träger des Festes und die beteiligten Interessensverbände, glaubten an den Fortbestand des Festes auch nach der langen Zwangspause. Sie waren die Initiatoren des modernen Volksfestes mit bayerischem Image, das sich im Laufe der Jahrzehnte international festigte und zum Markenzeichen Münchens entwickelte.

Rudi Dix, ***Oberbürgermeister Thomas Wimmer an der Theresienhöhe auf dem Weg zum Festplatz 1950***
Fotografie, Stadtarchiv München, Fotoslg.

Rudi Dix, ***Oberbürgermeister Thomas Wimmer beim ersten Anzapfen im Schottenhamel-Festzelt 1950***
Fotografie, Stadtarchiv München, Fotoslg.

Vor dem Wiesnbeginn eröffnete Oberbürgermeister Thomas Wimmer um 11 Uhr im Ausstellungspark die „Elektromesse 1950". Von dort stieg er direkt die Theresienhöhe hinunter und kam pünktlich zum Bierzelt. „Im Schottenhamel lag neben dem ersten Bantzen ein nagelneuer Schlegel und ein funkelnder Messinghahn bereit. Umringt von Münchner Kindln und Photographen band sich Oberbürgermeister Thomas Wimmer schmunzelnd den Schurz um, krempelte die Hemdsärmel auf und zapfte mit ein paar kräftigen Schlägen an. Die erste Maß widmete er dem Oktoberfest und der Stadt München." Der Bericht aus dem Münchner Merkur beweist, dass es hier nicht wie später gerne tradiert um eine spontane Handlung Wimmers ging, sondern dass das Ganze gut geplant war.
Das Anzapfen an sich war nicht neu. In allen Zelten wurden um 12 Uhr die ersten Fässer angezapft, begleitet vom traditionellen Ruf „O' zapft is!". Das wirklich Neue war, dass eine so hochgestellte Person wie der Oberbürgermeister die Arbeit eines Schankkellners übernahm und daraus eine öffentliche Zeremonie machte. Zu Zeiten der Monarchie wäre ein Regent mit Zapfhahn und Schlegel eine Undenkbarkeit gewesen. Wimmers Handeln passt in die junge Demokratie, hat etwas Anpackendes. Ähnlich positive Aufmerksamkeit erwirkte er mit der Schaufel in der Hand bei der Schutträumaktion „Rama dama". Mit diesem ersten Anzapfen hatte das Oktoberfest sein geniales Eröffnungsritual für die folgenden Zeiten gewonnen. Wann immer irgendwo im Lande ein Politiker öffentlichkeitswirksam ein Fass anzapft, dann geht das auf Thomas Wimmer zurück.

Schottenhamel-Festzelt, 1949, *Fotografie, PS*

Wagen der Stadt München beim Trachtenzug, 1949
Fotografie, PS

Max Bletschacher, ***„Bayerisches Zentral-Landwirtschaftsfest München 1951“***
Plakat, Lithographie, 84,5x59 cm, P-A(D)7.6/13

Mit 123 Trachtengruppen aus München und Oberbayern war der „Oktoberfestzug 1949“ durch die zerstörte Stadt ein hoffnungsvoller Auftakt des Festes. Die Teilnahme der Schützen war von der Militärregierung der amerikanischen Besatzungsmächte verboten. Er führte vom Königsplatz zur Theresienwiese, gesäumt von begeisterten Zuschauern. Die Schäffler zogen genauso mit wie bereits eine Gruppe von Heimatvertriebenen.
Das auf dem Wagen mitgeführte Bild mit dem Wappen der Stadt hat sich im Münchner Stadtmuseum erhalten. Die Präsenz der Wappenfigur zeigt die bewusste Wiederbelebung des Münchner Kindls, das als Mönch in der „Hauptstadt der Bewegung“ in Ungnade gefallen war.

1949, im Jahr der Gründung der Bundesrepublik Deutschland, organisierte der 1945 gegründete Bayerische Bauernverband das Zentral-Landwirtschaftsfest. Es wurde erstmals seit 1933 wieder veranstaltet und als Leistungsschau sowie als Informationsbörse zur Steigerung der Wirtschaftskraft Bayerns konzipiert. Strahlend beherrscht das Münchner Kindl die Szene auf der Theresienwiese. Die Darstellung suggeriert, dass zu dieser Zeit die Landeshauptstadt den Freistaat und den Bauernstand noch fest im Griff hat.

Erstmals 1951 war wieder ein Landesschießen der bayerischen Sportschützen erlaubt. Wie vor dem Krieg wurde es auf dem Oktoberfest ausgetragen. In einem kleinen Zelt mit 30 Scheibenständen schossen 1167 Schützen um die Meisterschaft. Der Landesschützenkönig wurde Ludwig Asam aus Mering, Oberbürgermeister Thomas Wimmer nahm die Preisverteilung vor. Wie beim Trachtenzug und dem Zentral-Landwirtschaftsfest ist das Münchner Kindl die Symbolfigur der Veranstaltung.

J. Aschka, ***Plakette „Oktoberfest-Landesschiessen 1952 Meisterschütze“***
Silber, Dm 4,5 cm, PS-OM219

Gesamtansicht Oktoberfest, 1949, *Fotografie, PS*

Wie viele Darstellungen der Theresienwiese vom Beginn des Festes im 19. Jahrhundert nimmt das Foto die Perspektive von der Theresienhöhe mit den Besuchern im Vordergrund auf die spärlich bestückte Wiesenfläche. Rechts im Bild erscheint das Landwirtschaftsfest noch mit kleinen Gebäuden. Das Volksfest auf der linken Seite war nur mit drei Bierzelten von Augustinerbräu, Hackerbräu und vom Schottenhamel bezogen. Die anderen Festwirte scheuten noch die Investition wegen der wirtschaftlichen Schwäche der Besucher. Zahlungskräftig und sehr beliebt auf der Festwiese waren die amerikanischen Soldaten. Die Schausteller boten einerseits die erhalten gebliebenen Vorkriegsgeschäfte wie Toboggan und Teufelsrad, andererseits neue Attraktionen wie den Rotor.

Mit diesem noch unscheinbaren „Hurricane" beginnt die moderne Karussellbaugeschichte. Georg Koch aus München hat das Fahrgeschäft mit der Fa. Klaus in Memmingen 1951 konstruiert. Es ist das erste Auslegerflugkarussell mit pneumatischer Steuerung der einzelnen Gondeln.

Karussell „Hurricane" von Schausteller Georg Koch aus München, 1951, *Fotografie, 17,9x24 cm, PS*

Eugen Maria Cordier, ***Offizielles Oktoberfest-Plakat 1952***
59,4x42 cm, P-A(D)7.8/1

Ernst Wild, ***Offizielles Oktoberfest-Plakat 1960***
59,4x42 cm, P-A(D)7.8/9

Offizielle Oktoberfestplakate und Offizielle Oktoberfestkrüge

Das erste offizielle Oktoberfest-Plakat der Stadt erschien 1952. Da den Nachkriegsfesten die auswärtigen Besucher fehlten, sollten die Plakate fortan für das Münchner Fest werben. Zunächst wurden sie nur ins Bundesgebiet und in die angrenzenden Ländern geschickt, seit etwa 1960 wird das Fest auch in Amerika publik gemacht.

Die Nutzung des Motivs auf weiteren Medien begann mit seiner Verwendung auf den zeitgleich erschienenen Werbeprospekten, die limitierten Oktoberfest-Jahreskrüge gibt es erst seit 1978. Zusätzlich findet die Vorlage ihren Platz auch auf Pins, T-Shirts, Kappen und anderen Bildträgern, die sich für den Verkauf auf dem Oktoberfest und im Souvenirhandel eignen. Seit 1995 ziert jeden dieser Artikel das von dem Briten Alan Fletcher entworfene offizielle Wiesn-Logo.

Bis 1979 wurden geschlossene Wettbewerbe mit eingeladenen Künstlern für die graphische Gestaltung des Plakats veranstaltet, 1980 wechselte die Vorgehensweise und man entschied sich im Referat für Arbeit und Wirtschaft für eine offene Ausschreibung. Aufgrund des erheblich höheren Zeit- und Kostenaufwandes finden auf Stadtratsbeschluss seit 2000 nun wieder ausschließlich geschlossene Wettbewerbe statt. Die Plakatjury setzt sich aus Vertretern der Festleitung, des Oktoberfestausschusses des Stadtrats, Künstlern und Fachleuten auf dem Gebiet der Gebrauchsgraphik zusammen.

Waren es 1953 noch 6000 Exemplare, stieg die Druckauflage 1960 auf 15.500 und erreichte 1964 ihren Höhepunkt mit 25.000. In der Folgezeit pendelte sie sich auf rund 23.000 Stück ein, mit einer Rückläufigkeit auf 13.000 bis zum Jahr 2002: Längst haben weitere Medien effektiv die Bewerbung des Festes übernommen, so dass das Plakat heute primär zur Imagepflege eingesetzt wird.

Alan Fletcher, ***Offizielles Wiesn-Logo 1995***

Franz Wischnewski, **Offizielles Oktoberfest-Plakat 1972**
59,4x42 cm, P-B(D)7.8/8

Alexander Heininger, Ursula Kölle, **Offizielles Oktoberfest-Plakat 2007**
59,4x42 cm, P-A(D)7.8/10

Cornelia von Seidlein, **Offizieller Oktoberfestbierkrug 1978**
Steinzeug, H 17 cm, PS-OM

Rosa Juchniewicz, **Offizieller Oktoberfestbierkrug 1987**
Steinzeug, H 17 cm, PS-OM

Paul Udorowiecki, **Offizieller Oktoberfestbierkrug 1991**
Steinzeug, H 17 cm, PS-OM

Bozéna Jankowska, **Offizieller Oktoberfestbierkrug 1998**
Steinzeug, H 17 cm, PS-OM

Heinz Gebhardt, ***Tubabläser zwischen den Türmen des Winzerer Fähndl- und Löwenbräu-Festzeltes, 1995****, Fotografie*

Trachten- und Schützenzug

Die Festzüge aus der Geschichte des Oktoberfestes in den Jahren 1835, 1842, 1895, 1910 und 1935 waren einmalige Veranstaltungen, organisiert zu den jeweiligen bestimmten Anlässen. Erst seit 1948 gibt es den jährlich stattfindenden Trachten- und Schützenzug als einen der Höhepunkte des Festprogramms.
Seit 1956 übernimmt der ein Jahr zuvor gegründete „Festring München e.V." als bürgerschaftliche Vereinigung die Organisation. Hierzu fließt ein Zuschuss vom Tourismusamt aus den Einnahmen der Platzgelder. Weitere Einnahmen werden aus dem Verkauf der Tribünenplätze, der Medaillen und Festprogramme sowie aus dem Werbevorläufer, der dem Zug vorangeht, erzielt. Die Übertragungen des Bayerischen Fernsehens verhalfen dem Festzug zu einem deutschlandweiten Stammpublikum.
Die derzeit 60 Zuggruppen werden jährlich zusammengestellt.
Zum einen sind es die Konstanten wie das Münchner Kindl zu Pferd am Zugbeginn, die Kutsche mit dem Oberbürgermeister und die des bayerischen Ministerpräsidenten, der erst seit 1978 mitfährt, sowie die Prachtgespanne der Münchner Brauereien. Der Schwerpunkt der vereinsmäßig organisierten Trachtengruppen liegt zwar auf Bayern, wird aber durch Teilnehmer aus ganz Deutschland und dem Ausland ergänzt. Einen festen Block bilden die Sportschützen, die damit im Gegensatz zu ihrem Oktoberfest-Schießen hinter verschlossenen Türen einen publikumswirksamen Auftritt haben. Das Engagement aller Mitwirkenden ist enorm, da sie die Reisekosten selbst tragen und als Aufwandsentschädigung lediglich eine Maß Bier und ein Hendl im Bierzelt bekommen.
2009 bot der Festzug auf einer gesamten Länge von sieben Kilometern rund 8000 Mitwirkende und hatte rund 250.000 Zuschauer.

Paul Ernst Rattelmüller, ***Festzeichen für den Trachten- und Schützenzug, 1986,*** *Metallprägung, Dm 4 cm, PS-OM*

Programmhefte zum Trachten- und Schützenzug, 1951, *Entwurf von Harald Winter, 1958 bis 2000 Entwürfe von Paul Ernst Rattelmüller, 21x14,5 cm, PS*

Seit 1956 gestaltete der Grafiker, Autor und Heimatpfleger Paul Ernst Rattelmüller (1924 – 2004) die Programmhefte und bereicherte sie mit Beiträgen zur Trachten- und Uniformgeschichte. Sein Stil ist mit dem Festzug so eng verbunden, dass nun posthum ältere Titel verwendet werden.

*Heinz Gebhardt, **Fahnenbänder-Träger in der Ludwigstraße, 1995,** Fotografie*

Preisfahne des Zentral-Landwirtschaftsfestes, 2008
Chemiefaser auf Zellulosebasis, 75x62 cm, A-2009/95

Zentral-Landwirtschaftsfest

Träger des Festes ist seit 1949 der vier Jahre zuvor gegründete Bayerische Bauernverband in Zusammenarbeit mit dem Bayerischen Landwirtschaftsministerium. Die Schirmherrschaft obliegt dem bayerischen Ministerpräsidenten. Die Organisationsstrukturen haben sich seit 1819 insofern nicht verändert, als dass das Zentral-Landwirtschaftsfest vom bayerischen Staat, das Oktoberfest hingegen von der Landeshauptstadt München getragen wird.

Im vierjährigen Turnus, der 1996 eingeführt wurde, findet die Fachmesse und Leistungsschau auf dem Südteil der Theresienwiese in einem abgegrenzten Areal statt. Die Veranstaltungen dauern nur bis zum mittleren Wiesn-Sonntag, da den präsentierten Tieren ein längerer Aufenthalt neben dem Oktoberfest nicht zugemutet werden kann. Ob die Nutzung und Produktion von Bioenergie, Bioanbau, Qualitäts-, Herkunftssicherung und Vermarktung bayerischer Produkte oder die tier- und umweltgerechte Haltung landwirtschaftlicher Nutztiere – das vielfältige Programmangebot bietet den Besuchern eine anschauliche Möglichkeit sich über aktuelle Themen im Agrarsektor zu informieren und ein Forum, innovative, landwirtschaftliche Technologien und Verfahrensweisen auszustellen. Eine besondere Attraktion ist die Landestierschau mit den Tierprämierungen für die besten Zuchtleistungen.

2008 lautete das Motto des 124. Bayerischen Zentral-Landwirtschaftsfestes „Landwirtschaft voller Energie und Leben!“. Auf 120.000 Quadratmetern Ausstellungsfläche repräsentierten 650 Aussteller das Potential der Land- und Forstwirtschaft als Zukunftsbranche.

Prämierungszeichen für Zuchttiere, 2008
Textil, bedruckt, 31,5x11,5 cm, A-2009/97

Volker Derlath, **Prämierung bei der Landestierschau, 2009** Fotografie

Volker Derlath, **Landwirtschaftliche Maschinen- und Geräteschau, 2009** Fotografie

Unter der Devise „Power braucht der Bauer“ wird bei der Maschinen- und Geräteschau des Zentral-Landwirtschaftsfestes effektive Landtechnik präsentiert.

Das Zentral-Landwirtschaftsfest ist die Veranstaltung, auf der der Bayerische Bauernverband die meisten Bäuerinnen erreicht, die dort seit 1948 organisiert sind. Die Bildungsarbeit ist der wichtigste Bereich der Landfrauenarbeit.
1951 boten die Landfrauen eine Kleiderschau „Das bäuerliche Kleid“ mit Nähkursen an, die im ganzen Land 200 Mal wiederholt wurden. Bei der Kleiderschau sollte dem ländlichen Publikum vermittelt werden, wie man sich als Bäuerin stilvoll kleiden kann. Den Angehörigen des bäuerlichen Berufsstandes sollte, nach Gegenden verschieden, eine zweckmäßige und ansprechende Kleidung empfohlen werden. Sie war nach den aktuellen Bedürfnissen gestaltet und sollte die Verbindung zur Tradition und zur Eigenart der Landschaft wahren. Die Vorschläge zur Erneuerung waren zusammen mit Trachtenvereinen für das Arbeitskleid („werktätiger Miederrock mit Arbeitshemdl“) und das Sonntagskleid festgelegt worden.
Resi Wäsler aus Glonn ist eine der Trachtenschneiderinnen, die für den Landfrauenbund Kurse durchgeführt hat. Bäuerinnen führten selbst die Dirndl von Frau Wäsler beim Zentral-Landwirtschaftsfest vor.
2004 hatten die Landfrauen eine Schauküche mit bayerischen Köstlichkeiten, 2008 verkauften sie selbstgebackene Kuchen und Schmalzgebäck.

Resi Wäsler, **Arbeitskleider für die Bäuerin, um 1970**
T-2010/81-83

Schützenscheibe „Ehrenscheibe der Oktoberfest-Landesschützenkönige", 1976
Holz, bemalt, Dm 107 cm, Bayerischer Sportschützenbund, Garching-Hochbrück

Oktoberfest-Landesschießen

1951 fand wieder ein Landesschießen auf dem Oktoberfest statt. Bis 1948 war das Luftgewehr als Wettkampfwaffe von den Alliierten verboten. Das Luftgewehr ist der Nachfolger der Zimmerstutzen, mit denen seit 1896 das Landesschießen auf dem Oktoberfest ausgetragen worden war. Veranstalter des Schießwettbewerbes ist seit 1951 der ein Jahr zuvor in München gegründete Bayerische Sportschützenbund e.V.. 1952 waren bereits 1500 Luftgewehrschützen zum Wettbewerb auf dem Oktoberfest angetreten, 2009 waren 2945 in Vereinen registrierte Schützen beteiligt.

Die Schießanlage mit Bewirtungszelt hatte ihren herkömmlichen Platz links vor der Bavaria außerhalb des Festareals. Nach der Verlegung des Armbrustschützenzeltes Winzerer Fähndl im Jahr 1961 erhielten die Schützen ihre Schießstände im Schützen-Festzelt rechts unterhalb der Bavaria. Abgeschottet von der Bierzeltstimmung finden im hinteren Teil des Zeltes an 110 Schießständen Wettkämpfe statt, zu denen nur angemeldete Teilnehmer Zugang haben. Es ist eine eigenartige Diskrepanz zwischen dem lauten Leben auf der Wiesn und der stillen Konzentration der Sportschützen. Ihre Anwesenheit auf dem Festplatz ist den meisten Wiesnbesuchern nicht bewusst. Für die beteiligten Vereine ist das Oktoberfest-Schießen ein zentrales Ereignis. Am allgemeinen Festgeschehen wirken die Schützen beim Böllerschießen am letzten Oktoberfest-Sonntag mit.

Zur bayerischen Schützentradition gehört auch nach dem Ende der Monarchie 1918 die enge Verbundenheit mit dem bayerischen Königshaus. 1925 bis 1933 war Prinz Alfons von Bayern Protektor des Oberbayerischen Schützenverbandes. 1954 erklärte sich Kronprinz Rupprecht von Bayern, Oberhaupt des Hauses Wittelsbach, bereit, das Protektorat des Bayerischen Sportschützenbundes zu übernehmen. Nach seinem Tod 1955 hat sein Sohn Herzog Albrecht dieses Ehrenamt weitergeführt. 1996 übernahm es dessen Sohn Herzog Franz von Bayern. Der Protektor stiftet einen wertvollen Preis für das Schießen auf die „Festscheibe Wittelsbach". Auf der Ehrenscheibe sind die Namen der Landesschützenkönige von 1976 bis 1999 verzeichnet.

Proklamation des Landesschützenkönigs Josef Steinbrecher aus Neuaubing im Schützen-Festzelt, 1994
Fotografie, Bayerischer Sportschützenbund, Garching-Hochbrück

Heinz Gebhardt, ***Böllerschießen, 2005,*** *Fotografie*

Schützenscheibe „100 Jahre Oktoberfest-Landesschießen", 1996
Holz, bemalt, Dm 82 cm, Bayerischer Sportschützenbund, Garching-Hochbrück

Am letzten Wiesn-Sonntag wird um 10.30 Uhr im Schützen-Festzelt der Gewinner des Landeskönigsschießens proklamiert und der Landesschützenkönig mit der Schützenkette ausgezeichnet. Er trägt diese Kette mit den Medaillen aller seiner Vorgänger bis zum nächsten Oktoberfest. Um 12 Uhr wird er zusammen mit den Gewinnern anderer Schießdisziplinen im Beisein des Oberbürgermeisters am Fuße der Bavaria dem Volk vorgestellt. Danach erfolgt ein Salutschießen der Böllerschützen.

Das erste Oktoberfest-Landesschießen veranstaltete 1896 der Oberbayerische Zimmerstutzenverband. Es gilt als Vorläufer aller modernen Schießsportveranstaltungen. Die Zimmerstutzen sind nur für das Sport-Schießen in geschlossenen Räumen geeignet. Seit der Nachkriegszeit werden die Zimmerstutzen vom Luftgewehr abgelöst. Es wird im stehenden Anschlag auf eine Entfernung von zehn Metern geschossen. Seit Ende der 1960er Jahre registriert eine EDV-Anlage die Schießergebnisse der 100 Schießstände, die nach wie vor mit Seilzuganlagen betrieben werden. Seit 2005 ist eine neue Schießanlage für die Disziplinen Luftgewehr, Luftpistole und Zimmerstutzen im Schützen-Festzelt vorhanden. Auf der Scheibe ist das Schützen-Festzelt abgebildet, wie es seit 1961 besteht.

J.Aschka, ***Plakette „Oktoberfest-Landesschießen 1956"***
Metall, Dm 5 cm, PS-OM220

Anhänger „Landesschießen 1961"
Metall, H 7,8 cm, PS-OM882

J.Aschka, ***Anstecker „Landesschießen 1973"***
Metall, H 5 cm, PS-OM1180

Vampir, eine Frau zersägend, Fassadenfigur von der Geisterbahn des Schaustellers Edmund Eckl aus München, gefertigt von Willi List in Waldkirch, 1965
Polyester, 175x211x135 cm, PS-83/163

Schaustellerei

Innovationen bestimmten die rasante Entwicklung beim Karussellbau. Der Münchner Schausteller Georg Koch setzte als erster seit 1951 mit der Fa. Klaus in Memmingen die Pneumatik zur Steuerung der Fahrweise ein. Der neue Antrieb ermöglichte die Konstruktion vormals undenkbarer Fahrten wie 1973 mit dem „Enterprise", bei dem das Drehwerk mit einem Hubarm zum ersten Mal auf 90 Grad angehoben werden konnte. 1964 wurde die erste Achterbahn in vollständiger Stahlbauweise aufgestellt. Die Fa. Schwarzkopf in Schwäbisch Münsterhausen trieb die Entwicklung auf diesem Sektor voran, gestützt durch den genialen Ingenieur Werner Stengel aus München. Er konstruierte 1978 den ersten transportablen Looping, dessen elyptische Bauweise die Fahrt erträglich machte und zu den bekannten Steigerungen bis zum Fünfer-Looping 1989 führte. Das Oktoberfest mit seinen Besuchermassen war für investitionsfreudige Schausteller die Voraussetzung für die Anschaffungen dieser Neuheiten. Die Münchner Schausteller konnten bis auf wenige Ausnahmen das Feld behaupten bis auch auswärtige Kollegen mit entsprechend attraktiven Geschäften auf die Wiesn drängten. Die Zulassungsbestimmungen sind zuerst bestimmt vom Motto des Veranstalters „Bekannt und bewährt". Zudem entwickelte das Tourismusamt als Organisator mit dem Wirtschaftsausschuss des Stadtrates ein Punktesystem, mit dem jede Bewerbung geprüft wird. Auf Grund der allgemeinen Wirtschaftslage sind die Investitionen im Schaustellerbereich stark zurückgegangen. Die Branche spricht von Umsatzrückgängen bis zu 40 Prozent in den letzten zehn Jahren.

Ein Charakteristikum der Wiesn sind die vielen Traditionsgeschäfte, deren Pflege zum Konzept der Festveranstalter gehört. Dabei geht es nicht nur um den „Schichtl", die Krinoline und das Kasperltheater, sondern auch um die Bevorzugung von Schießbuden im Gegensatz zu den neueren Schießwägen. Manche dieser Geschäfte sind nur noch auf der Wiesn vertreten.

Fassadendetail des Wiener Eis-Palastes, um 1952
Malerei von Fritz Hilbert nach dem Gemälde
„Die Schaukel“ von Fragonard, um 1976
Holz, Aluminium, 196x253 cm, PS-97/40

Der 1938 von der Fa. Mack in Waldkirch i. Br. gebaute Wagen bekam um 1952 eine neue Fassade mit geschnitztem Dekor, der sich an der traditionellen Gestaltung mit barocken Elementen orientierte. Mit diesem Geschäft stand die Familie Strössner-Guderley bis 1982 auf dem Oktoberfest. 1996 kam der Wagen über die Münchener Schausteller-Stiftung in das Museum.

Verkaufswagen „Wiener Eis-Palast“ von Schausteller Hans Strössner aus Schwaig bei Nürnberg, um 1952
Fotografie, 9x14 cm, PS

Bis auf die drei Zwerge über dem Eingang verzichtet diese Fassade, entworfen von dem Schaustellermaler Herbert Sommer aus München, auf jegliche figürliche Darstellung und leitet somit die moderne Gestaltung der Geschäfte ein. Hinter der Fassade konnte man Schäfers Liliputaner-Truppe in ihren kleinen Wägen und Häusern beobachten.

„Circus Stadt Liliput“ von Schausteller Carl-Hein Schäfer aus München, um 1955
Fotografie, 18x24 cm, PS

Dekorationsteile der Fassade von „Circus Stadt Liliput“,
Eisen, hinterleuchtet, 134x135 cm, 90 x 76 cm, PS-86/234

Die Münchnerin Justine Attsperger (1892 – 1972) hat die Waage von ihrem Großvater übernommen, der seit 1925 damit durch die Biergärten zog. Früh verwitwet war sie auf dieses Geschäft angewiesen und stand als Wiegefrau, auch „Waagen-Weiberl“ genannt, bis 1971 auf dem Oktoberfest, dazu auf den Auer Dulten und im Hirschgarten. Die Gewogenen bekamen ein kleines Billett mit dem handschriftlich eingetragenen Gewicht ausgehändigt.

Christian Wrede, ***Wiegefrau Justine Attsperger mit ihrer Tochter Justine, 1969***
Fotografie, 39x26 cm, PS

„Halt, was wiege ich“, Waage mit Zubehör von Justine Attsperger, um 1925
PS-96/40

Der Münchner Lorenz Tresenreiter (1901 – 1960) spezialisierte sich in den 1920er Jahren auf den Verkauf der bis dahin wenig beachteten „Vogelpfeiferln“ zum Imitieren der Vogelstimmen. Nach dem Zweiten Weltkrieg fertigte er die „EDERNA“-Flöten (= Echo der Natur) selbst und vertrieb sie weltweit. Nach seinem Tod übernahm sein Schwiegersohn Rudolf Hermann (1929 – 2003) mit gleichbleibender Beliebtheit die Position unterhalb der Bavaria. Der Stand, 1997 zum letzten Mal auf der Wiesn, kam 2006 mit allen Requisiten ins Museum.

„Vogel-Jakob“ Lorenz Tresenreiter, um 1960
Fotografie, 17x12 cm, PS

Stand des „Vogel-Jakob“, um 1955
H 360 cm, PS-07/29

Motorrad mit Beiwagen aus dem Karussell von Schausteller Gottfried Winter in München, 1932
Eisen, 61x150x105 cm, PS-80/112

Der Kfz-Mechaniker Friedrich Grauvogel in München baute dieses erste Motorrad für Kinderkarussells. 1952 wurde es in das neue Karussell der Familie Winter übernommen, später dann gegen ein moderneres Besatzungsteil ausgetauscht. So konnten die Geschäfte für die Kinder immer attraktiv gehalten werden.

Kindersportkarussell von Schaustellerin Margarete Winter, 1952
Fotografie, 10,5x15 cm, PS

Die Fa. Sven Erbs in Lebenstedt bei Salzgitter hat dieses Karussell gebaut, dessen Dachkantenteile von dem Münchner Schaustellermaler Georg Walter Sommer mit zeitgenössisch beliebten Mecki-Figuren bemalt wurden.

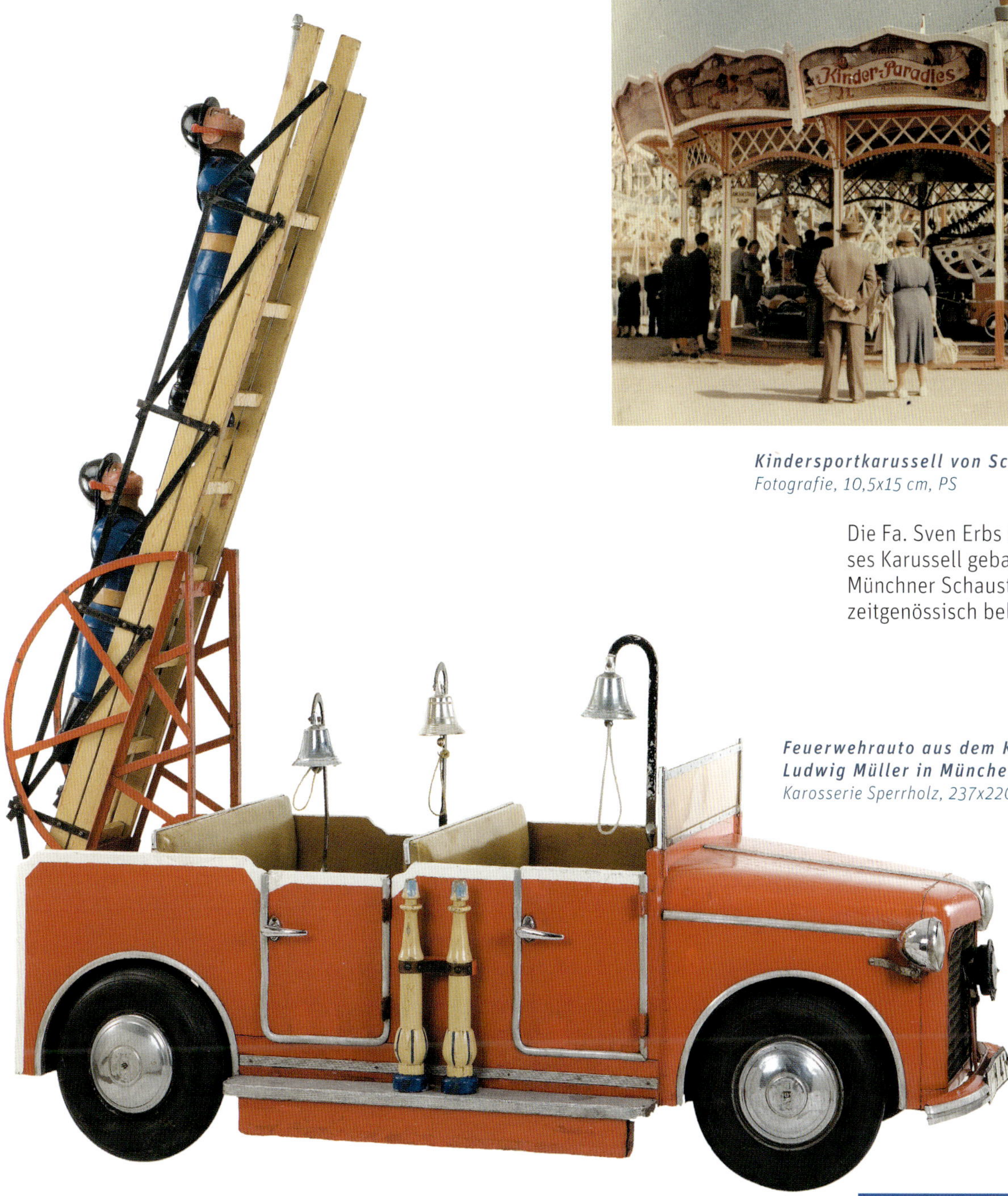

Feuerwehrauto aus dem Kindersportkarussell von Schausteller Ludwig Müller in München, 1950
Karosserie Sperrholz, 237x220x98 cm, PS-93/112

„Völkerschau Hawaii“ von Schausteller Rudolf Feldl aus München, 1959
Fotografie, 18x24 cm, PS

„Hawaiian Dancer“ und Ziermesser, Souvenirartikel aus dem Hawaii-Dorf, 1959
PS-91/166

Das Programm dieser letzten großen Völkerschau auf der Wiesn begann mit dem Lied „Aloha oe“. Rudolf Feldl (1919 – 1970) aus der bekannten Münchner Schaustellerfamilie hat diese Schau mit 150 Mitwirkenden organisiert und für die Bauten den Filmarchitekten Ludwig Reiber engagiert. Hawaii war der Inbegriff von „echter exotischer Südsee-Romantik“, verbunden mit dem Prädikat des gerade neuen 50. Staates der U.S.A.. Als Souvenirs konnte man die beweglichen Plastikfiguren „Hawaiian Dancer“ oder holzgeschnitzte Messer erwerben.

Der Schaustellermaler Fritz Hilbert hat dieses Bild der bekannten Illusion gemalt, bei der der Unterkörper der Dame durch einen Spiegelungseffekt verschwindet. Noch heute ist diese Nummer in der Illusions-Schau von Schaustellerin Gaby Reutlinger zu sehen.

„Arabella, Die Dame ohne Unterleib – lebend“, Paradebild aus der Schaubude von Schaustellerin Lisa Witterheim aus München, 1958
Kunststoffgewebe, 164 x 160 cm, PS-93/109

Motorrad „Indian Scout 101", 600 ccm, Baujahr 1930, Maschine von Kitty Mathieu
94x213x65 cm, PS-OM66

Kitty Mathieu, geborene Käthe Müller (1910 – 1990) ist die berühmteste Wiesn-Schaustellerin. Aus einer Hamburger Schaustellerfamilie stammend präsentierte sie sich um 1930 als eine der ersten Fahrerinnen in dieser Schaugeschäfts-Neuheit. 1935 wurde sie von Pitt Löffelhardt für seine „Todeswand" engagiert. Mit Alois Höcherl bauten sie ein Programm auf, das zum Inbegriff der Steilwandartistik wurde: „Kitty und ihre beiden Pitts". Löffelhardts Geschäft existiert bis heute unter „Pitts Todeswand", betrieben von Schaustellerin Eveline Wissinger aus München. Kitty heiratete 1949 den Münchner Schausteller Franz Mathieu und hatte seit 1951 ihre eigene Steilwand, in der sie bis 1968 fuhr. Danach übernahm sie als resolute Unternehmerin die Rekommandation ihres Geschäfts, das 1987 zum letzten Mal auf dem Oktoberfest stand. Die gesamte Fassade befindet sich im Besitz des Museums.

Schriftzug „Kitty" von der Fassade der Steilwand in der Transportkiste, 1951, *106x160 cm, PS-92/248*

Steilwand von Kitty Mathieu, um 1958, *Fotografie, 10,5x14,5 cm, PS*

Heinz Gebhardt, ***Kitty Mathieu mit den italienischen Steilwandfahrerinnen Nerina und Loretta Zanon, 1974,*** *Fotografie, PS*

Fassadenteil des Laufgeschäfts „Die verhexte Kaffeemühle" von Schausteller Martin Wöhrle aus Berg bei Starnberg, 1955, *Blech, 200x500 cm, PS-88/246*

Schießwagen der Schaustellerfamilie Max Müller aus München, 1968
L 1070 cm, PS-03/70

Der von der Fa. Edmund Fischer in Behlingen-Günzburg konstruierte Wagen hatte als einer der ersten einen nach hinten ausziehbaren „Koffer" zur Vergrößerung des Innenraums. Typisch für die 1960er Jahre sind die hinterleuchteten Kunststoffteile sowie die abstrakten Farbflächen an der Fassade. Auf dem Oktoberfest stand dieses Geschäft zum letzten Mal im Jahr 2002. Danach kam es mit der kompletten Ware in die Sammlung des Museums.

In Weiterentwicklung des ersten Auslegerflugkarussells „Hurrican" mit der Fa. Klaus aus Memmingen konnte die Säule dieses Karussells bereits in eine Schräglage von 18 Grad gekippt werden, was die Benutzer als Sensation empfanden.

Karussell „Titan" von Schausteller Georg Koch aus München, 1958
Fotografie, 17,5x24 cm, PS

Während man im Autoskooter versucht mitfahrende Chaisen zu rammen, hatte die Autorennbahn eine geschlossene ovale Fahrbahn, auf der man sich Rennen liefern konnte. Die Fahrzeuge der Fa. Gebrüder Ihle aus Bruchsal waren den Automarken nachempfunden wie hier dem Mercedes 300 SL. Zum Schutz vor möglichem Kollidieren waren die Fahrzeuge mit einem Stoßrahmen ausgestattet.

Auto aus der Autorennbahn von Schausteller Heinrich Feldl in München, 1962
Karosserie Polyester, 85x262x125 cm, PS-85/29

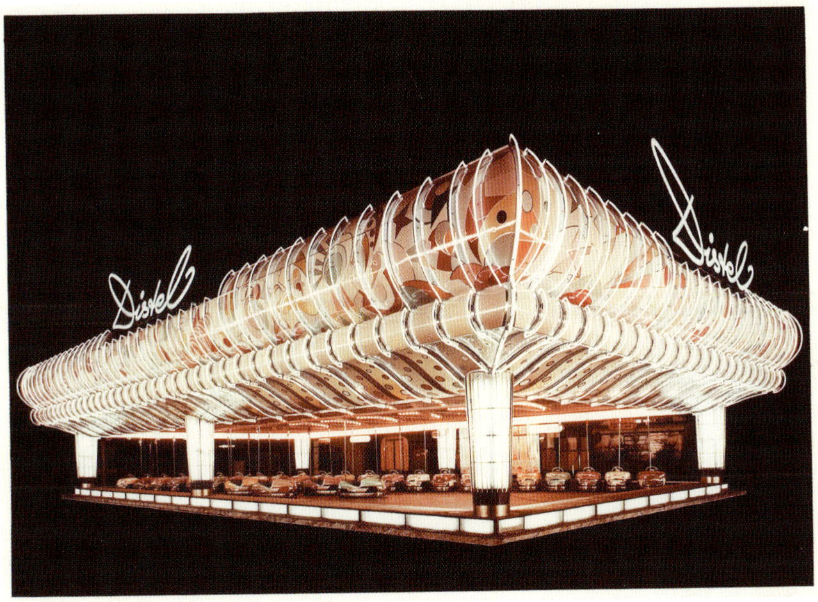

Autoskooter von Schausteller Eugen Distel aus München, 1954
Fotografie, 17x24 cm, PS

Die moderne Gestaltung der Skooterhallen wie dieser Tempel aus Neonlicht von der Fa. Mack in Waldkirch im Breisgau begeisterte die Jugendlichen.

Auf das „Calypso" der Fa. Mack aus dem Jahr 1958 gehen alle modernen Karussells zurück, auf der sich auf einer geneigten Scheibe mehrere Einzeldrehwerke zusätzlich drehen wie beim „Break Dance".

Herz, Dekorationsteil von der Rückwand des Karussells „Calypso", 1960, *Polyester, Blech verchromt, 32x34 cm, PS-10/110*

Karussell „Calypso" von den Schaustellern Anton Bausch und Eugen Distel aus München, 1960, *Fotografie, 17,5x24 cm, PS*

Ewald Wladika, ***Traditionsgeschäfte, 2009,*** *Fotografie, PS*

Die Wiesnbehörde legt schon seit Jahrzehnten Wert auf die Pflege der Traditionsgeschäfte und fördert dies durch mäßige Platzgebühren. So konnten sich eine Reihe von Geschäften halten, die nur mehr auf der Wiesn stehen, da sie für die Reise nicht mehr geeignet wären. Voraussetzung für das Weiterleben ist allerdings das traditionell eingestellte Oktoberfest-Publikum, das bewusst das Kasperltheater, den Floh-Circus oder andere liebgewonnene Geschäfte aufsucht.

Kettenflieger von Schausteller Hans Kalb, Baujahr 1919
Kleines Riesenrad von Schausteller Herbert Koppenhöfer, Baujahr 1925
Toboggan von Astrid und Claus Konrad, seit 1933 auf dem Oktoberfest
Krinoline von Matthias Niederländer, Baujahr 1924
Flohcircus von Schaustellerfamilie Mathes, seit 1948 auf dem Oktoberfest
Teufelsrad, vormals Schaustellerfamilie Feldl
Illusionsschau von Schaustellerin Gaby Reutlinger
Steilwand „Pitt's Todeswand" von Schaustellerin Eveline Wissinger, Baujahr 1934
Hexenschaukel von Maximilian Fritz und Ulrich Keller

Dekorationsbild vom Geschäft „Free Fall" von Schausteller Michael Goetzke aus München, 1998
Kunststoffplane, 330x390 cm, PS-07/40

Gemalt wurde die Rückwand mit insgesamt fünf Teilen von Courtoir Festi Decor in Paris, einem der besten Ateliers für Schaustellermalerei. Nach dem Oktoberfest 2003 kamen die Bilder als Schenkung in die Sammlung und gehören somit zu den jüngsten Zeugnissen der Wiesngeschichte.

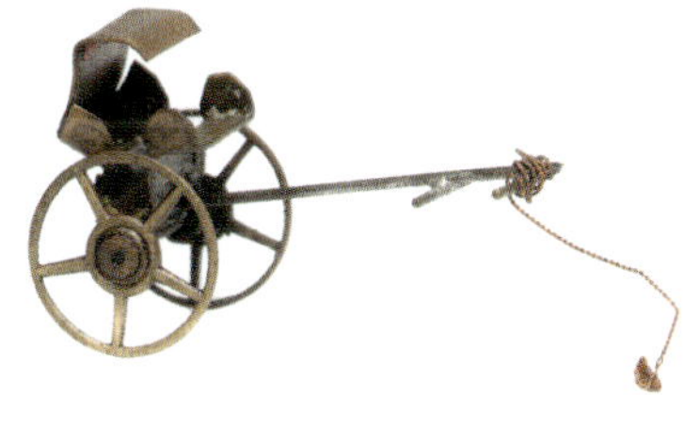

Kutsche aus dem Floh-Circus, um 1910
Messing mit Floh, 3x1,2x1 cm, PS-86/44

Der von Ingenieur Werner Stengel aus München konzipierte Fünfer-Looping wurde von der Fa. BHS in Peißenberg 1989 gebaut. Auch nach 20 Jahren erfreut sich dieses Geschäft großer Beliebtheit und ist noch immer der längste und höchste transportable Roller-Coaster der Welt.

Wolfgang Pulfer, ***Olympia-Looping von Schausteller Rudolf Barth, 2009***
Fotografie

Wolfgang Pulfer, ***Karussell „Skater" von Schausteller Siegfried Kaiser aus München, gebaut 1997 von der holländischen Fa. Mondial, 2009,*** *Fotografie*

Wolfgang Pulfer, ***Karussell „Mond-Lift" der Familie Zehle aus München, gebaut 1976 von der Fa. Huss in Bremen, dahinter das Karussell „High Energy" von Schaustellerin Jasmin Kaiser, 2009,*** *Fotografie*

***„Wilde Maus" von Schausteller Peter Münch aus München, um 1995**, Fotografie, Fa. Maurer Söhne*

Ursprünglich hieß dieses Geschäft „Hof-Freu-Haus", wogegen eine berühmte Münchner Brauerei 2007 eine Namensänderung erwirkte.

*Wolfgang Pulfer, **Laufgeschäft „Münchner Lach-Freu-Haus" auf der Wiesn, 2009,** Fotografie*

Auf den Flächen hinter den Schaustellergeschäften stehen, für die Festbesucher kaum sichtbar, dichtgedrängt die Wohnwägen der rund 270 Schaustellerbetriebe. Aus Gründen der Sicherheit und der Arbeitsabläufe ist diese Nähe zu den Geschäften notwendig. Mit allen Familienangehörigen und Angestellten wohnen und schlafen in der Wiesn-Stadt rund 1200 Personen.

*Ewald Wladika, **Wohnwägen der Schausteller, 2009,** Fotografie*

Wolfgang Pulfer, ***Denkmal für das Oktoberfest-Attentat, 2010,*** *Fotografie*

Ein Jahr nach dem Anschlag, am 18. September 1981, wird das von Friedrich Koller entworfene Mahnmal für die Opfer des Attentats enthüllt. Die Inschrift der 2,70 Meter hohen Bronzesäule lautet: „Zum Gedenken an die Opfer des Bombenanschlages vom 26.9.1980". 2008 wurde das Umfeld des Denkmals neu gestaltet.

1980 Oktoberfest-Attentat

Das Oktoberfest 1980 geht unter besonders traurigen Umständen in die Geschichte ein. Am Abend des 26. September verübt der 21-jährige Rechtsextremist Gundolf Köhler am Haupteingangsportal der Festwiese einen Bombenanschlag mit einer neun Kilogramm schweren Werfergranate britischer Produktion. 12 Menschen werden dabei neben dem Attentäter getötet, 215 zum Teil schwerst verletzt.

Die Detonation ereignet sich gegen 22.30 Uhr, dem statistisch errechneten Zeitpunkt des größten Besucherandrangs. Für einen Moment ist es still, dann bricht das Chaos aus. Polizei und Helfer haben Mühe in dem allabendlichen dichten Gedränge auf der Wiesn, inmitten von Betrunkenen und Schaulustigen das Unglücksgelände von etwa 30 mal 30 Metern zu sichern und die Rettungsarbeiten durchzuführen.

Noch in der selben Nacht entscheidet Oberbürgermeister Erich Kiesl nach intensiver Beratung das Oktoberfest trotz der verheerenden Katastrophe nicht abzubrechen. Stattdessen soll ein fester Trauertag eingerichtet werden. Zur Bekräftigung dieser umstrittenen Entscheidung zieht man die Spiele der XX. Olympiade als Beispiel heran, die 1972 ebenfalls trotz des Terroranschlages fortgesetzt worden waren. Man wolle und solle sich dem Terror nicht beugen, gleich welch politischer Couleur er entspringe, lautet das Credo der Regierenden.

Die alleinige Täterschaft wurde immer wieder in Frage gestellt und ist bis heute nicht geklärt.

Der 30. September wird zum offiziellen Trauertag erklärt als ein Akt der Solidarität mit den Hinterbliebenen und den Verletzten. Schilder an den Eingängen zur Theresienwiese informieren die Besucher, dass der Festbetrieb für 24 Stunden unterbrochen ist. Politiker und Angehörige der Opfer versammeln sich an diesem Tag im Festsaal des Alten Rathauses zu einer Trauerfeier. In der St.-Pauls Kirche wird ein ökumenischer Trauergottesdienst abgehalten.

*Heinz Gebhardt, **„Oktoberfest Heute Geschlossen", 30. September 1980***
Fotografie, PS

Betriebsvorschriften
des Referates für Arbeit und Wirtschaft
Tourismusamt Abt. Veranstaltungen
für das Oktoberfest 2009

§ 53 Bierausschank
Das Oktoberfest ist das traditionelle Münchner Volksfest mit Münchner Gastlichkeit und Münchner Bier. Diese Tradition gilt es weiter zu wahren. An Wiesnbesucher darf deshalb nur Münchner Bier der leistungsfähigen und bewährten Münchner Traditionsbrauereien (das sind derzeit: Augustinerbrauerei, Hacker-Pschorr-Brauerei, Löwenbrauerei, Paulanerbrauerei, Spatenbrauerei und Staatliches Hofbräuhaus), das dem Münchner Reinheitsgebot von 1487 und dem Deutschen Reinheitsgebot von 1906 entspricht, ausgeschenkt werden. Das Festbier darf nur in Maßkrügen (1,0 l Gefäßen) und das Weißbier in 0,5 l Gefäßen (Weißbierglas) ausgeschenkt werden.

Aufsteckhand „Bier zu mir", um 2000
Schaumstoff, bedruckt, 62,5x42,4x4 cm, PS-09/250

Das Bierfest

Die Kriterien der Veranstalter für den Erfolg einer Wiesn sind die Besucherzahlen und der Ausschank von Bier. Mit 700.000 Besuchern an einem Haupttag ist das Interesse am Oktoberfest nach wie vor ungebrochen. Der Bierkonsum steigt seit 1950 kontinuierlich an: von 1,5 Millionen Litern über 2,9 Mio. im Jahr 1960 auf 4 Mio. im Jahr 1970 zu knapp 5 Mio. im Jahr 1980. In einem Aufruf des Kreisjugendringes in der tz vom 12. Oktober 1984 heißt es: „Wir suchen Beweise! Fotos, Berichte, Statistiken – alles, was beweist, dass das Oktoberfest für viele weniger Gaudi und mehr Alkohol ist. Jugendliche sind Hauptopfer dieser Alkohol-Alleinherrschaft!"
Die Situation spitzt sich weiter zu: Von 1980 bis heute waren die Besucherzahlen ziemlich stabil zwischen 6,3 und 6,5 Millionen, die Höchstzahl betrug 7 Mio. im Jubiläumsjahr 1985. Im gleichen Zeitraum stieg jedoch der Bierkonsum von knapp 5 Mio. Litern auf 6,5 Mio., mit einem Höchststand im Jahr 2007 von 6,9 Mio.. Das bedeutet, dass 1980 noch jeder Wiesnbesucher im Durchschnitt 0,75 Liter Bier getrunken hat, im Jahr 2008 schaffte er 1,1 Liter.
Die Bierzelte sind zu den zentralen Orten des Festes geworden. Sie bieten gleichzeitig 100.000 Besuchern Platz. In der Gemeinschaft des Zeltes wird ein fröhliches, ekstatisches Fest gefeiert. Der Wiesnrausch kommt nicht vom Bier allein, es ist dieses Fest in seiner Größe und Fülle, in seinem Überschwang, das berauscht. So werden die Bierzelte zu Biertempeln, die auf die Wiesnbesucher eine magische Anziehungskraft ausüben. Hier können sie einem Bedürfnis nach Miteinander und Sichausleben nachkommen. Die feiernde Masse sucht die Üppigkeit und findet sie im nicht endenden Bierstrom in der Festhalle. Ein gemeinsames Trinkritual wird regelmäßig von den Musikkapellen eingefordert „Die Krüge hoch! Oans–zwoa-dreigsuffa!", die Wiesnhits singt jeder mit. Bei einer weltweiten Umfrage der Deutschen Zentrale für Tourismus 1999 war das Oktoberfest 91 Prozent der Befragten bekannt.

Schild „HB Wiesen-Märzen", um 1955
Eisenblech, bemalt, 64x60 cm, PS-OM366

Gottfried Klein, ***„Paulaner-Thomasbräu München Oktoberfest Märzen-Bier“, um 1955***
Plakat, Lithographie, 85x60 cm, Stadtarchiv München, Plakatslg. 13521

Holzfurtner, ***„Augustiner Oktoberfestbier“, 1976***
Offsetdruck, 120x86 cm, PS

Oktoberfestbier

Das Besondere am Oktoberfestbier ist seine Frische. Direkt in der Brauerei abgefüllt kommt es in den Maßkrug. Schon immer wurde auf dem Oktoberfest stärkeres Bier getrunken. Das hängt anfangs von der Haltbarkeit des Bieres und dem Zeitpunkt des Festes ab: Anfang Oktober gab es im 19. Jahrhundert nur noch ein Bier, das stärker eingebraut war, damit es über den Sommer nicht sauer wurde. Dieses Bier wurde in jeder Münchner Schänke angeboten. Ein ausgesprochenes Oktoberfestbier hat sich erst nach 1872 langsam verbreitet: Das Märzenbier.

Den Namen und die Biersorte, ein stärker eingebrautes untergäriges Bier „Wiener Art“, hatte 1871 Gabriel Sedlmayr d.J. vom Leistbräu entwickelt. Der Wirt Michael Schottenhamel schenkte es 1872 auf dem Oktoberfest aus, weil seiner Brauerei, der Leistbrauerei das sonst übliche Sommerbier „Münchner Art“ ausgegangen war. Das neue bernsteinfarbene Märzenbier war heller als das zu dieser Zeit übliche Münchner Bier. Bis dahin war es den Brauern in München wegen des harten Wassers nicht gelungen, ohne dunkleres Malz („Münchner Malz“) stärker einzubrauen. Das neue Bier von Sedlmayr fand so großen Anklang, dass viele Münchner Brauereien Märzenbier für das Oktoberfest entwickelten. Es wurden dort seit den 1890er Jahren aber auch andere Biere wie Pils, Auer Kirta-Bier, Doppel-Kraftbier, Lagerbier, ungespundetes Klosterbier, Wiener Kaiser-Bock und Edelstoff hell ausgeschenkt.

Bis in die 1960er Jahre blieb das malzaromatische Märzenbier das meist getrunkene Oktoberfestbier. Seit 1953 hat es Konkurrenz von einem noch helleren Festbier bekommen: dem sog. Wiesnedelstoff, den Augustinerbräu mit einem neuen Rezept mit 13,5 Prozent Stammwürze einführte. Mit den Jahren haben in allen Festhallen die hellen Festbiere das dunklere Märzenbier abgelöst. 1981 wurde es nur noch in zwei Bierzelten zusätzlich zu hellem Festbier, seit Beginn des 21. Jahrhunderts wird es nicht mehr auf dem Oktoberfest ausgeschenkt.

Oktoberfestbier ist heute eine geschützte Marke der Gemeinschaft der Münchener Brauereien, anlässlich des Festes mit 13,5 bis 14 Prozent Stammwürze eingebraut. Den Geschmack variieren nach wie vor die Brauereien nach den Vorlieben der Besucher. Süffig ist es immer. Das Besondere des Oktoberfestbieres liegt in der langen Lagerung: Während normale Biere vier Wochen lagern, ruht das Oktoberfestbier acht Wochen bei minus einem Grad. Welche der Münchner Brauereien am meisten auf dem Fest ausschenkt, ist ein wohl gehütetes Geheimnis.

Die Münchner Brauereien haben in den letzten Jahrzehnten ihre das Fest prägende Funktion teilweise wieder an die Wirte abgegeben. Den brasilianischen, amerikanischen und belgischen Eigentümern einiger Münchner Brauereien wird nachgesagt, Ihnen fehle das Interesse an der Wiesn. So gibt es Stimmen, die berichten, dass das Fest in der „beer-capital“ unsinnige Folklore sei und zu wenig Rendite bringe. Bislang wurden aber für die expandierenden Braustätten noch Grundstücke in der Gemarkung München gesucht, um das Anrecht auf die Beteiligung an der Wiesn nicht zu verlieren.

Zwei Bierführer in ihrer Berufskleidung laden die Fässer vor dem Festzelt ab. Nachdem das Fass mit einer speziellen Fertigkeit gehoben und gedreht wurde, fällt es, durch ein Fasskissen gedämpft, zu Boden. Hier übernehmen die Ganterer das Fass und rollen es zur Schänke. Ein mit 200 Litern Bier gefülltes Fass, ein „Hirsch", wiegt rund 300 kg.
Bis in die 1950er Jahre wurden das ganze Jahr über alle Gaststätten im Stadtbereich durch Pferdefuhrwerke mit Bier beliefert. Die Münchner Fuhrwerke mit den liegenden Fässern wurden von zwei Pferden gezogen, bei langen Routen mit vielen Steigungen mussten manchmal auch vier Pferde eingesetzt werden. Während des Oktoberfestes pendelten sie den ganzen Tag zwischen Brauerei und Festzelt, um den frischen Nachschub an allen Schänken zu sichern und die leeren Fässer zum Nachfüllen wieder in die Brauerei zu bringen. Seit den 1960er Jahren bringen nur noch Lastwagen das Bier zur Festwiese.

Phillip Kester, ***Abladen der Bierfässer, um 1930***
Fotografie, 13x18 cm, G-35/1655

Wolfgang Pulfer, ***Schänke in der Augustiner-Festhalle, 2009***
Fotografie

Nur die Augustiner Brauerei zapft das Bier in ihrer Festhalle und der Fischer Vroni sowie in mehreren kleineren Gastronomiebetrieben noch aus dem 200 Liter-Holzfass, dem „Hirschen". Während des Oktoberfestes sind gegenwärtig bei der Augustiner Brauerei 500 Fässer im Umlauf. In der Festhalle arbeiten an sieben Schänken 21 Schankkellner. Die Fässer werden jeden Tag in den frühen Morgenstunden mit dem Lastwagen von der Brauerei angeliefert und in den Fass-Kühlzellen aufbewahrt. Von dort rollen sie zehn Ganterer zu den Schänken. Ein Hirsch wird innerhalb von etwa zehn bis 20 Minuten geleert.

Heinz Gebhardt, ***Schankkellner beim Bierzapfen in der Augustiner-Festhalle, 1995***
Fotografie

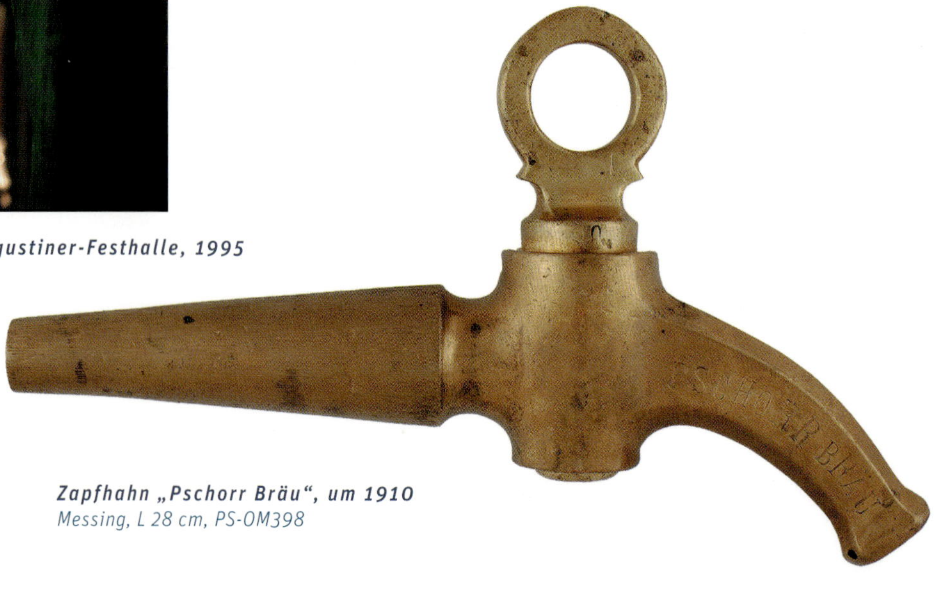

Zapfhahn „Pschorr Bräu", um 1910
Messing, L 28 cm, PS-OM398

Die Bieranlieferung des Hofbräuzeltes beginnt gegen 22.30 Uhr mit dem Befüllen der Tankwagen in der Containerstation der Brauerei. Ein bis zwei Tankwägen mit einer Kapazität von je 12.000 Litern fahren nach 45 Minuten zur Theresienwiese und pumpen dort mit dem „Bierdrivesystem“ ab Mitternacht das Bier in die dort installierten Tanks innerhalb von 45 Minuten um. Nach dem Reglement der Stadt ist die Bieranlieferung nur zwischen 0 und 9 Uhr erlaubt. Je nach Bierabsatz fahren die Tankwägen wochentags ein bis zweimal zur Brauerei und am Wochenende bis zu dreimal.

Bier-Tanklastzug des Staatlichen Hofbräuhaus München, 2009
Fotografie, Staatliches Hofbräuhaus München

Im Jahr 1975 ging in München das Gerücht um, dass auf dem Oktoberfest in Zukunft das Bier aus Containern ausgeschenkt werden soll. Es wurde von den Wiesnwirten als „böse Vision“ dementiert. 1981 ergriffen Oberbürgermeister Erich Kiesl und Ministerpräsident Franz Josef Strauß in einem offenen Brief an die Münchner Brauereien Partei für das Holzfass. Für dieses Jahr konnte der Einsatz von Bier-Containern gestoppt werden. Die Münchner Brauereien erklärten jedoch, dass die Beschaffung von Holzfässern in Zukunft nicht mehr zu bewerkstelligen sei.
1984 schenkten schließlich nach dem Beschluss der Stadt und der Brauereien drei der sechs Wiesnbrauereien „Containerbier“ als Probelauf aus. Die Erfahrungen waren ein voller Erfolg, die Bierqualität litt nicht unter dem neuen Schankverfahren und der Arbeitsaufwand reduzierte sich.
So sind heute die Container nicht mehr vom Oktoberfest wegzudenken. Im Jahr 2009 waren im Hofbräuzelt beispielsweise 17 Tanks mit 5000 Litern im Einsatz. Die 20 cm dicke Isolierung der Tanks sorgt dafür, dass sich das Bier selbst bei direkter Sonneneinstrahlung höchstens um ein Grad erwärmt.

Heinz Gebhardt, ***Festwirt Wiggerl Hagn mit seinem neuen 5.000 Liter-Container, 1984***
Fotografie

Der Ausschank aus den Auslaufhähnen der Biercontainer lässt ein schnelleres und ruhigeres Einschenken zu als bei Holzfässern, weil das Bier direkt auf den Wechsel fließt. Trotz der Biercontainer, die hinter dem Zelt versteckt aufgestellt sind, wird in den Schänken aus den Attrappen der Holzfässer ausgeschenkt. Die Brauereien pflegen weiterhin das Image vom Bier aus dem Holzfass. Das ist überraschend, weil die Qualität des Bieres unter den modernen Behältern nicht leidet. Als authentisch wird Münchner Bier aber nach wie vor nur im Holzfass empfunden.

Wolfgang Pulfer, ***Schänke im Löwenbräu-Festzelt mit Auslaufleitung in der Bierfass-Attrappe, 2009***
Fotografie

Maßkrüge der Münchner Brauereien, um 1955
Steinzeug, H 19 cm, K-2009/70

Seit der Gründung des Deutschen Reiches 1871 hat mit Einführung des metrischen Systems eine Maß Bier 1000 Milliliter. Dementsprechend bekamen die Bierkrüge aus Steinzeug den Füllstrich „1L" eingestempelt, was auf Grund ihrer handgedrehten Fertigung allerdings zu Abweichungen führen konnte. Erst mit der maschinellen Ausformung der Steinzeugkrüge konnte die Füllmenge stabilisiert werden. Das Bier hielt sich in diesen Gefäßen zwar wunderbar kühl, der Biertrinker konnte aber das Quantum nicht ersehen. In den Jahren um 1960 verdrängte der Glaskrug den traditionellen Krug und gewährte somit den Blick auf die volle Maß. Ein zusätzliches Argument für die Umstellung war die hygienisch leichtere Reinigung. Da zu jeder frischen Maß der Schaum gehört, der sich allerdings setzt und nur teilweise in Bier zurück verwandelt, musste der Glaskrug die endgültige, verbraucherfreundliche Form bekommen: Der sogenannte Euro-Krug, eingeführt 1984, hat über dem Füllstrich „1l" einen überhöhten Mundrand von vier Zentimetern, um mit dieser Schaumzone letztlich die korrekte Füllmenge zu erreichen.

Als eine der ersten Verbraucherschutzorganisationen wurde in München 1899 der Verein gegen das betrügerische Einschenken gegründet, der mit Messungen frisch gefüllter Maßkrüge die Schankmoral der Schankkellner und Wirte überprüfte. Der 1970 neu gegründete Verein gleichen Namens hat sicherlich für Anregungen und Diskussion gesorgt. Die wirkliche Kontrolle der Schänken mit entsprechenden Konsequenzen liegt in der Hand des Kreisverwaltungsreferats.

„Immer eine Maß", Bierkrüge der Augustiner-Brauerei, um 1900, *Steinzeug, H 17,6 cm, PS-OM586;* ***um 1950,*** *Steinzeug, H 18,3 cm, PS-OM457; Glas, H 20 cm, PS-OM814;* ***um 2000,*** *Glas, H 20,3 cm, PS-OM529*

Emil Kneiß, ***Personifikation des „Vereins gegen betrügerisches Einschenken", 1910****, G-30/474*

Maßkrüge der Münchner Brauereien, 2005
Fa. Stölzle-Oberglas, Wien, Veredelung mit Brauereisignet Fa. Franz Herb, Puchheim, Glas, bedruckt, H 20,3 cm, K-2010/7

Heinz Gebhardt, **Kellnerin mit Hendln, Schweinswürstln und Leberknödelsuppe, 1994**, *Fotografie*

Heinz Gebhardt, **Kellnerin im Hofbräuzelt, 2008**, *Fotografie*

Kellnerinnen-Marken, Legitimationsplakette der Festwirte für ihre Servicekräfte, 1984 und 2009, *Metall, A-84/355, A-2009/66*

Rund 15 Stunden geht die reguläre Schicht einer Servicekraft auf der Wiesn im Schnitt, geregelte Pausen gibt es bei dem Festtrubel nicht. 16 Tage lang Maßkrüge schleppen, Essen balancieren und alles im Takt der ausgelassenen Stimmung bierseeliger Festbesucher – da kann das Signal-Pfeiferl schon mal Gold wert sein. Auf der Wiesn zu kellnern ist ein Knochenjob und nichts für Leute mit einem schwachen Nervenkostüm. Ein voller Maßkrug wiegt 2,2 kg. Einige Kellnerinnen können bis zu 14 volle Maßkrüge tragen.

Franz Xaver Stahl, ***„Auffahrt zum Oktoberfest 1956 Xaver und Fanny Heilmannseder"***
Öl auf Leinwand, 64x133cm, PS-OM1

Einzug der Wiesnwirte

Der Wirt Steyrer Hans gilt als Erfinder der Selbstdarstellung der Wiesnwirte. Zur Werbung für seine Bierbude fuhr er seit 1879 im festlich geschmückten Vierspänner zum Beginn des Oktoberfestes auf die Theresienwiese.

Den zweiten Vorläufer des heutigen Festelementes „Einzug der Wiesnwirte" steuerte 1894 Kommerzienrat Georg Pschorr bei, der die Prachtgeschirre in München einführte. Nach dem Vorbild von Wiener Bierfuhrwerken ließ er die verzierten und klingenden Geschirre von einem Sattlermeister für ein Vierergespann kopieren. Mit diesem belieferte er von nun an seine Bierbuden auf der Theresienwiese. Die anderen Brauereien zogen nach.

1925 ist erstmals ein gemeinsamer festlicher Einzug der Wiesnwirte von Löwen-, Pschorr- und Thomasbrauerei mit ihren geschmückten Fuhrwerken und den Braurössern im Prachtgeschirr belegt. 1933 setzten sich die Behörden dafür ein, dass alle Wirte am Einzug teilnehmen. Zum Jubiläum 1935 wurde der Einzug besonders ausgestaltet, 1936 schließlich waren die Wirte, Brauereien und Bedienungen zur Beteiligung verpflichtet.

Seit dem Jubiläum 1960 wurden aus Rückbesinnung auf die Festtradition nur 90 Pferde und keine Lastwagen und Schlepper mehr zugelassen.

Der Einzug der Wiesnwirte beginnt am ersten Samstag um 11 Uhr in der Sonnenstraße. Angeführt vom Münchner Kindl und dem Oberbürgermeister in der Schottenhamel-Festkutsche bewegt sich der Zug mit rund 1000 Mitwirkenden zu den Festhallen. Dort ziehen die Wirte unter dem Jubel der Gäste durch die Tischreihen, begleitet von ihren Musikkapellen, die auf dem Podium dann ihr Spiel fortsetzen. 12 Böllerschüsse verkünden dann die Eröffnung der Wiesn durch den Oberbürgermeister im Schottenhamel-Festzelt. Daraufhin kann von jeder Schänke das Bier zu den lange wartenden Gästen getragen werden.

1956 forderte der Wiesnwirt Xaver Heilmannseder (1903-1982) seine Kollegen heraus, indem er mit einem Sechsspänner als Pracht-Gespann auf der Theresienwiese einzog. Er war von 1950 bis 1961 Festwirt des Löwenbräu-Zeltes und Sprecher der Wiesnwirte. Auf Xaver Heilmannseders Initiative geht außerdem die Gründung des Vereins „Münchner Oktoberfestmuseum" im Jahr 1976 zurück. Heute fahren alle Münchner Brauereien mit Sechsspännern beim Einzug der Wiesnwirte vor. Als letzte Brauerei stellte Ende der 1980er Jahre die Augustiner Brauerei von Vier- auf Sechsspänner um.

Heinz Gebhardt, ***Pracht-Gespann der Spaten-Brauerei, 1995,*** *Fotografie*

Wolfgang Pulfer, ***Pracht-Gespann der Augustiner Brauerei, 2009,*** *Fotografie*

Nach dem feierlichen Einzug sind die Brauereien jeden Tag mit diesen Fuhrwerken zu Schauzwecken auf der Theresienwiese präsent. Sie sind eines der beliebtesten Foto-Motive von Touristen und der Klang ihrer Glockenriemen gehört zum Grundrauschen des Festes. Die Pracht-Gespanne mit den Holzbierfässern gelten wie die Blechblasinstrumente, die Bierkrüge und die Dirndl als Beweis für die auf dem Oktoberfest lebendige bayerische Tradition, die von den Besuchern als besonderer Wert dieses Volksfestes geschätzt wird. Die Pracht-Gespanne liefern längst kein Bier mehr an, die Fässer sind leer.

Heinz Gebhardt, ***Detail des Prachtgeschirrs der Augustiner-Brauerei, 1995***
Fotografie

Die charakteristische Kleidung eines Bierführers ist an die Dachauer Tracht angelehnt. Sie besteht aus einem flachen braunen Filzhut, weißem Hemd und Samtweste mit einer schmalen Hose in kniehohen Stiefeln.

Gewand eines Bierführers, um 1935, *PS*

Heinz Gebhardt, ***Festzelt-Musikkapelle, 2004,*** *Fotografie*

Zu den Begleitern des Wirtes beim Einzug gehören die Kapellen der Bierzelte. Sie marschieren zwischen den Wägen mit und tragen mit ihrer Musik wesentlich zur Festlichkeit des Zuges bei. In den nächsten 16 Tagen spielen sie von 12 bis 14 Uhr und von 15 bis 22.30 Uhr mit einer halben Stunde Pause. Eine Festkapelle besteht aus etwa 25 Musikern und einem Kapellmeister in der Besetzung mit Trompete, Flügelhorn, Es-Horn, Posaune, Tenorhorn, Bariton, Tuba, Klarinette, Saxophon, E-Baß, Schlagzeug, Keyboard, Gitarre und meist zwei Sängerinnen.
Während bis in die 1970er Jahre in den Zelten noch bayerische Volksmusik neben rheinischen Schunkelliedern, deutschen Schlagern und Operetten-Potpourris gespielt wurden, heizt heute neben der bayerischen Volksmusik am Nachmittag in den Abendstunden Rock- und Popmusik das Publikum und den Umsatz an. Wirte und Kapellmeister sind gut eingespielte Paare, und so genügt ein Wink des Wirtes, um die Stimmungsmacher zu lenken. Ein Bierzelt ohne Musik wäre wie Bier ohne Alkohol – ein No go auf der Wiesn. Die Musik steuert den Ablauf im Zelt, kurbelt die Stimmung an oder lässt den Besuchern Zeit einen Schluck Bier zu trinken.
Als erster Wiesnhit gilt „Fürstenfeld", der seit 1984 zu den Stimmungsgaranten zählt. Die meisten Wiesnhits halten sich sehr lange. Damit ist sicher gestellt, dass tausende Zeltgäste zu „Skandal im Sperrbezirk", „Life is life", „Sierra Madre", „Who the fuck is Alice", „Hey Baby", „Macarena", „Mambo No. 5", „Anton aus Tirol", „Viva Colonia" und „Männer sind Schweine" mitklatschen, -stampfen und -singen können.

Heinz Gebhardt, ***Wagen mit Kellnerinnen aus dem Hacker-Festzelt, 2004,*** *Fotografie*

Die Kellnerinnen stellen die größte und bekannteste Gruppe der Mitarbeiter des Festwirtes dar. Für den Betrieb eines Festzeltes werden heute um die 200 Kellnerinnen beschäftigt. Seitdem 1936 der Einzug zum festen Bestandteil des Festprogramms wurde, ist auch die Beteiligung der Kellnerinnen bekannt. Sie fahren auf einem eigenen geschmückten Wagen und tragen schon ihr Arbeitsgerät, den Maßkrug bei sich.

Heinz Gebhardt, ***Wiesnwirteehepaar Christl und Toni Roiderer in der Festkutsche, 2003,*** *Fotografie*

Seit der Nachkriegszeit entspricht es dem Wunsch der Betreiber jeder Festhalle, sich beim Einzug vor dem Anzapfen der Öffentlichkeit zu präsentieren und von den Zuschauern am Straßenrand bejubeln zu lassen.

Schild „Hackerbräu Festwirt V. Stumbeck", um 1950,
Holz gefasst, 204x66cm, PS-OM1069

1950-1963 Thomas Wimmer, 1950
Fotografie Rudi Dix, Stadtarchiv München

1964-1971 Hans-Jochen Vogel, 1970
Fotografie Heinz Gebhardt

1978-1983 Erich Kiesl, 1978
Fotografie Heinz Gebhardt

1972-1977 und 1984-1992 Georg Kronawitter, 1987
Fotografie Heinz Gebhardt

Seit 1993 Christian Ude, 2003
Fotografie Heinz Gebhardt

Anzapfen

Die Eröffnungszeremonie für das Oktoberfest wird seit 1950 vom Oberbürgermeister durchgeführt. Am Samstag um Punkt 12 Uhr schlägt er im Schottenhamel-Festzelt den Zapfhahn in das Bierfass, schenkt den ersten Krug ein und eröffnet mit dem Ausruf „O'zapft is!" das Fest. Diese Zeremonie wird von Radio und Fernsehen in die ganze Welt übertragen. 1957 bis 2002 berichtete die Reporter-Legende des bayerischen Rundfunks Ludwig Stiegler direkt an der Seite des Oberbürgermeisters. Er spornte immer dazu an, mit möglichst wenigen Schlägen das Fass anzuzapfen. Oberbürgermeister Christian Ude schaffte es mehrmals wie ein Profi mit nur zwei Schlägen, Thomas Wimmer brauchte einmal 17 Schläge. Die Anwesenheit in direkter Umgebung des Fasses bedeutet eine besondere Ehre. Vertreter aus der Spitze der Stadtpolitik und Stadtverwaltung, das Münchner Kindl und die Wirtsfamilie Schottenhamel gehören zu diesem Kreis. Fast unsichtbar steht der Oberschankkellner des Schottenhamel-Festzeltes und Zapftrainer den Oberbürgermeistern bei. Seit 1978 überreicht der Oberbürgermeister die erste Maß dem bayerischen Ministerpräsidenten.

Charivari mit den Bierzeichen der Wiesnwirte, Geschenk an Gabriele Weishäupl, Direktorin des Tourismusamtes, zu ihrem 50. Geburtstag, 1997
A-2010/5

Wiesnwirte

Die Wiesnwirte sind die Betreiber der Bierzelte. Zwischen den Brauereien und Wirten bestehen verschiedenste Verträge. Die Brauereien liefern häufig nur noch Bier und Schanktechnik. Ein Wechsel der Brauerei ist für die Wirte nicht möglich, weil die Stadt über einen Schlüssel die Aufteilung der Brauereien festgelegt hat.

Obwohl viele Wirte seit Jahren, zum Teil schon seit Generationen auf der Wiesn präsent sind, müssen sie sich jedes Jahr bis Ende Januar bei der Stadt München um die Zulassung auf dem Oktoberfest neu bewerben. Auf Vorschlag des Referenten für Arbeit und Wirtschaft trifft der Wirtschaftsausschuss des Münchner Stadtrates bis Mai die Entscheidungen nach festgelegten Kriterien. Ortsansässige werden bevorzugt, ein unschlagbares Merkmal ist „bekannt und bewährt".

Die Wiesnwirte prägen das Profil eines Festzeltes. Seit den 1990er Jahren haben die einzelnen Zelte ein klares Image aufgebaut und der Besuch des einen oder anderen Zeltes kommt einem Glaubenbekenntnis gleich. Dabei unterscheiden sich die Zelte kaum in ihrer Ausgestaltung oder im Angebot an Essen und Trinken, nur wenige Besucher wählen das Zelt nach ihrer bevorzugten Biermarke aus. Entscheidend für das Publikum ist die Stimmung im Zelt: eher bayerisch und gemütlich oder fetzig und hip. Die Musikkapellen erzeugen die Stimmung. Die Wirte besprechen sehr genau mit den Kapellmeistern das Programm, damit es für das Segment an Gästen, das der Wirt für sein Zelt ansprechen möchte, auch passt. So ist es beispielweise Toni Roiderer gelungen, aus dem wenig konturierten, etwas müden Hackerzelt mit dem Engagement der Münchner Kultband Cagey Strings für das Abendprogramm ein gefragtes Zelt für junge Gäste zu kreieren. Die Musikangebote sind wesentlich für die Entwicklung der letzten Jahre, vermehrt die junge Generation zum Wiesnbesuch zu animieren.

Die Wirte mieten oder leasen nach ihrer Zulassung meist in eigener Verantwortung dann von großen Zeltherstellern wie der Fa. Deuter, Pletschacher oder Raufer die Zelte, die diese auch auf- und abbauen. Den Rest des Jahres lagern die Zelte mit den Fassaden, der Dekoration und der Elektrik bei diesen Firmen in 40 bis 80 Containern. Die Küchen und das Geschirr stellen die Wiesnwirte selbst. Sie müssen kapitalkräftig und in der Großgastronomie erfahren sein, um die Logistik für bis zu 10.000 Sitzplätze zu bewältigen. Die Investitionen amortisieren sich erst nach mehreren Jahren.

Was ein Wiesnwirt verdient? „Eine rechts und eine links" – ist die Auskunft des ehemaligen Sprechers der Wiesnwirte Richard Süßmeier.

Oktoberfest-Biermarken:
***Wagnerbräu, um 1905**, Dm 2,5 cm, PS-OM1156*
***Schützenzelt, 1965**, Dm 2,7 cm, PS-OM1085*
***Augustinerburg, um 1950**, Dm 2,5 cm, PS-OM975*
***Hofbräuhaus-Festhalle, um 1955**, Dm 2,6 cm, PS-OM1046*
***Schottenhamel-Festzelt, um 1960**, Dm 2,3 cm, PS-OM1101*
***Bräurosl-Festzelt, 1955**, Dm 2,6 cm, PS-OM1086*

1958 zog Richard Süßmeier, damals der Wirt des Straubinger Hofes, mit einem Eselskarren in die kleine Festhalle der Armbrustschützengilde „Winzerer Fähndl“ ein. Er nahm damit Bezug auf die stattlichen Rösser seiner großen Kollegen. Bereits 1965 war sein Festzelt – er war ein sogenannter Selbstaufsteller – das größte auf der Wiesn und jetzt auch an der Wirtsbudenstraße platziert. Den Einzug gestaltete er nun als Ritter auf einem Karussellpferd. 1970 bis 1984 war der geniale Redner, Komödiant und Provokateur Sprecher der Wiesnwirte und so wurde er nicht nur als Ober-Festwirt bezeichnet, sondern von einem Journalisten auch als Wirte-Napoleon, eine Bezeichnung, die er gerne mit Leben füllte. Mit größter Schlagfertigkeit hat der berühmteste Wirt Münchens alle Ansinnen an die Wiesnwirte gekontert und deren Unantastbarkeit in der Stadt zementiert. Er ging so weit sich lautstark mit dem Kreisverwaltungsreferenten Peter Gauweiler anzulegen, der für die rechtmäßige Abwicklung der Wiesn zuständig war. Offen provozierte er mit der Vorführung wie man aus einem 200 Liter-Fass 300 Mass Bier ausschenken und wie man ein Hendl in drei halbe Hendl teilen kann. Während des Prominenten-Schießens in seinem Armbrustschützenzelt am ersten Wiesn-Montag 1984 wurde eine Razzia in seinem Zelt durchgeführt und es konnte ihm vielfache Beschäftigung von Schwarzarbeitern nachgewiesen werden. Dafür wurde ihm die Konzession als Wiesnwirt entzogen. Obwohl er sich inzwischen aus der Gastronomie zurückgezogen hat, ist er noch heute auf vielen Veranstaltungen als begehrter Redner präsent.

Heinz Gebhardt, ***Richard Süßmeier, 1980,*** *Fotografie*

Willy Heide, der Wirt der Ausflugsgaststätte „Heide Volm“ in Planegg, gehört nach den Schottenhamels zur zweitältesten Wiesnwirtefamilie. Seit 1936 betrieb sein Vater Georg das Bräurosl-Zelt. 1985 wurde Willy Heide der Nachfolger von Richard Süßmeier als Sprecher der Wiesnwirte.
Zu seinem Einstieg in das Amt und anlässlich des 175-jährigen Wiesnjubiläums organisierte er für den mittleren Sonntag um 11 Uhr zu Füßen der Bavaria ein Standkonzert aller Kapellen der Festzelte. Der Kapellmeister vom Schottenhamel, Otto Schwarzfischer, leitete dieses Konzert mit rund 300 Musikern.
Jedes Jahr dirigiert seither ein Kapellmeister aus einem anderen Zelt die bekannten Märsche und Melodien. Als Gastdirigenten sind immer Prominente aus dem Wiesn-Umkreis eingeladen. Willy Heide tritt jährlich mit seinem Lieblingsmarsch „Alte Kameraden“ auf.

Heinz Gebhardt, ***Willy Heide als Dirigent beim Standkonzert, 1985,*** *Fotografie*

Seit 1977 geben die Festwirte in loser Folge eigene Krüge heraus, die in den Festzelten verkauft oder zu Repräsentationszwecken verschenkt werden.

Wirtskrüge:
Rupert Stöckl, ***Käfer Schänke, 1981,***
PS-OM1196
Dieter Hanitzsch, ***Hofbräuhaus-Festhalle, 1993,***
PS-OM263
Bernhard Prinz, ***Hühnerbraterei Ammer, 2001,***
PS-OM892

Die Kleinen Wiesnwirte 2009

1	Hans Werner Glöckle	Glöckle Wirt
2	Siegfried Able	Kalbs-Kuchl
3	Ralf Burtscher	Burtschers Bratwursthütt'n
4	Chris Stöckl	Cafè Mohrenkopf
5	Heinz Wildmoser	Hühner- & Entenbraterei Wildmoser
6	Magnus Müller-Richart	Café Kaiserschmarrn
7	Dieter Hochreiter	Haxnbraterei Hochreiter
8	Bernhard Luft	Poschner's Hühner- & Entenbraterei
9	Dr. Marc Eisenbarth	Wiesn Guglhupf Café-Dreh-Bar
10	Lorenz Stiftl	Zum Stiftl
11	Bodo Müller	Bodo's Cafézelt
12	Josef Schmidbauer	Ammer Hühner- & Entenbraterei
13	Thomas Schiebl	Schiebl's Kaffeehaferl
14	Herbert Heilmeier	Heinz Wurst- & Hühnerbraterei
15	Werner Hofreiter	Zur Bratwurst
16	Max Feisinger	Feisinger's Kas- und Weinstub'n
17	Florian Oberdorfer	Münchner Knödelei
18	Irmgard Eisenbarth	Wiesn Guglhupf Café-Dreh-Bar
19	Reserl Wildmoser	Hühner- & Entenbraterei Wildmoser
20	Stephanie Rollwagen	Glöckle Wirt
21	Trudi Renoldi	Wildstuben
22	Karin Wiemes	Café Mohrenkopf
23	Sabine Able	Kalbs-Kuchl
24	Fr. Feisinger	Feisinger's Kas- und Weinstub'n

Fotografie, Reinhard Kurzendörfer

Die Wiesnwirte 2009

1	Roland Kuffler	Weinzelt
2	Michael Käfer	Käfer-Wies'n-Schänke
3	Willy Heide	Bräurosl
4	Clarissa Käfer	
5	Günter Steinberg	Hofbräuzelt
6	Margot Steinberg	
7	Franziska Schottenhamel	
8	Silja Steinberg	
9	Christian Schottenhamel	Schottenhamel-Festhalle
10	Manfred Vollmer	Augustinerzelt
11	Hans Stadtmüller	Fischer-Vroni
12	Christl Roiderer	
13	Toni Roiderer	Hackerzelt
14	Peter Schottenhamel	
15	Peter Inselkammer sen.	Armbrustschützenzelt
16	Wiggerl Hagn	Löwenbräuzelt
17	Renate Heide	
18	Georg Heide	Bräurosl
19	Edi Reinbold	Schützenzelt
20	Anneliese Haberl	
21	Hermann Haberl	Ochsenbraterei
22	Peter Inselkammer jun.	
23	Antje Schneider	Ochsenbraterei
24	Sepp Krätz	Hippodrom
25	Daniela Heide	
26	Steffi Spendler	Löwenbräuzelt
27	Peter Pongratz	Winzerer Fähndl

Fotografie, Heinz Gebhardt

Biergartenklappstühle „Augustinerbräu", „Hackerbräu", „Pschorr-Bräu",
***um 1910 bis 1955**, Eisen, Holz, H ca. 85 cm, PS-10/098-100*

Bierzeltmobiliar

Die Möblierung von Bierzelten wird nur kurzzeitig für die Dauer eines Festes gebraucht und muss zwischengelagert werden, um dann wieder zum Einsatz zu kommen. Die Frühform des provisorischen Mobiliars ist das „Geschlagene Inventar", bei dem die Beine von Bänken und Tischen in den Boden geschlagen und mit Brettern und Platten bedeckt werden.
Um 1900 entwickelt man für die Biergärten den klappbaren Stuhl mit Eisengestell und Holzlattensitz sowie für die Bierzelte den hölzernen Klappstuhl. Der klappbare Tisch scheint hierzu ein Nachzügler zu sein.
Trotz dieser Neuerungen werden Bierzelte auf dem Oktoberfest vereinzelt bis in die 1960er Jahre mit starrem Gaststätteninventar ausgestattet. Gleichzeitig finden sich auch Zelte, die mit Biergartenstühlen ausgestattet waren. Die Entwicklung der Möblierung verläuft also keineswegs einheitlich. Die heute gebräuchliche Garnitur mit einem Tisch und zwei Bänken in einer Länge von 220 Zentimetern kommt erstaunlicher Weise erst seit den 1970er Jahren allgemein in den Gebrauch.
Während anfangs noch variierende Klappmechanismen verschiedener Hersteller im Umlauf waren, beansprucht die Fa. RUKU aus Illertissen die Erfindung des heutigen Systems für sich. Der Firmenchef Rudolf Kurz sen. hat sich seit den 1950er Jahren mit dem Problem auseinandergesetzt und dann nach mehreren Verbesserungen das Klappmöbelschloss erfunden, das die Beine sowohl im zusammengeklappten wie im aufgeklappten Zustand mit dem gleichen Schnappfederschloss stabilisiert.

***Festbesucher neben Biergartenstuhl „Wagnerbräu", um 1925**, Fotografie, PS*

Tisch und Stühle aus dem Bestand der Augustinerbrauerei, um 1930
Holz, Tisch H 77 cm, Stühle H 89 cm, PS-10/148, PS-08/21

Im Augustiner-Zelt gab es bis in die 1960er Jahre runde Tische, die mit jeweils sechs Wirtshausstühlen aus der Zeit um 1930 bestückt waren.

Tisch aus dem Augustinerzelt, um 1950; Stühle aus dem Bestand der Augustinerbrauerei, um 1930
Holz, Tisch H 78 cm, Dm 85 cm, PS-08/27; Stühle H 87 cm, PS-08/23

Augustiner-Zelt, 1930, *Fotografie, Augustiner Bräu Wagner KG*

Festbesucher im Augustiner-Zelt, 1960, *Fotografie, PS-PK0059*

Als Vorläufer des heutigen Bierzelttisches wurde in der brauereieigenen Schreinerei ein Modell mit klappbaren Beinen entwickelt, dessen Platte zeitgemäß eine Resopalbeschichtung hatte. Die Beine der Bänke wurden bewusst nach aussen gestellt, um so besser den Druck der Schunkelbewegung abfangen zu können.

Klapptisch aus dem Augustiner-Zelt, um 1970
Gestell Holz, Platte Pressspan mit Resopalbelag, 76 x 180 x 60 cm, PS-08/31
Klappbänke, *Vertrieb: Fa. Vitus Herb, München-Planegg, Herstellung: Schreinerfirma Kögel, Illertissen, um 1960, Holz, Eisen, 48x165x28 cm, PS-08/29*

Dieser Klassiker des modernen Gebrauchsdesign fand ungerechter Weise noch zu wenig Beachtung.

Bierzeltgarnitur aus dem Hackerzelt, Oktoberfest 2007
Fa. Ruku, Illertissen, Holz, Eisen, Tisch 78x220x50 cm, Bank 48x220x27 cm, PS-07/26

Ei-Schnitzellachs-Baguette
St. € 3,-
Flußkrebs-
Emmentaler
100 g
i.Tr. 45%
2,20
Makrelen
ab
100GR
2,10
frisch gebrannte
Mandeln
Frisches weiches Magenbrot
200g 2,50 € 400g 4,- €
Brausestäbchen
(mit Farbstoff)
200g 3,-€
Wies'n
08
3,50 €
Brez'n
1/2 Hendl
€ 6,50
Auszogne
AUSZOGNE
Stck. 3,-
Ich bin total verrückt nach Dir
Für Dich
Spatzl i mog Di

Augustiner-Bräu-Festzelt
Wirt: Manfred Vollmer
Augustiner Bräu
Fassade geht auf das Zelt von 1926 zurück; 2010 Rekonstruktion des Turmes von 1926, der während des Zweiten Weltkrieges verbrannt ist
Sitzplätze: 6000 im Zelt, 2500 im Garten; gesamt 8500
Bemerkung: In diesem Zelt wird das Bier noch in Holzfässern ausgeschenkt.

Schottenhamel Festhalle
Wirte: Christian und Peter Schottenhamel
Spaten-Franziskaner-Bräu
Fassade seit ca. 1953 mit Veränderungen
Sitzplätze: 6000 im Zelt, 4000 im Garten; gesamt 10.000
Bemerkung: Seit 1950 wird das Oktoberfest durch den Münchner Oberbürgermeister mit dem Anzapfen in der Schottenhamel Festhalle eröffnet.

Bierzelte

Im Gegensatz zu normalen Volksfest-Bierzelten werden den Wiesnzelten traditionell Fassaden vorgebaut. Diese sollen dem Festbesucher Orientierung bieten. Hierzu dienen auch die Wahrzeichen an den Fassaden wie Löwe oder Bräurosl und mächtige Schriftzüge auf den Firsten der Zeltdächer. Insbesondere die Türme des Löwenbräu-Festzeltes, des Winzerer Fähndl und ab 2010 der Augustiner-Festzeltes setzen weithin sichtbare Marken. Die 14 großen Festhallen mit den davorliegenden Biergärten wirken wie imposante Einfirsthöfe an einer breiten Hauptstraße eines oberbayerischen Fremdenverkehrsortes. Seit den 1960er Jahren bestimmt der Landhausstil mit Details wie Fensterläden, Lüftlmalerei, dunkel gebeizten Holzverkleidungen, Geranien geschmückten Balkonen die Fassadengestaltung. Dagegen hebt sich das Augustiner-Festzelt mit seiner nahezu unveränderte Fassade von 1926, das Hippodrom, mit seinem Pseudo-Jugendstil-Dekor, die Fischer Vroni als norddeutsche Fischer Kate und die Ochsenbraterei mit ihrer postmodernen Wellenfassade ab. Trotz der Erneuerung der Bauten bei vielen Zelten wurde das gewohnte Erscheinungsbild bei den Fassaden erhalten. Allein das Hofbräuzelt hat 2005 einen neuen Auftritt mit einem Zitat der historischen Fassade des Hofbräuhauses aus dem Zentrum der Stadt bekommen.

Die Innendekorationen unterscheiden sich wenig: der schlichte Zelthimmel wird durch bunte Stoffbahnen verkleidet, Kränze und Girlanden aus Tannengrün oder Hopfendolden werden abgehängt. Das Hackerzelt ist seit den 1950er Jahren mit Wolken verziert, was der Brauerei zu ihrem jetzigen Slogan „Der Himmel der Bayern" verhalf.

Löwenbräu-Festzelt
Wirte: Ludwig Hagn und Stephanie Spendler
Löwenbräu
Fassade seit 1956 mit Veränderungen, Turm seit ca. 1950 mit Umbauten, zuerst mit Weltkugel, später mit einer rotierenden überlebensgroßen Löwenfigur
Sitzplätze: 5700 im Zelt, 2800 im Garten; gesamt 8500
Bemerkung: Seit 1950 ist eine 4,50 m große „Löööwenbräu"-brüllende Löwenfigur über dem Haupteingang platziert.

Armbrustschützenzelt
Wirt: Peter Inselkammer
Paulaner Brauerei
Fassade mit Turm seit 1965 mit Veränderungen
Sitzplätze: 5830 im Zelt, 1620 im Garten; gesamt 7450
Bemerkung: In einem Zeltanbau werden die Wettkämpfe der Armbrustschützen ausgetragen.

Winzerer Fähndl Paulaner Festhalle
Wirte: Arabella und Peter Pongratz
Paulaner Brauerei
Fassade seit ca. 1965 mit Veränderungen
Turm, auf dem ein 6 m großer Bierkrug rotiert, seit 1951 mit Veränderungen
Sitzplätze: 8450 im Zelt, 2450 im Garten; gesamt 10.900
Bemerkung: Der Zeltname bezieht sich auf die Armbrustschützengilde Winzerer Fähndl, die 1895 ihr erstes Oktoberfestzelt bezogen hat.

Hacker-Festzelt
Wirte: Christine und Anton Roiderer
Hacker-Pschorr
Fassade seit ca. 1965 mit Veränderungen
Sitzplätze: 6900 im Zelt, 2400 im Garten; gesamt 9300
Bemerkung: Die Festdekoration mit Wolken aus den 1950er Jahren führte zu dem Slogan „Himmel der Bayern".

Festhalle Pschorr Bräurosl
Wirte: Georg und Renate Heide
Hacker-Pschorr
Fassade seit 1951 mit Veränderungen
Sitzplätze: 6200 im Zelt, 2200 im Garten; gesamt 8400
Bemerkung: Der Name des Zeltes bezieht sich auf die Darstellung der Bräurosl, die seit 1901 das Zelt ziert.

Hofbräu-Festzelt
Wirte: Günter und Margot Steinberg
Staatliches Hofbräuhaus in München
Fassade seit 2005
Sitzplätze: 7018 im Zelt (davon 1000 Stehplätze), 3022 im Garten; gesamt 10.040
Bemerkung: Das Staatliche Hofbräuhaus ist erst nach dem Zweiten Weltkrieg auf dem Oktoberfest vertreten.

Ochsenbraterei
Wirte: Anneliese Haberl, Hermann Haberl und Antje Schneider
Spaten-Franziskaner-Bräu
Fassade seit ca. 1985
Sitzplätze: 5950 im Zelt, 1600 im Garten; gesamt 7550; Bemerkung: Die Spezialität des Hauses ist das Braten ganzer Ochsen, worauf eine überdimensional große Ochsenbratenfigur, die am Spieß gedreht wird, über dem Haupteingang verweist.

Hippodrom
Wirt: Josef Krätz
Spaten-Franziskaner-Bräu
Fassade seit 1985
Sitzplätze: 3200 im Zelt, 1000 im Garten; gesamt 4200; Bemerkung: Das 1902 auf dem Oktoberfest eröffnete Hippodrom besaß eine Pferdereitbahn, auf der die Besucher ihre Reitkünste zur Schau stellen konnten. Bis 1988 wurde sie für Reitvorführungen genutzt.

Fischer-Vroni
Wirte: Johann und Silvia Stadtmüller
Augustiner Bräu
Fassade seit 1998 mit Veränderungen in Anlehnung an die frühere Fassade
Sitzplätze: 2695 im Zelt, 700 im Garten; gesamt 3395
Bemerkung: Vor dem Gebäude werden seit 1904 „Steckerlfische", die Spezialität der Fischer-Vroni, über offener Glut zubereitet.

Schützen-Festzelt
Wirte: Claudia und Eduard Reinbold
Löwenbräu
Fassade seit 2004
Sitzplätze: gesamt 4442
Bemerkung: Im rückwärtigen Teil des Zeltes finden Wettbewerbe der Schützen statt.

Weinzelt
Wirte: Doris, Roland und Stephan Kuffler
Sektkellerei Nymphenburg
Fassade seit 2005
Sitzplätze: 1920 im Zelt, 580 im Garten; gesamt 2500

Käfer Wies'n-Schänke
Wirt: Michael Käfer
Paulaner Brauerei
Fassade seit 1972 mit Umbauten
Sitzplätze: 1364 im Zelt, 1900 im Garten; gesamt 3264
Bemerkung: Die Käfer Wies'n-Schänke hat das Erscheinungsbild einer alpenländischen Gaststätte.

Wolfgang Pulfer, ***Festzelte, 2009,*** *Fotografie*

Kleine Wiesnwirte

Zur Bratwurst
Wirt: Werner Hochreiter
Bau 2000, bis 2006 „Bratwurst-Glöckl"
von Wirt Michael Beck
175 Sitzplätze innen, 80 aussen

Heinz Wurst- und Hühnerbraterei
Wirte: Herbert Heilmaier und Petra Brenner
Bau 1974
366 Sitzplätze

Café Kaiserschmarrn
Wirte: Gerhard und Magnus Müller-Rischart Bau 2007
378 Sitzplätze

Zum Stiftl
Wirte: Lorenz und Maria Stiftl
Bau 2008
440 Sitzplätze

Glöckle Wirt
Wirte: Hanns-Werner und Elke Glöckle
Bau 2003, erneuert nach Brand 2002
130 Sitzplätze

Kalbs-Kuchl
Wirte: Siegfried und Sabine Able
Bau 2008
300 Sitzplätze

Dekorationsteil, Karussell „Moonlift" von Schausteller Manfred Zehle aus München, um 1990, Polyester, 100x152 cm, PS-96/34

2000
-2010

Wiesn Wahnsinn 2000

Der „Wiesn Wahnsinn 2000" ist ein anhaltender Zustand. Während sich das Fest in seinen Elementen die letzten Jahrzehnte hindurch nur wenig verändert hat, liegt seine Dynamik heute in der Verjüngung des Publikums. Auf der Suche nach Traditionen werden die Bierzelte erobert, Tracht ist Trend und stiftet zugleich Identität, das Oktoberfest gilt heute als Mega-Event. Schon im Sommer wird eifrig um Tische und Einlasskarten gefeilscht, während auf der Theresienwiese allmählich die Zelte, Buden und Fahrgeschäfte in den Himmel wachsen. Besonders die Suche nach dem entsprechenden Outfit beginnt bereits Monate zuvor, kaum jemand, der heute nicht Dirndl oder Lederhose trägt.

Ende September ist es schließlich soweit. Die ganze Stadt ist auf den Beinen. Das Oktoberfest beginnt mit dem Einzug der Wiesnwirte und Promis, und der Oberbürgermeister zapft an. Die Stimmung ist aufgeladen, bald liegt ein satter Geruch von Zuckerwatte, Hendln und Bier in der Luft. Die Wiesn verspricht Bilder, Geschichten und große Gefühle, die von den Medien begierig transportiert werden. München befindet sich im Rausch. Die Zelte sind meistens wegen Überfüllung geschlossen, Vorglühen, VIP-Partys und After Wiesn, das Oktoberfest weitet sich aus.

Mit der Globalisierung ist das größte Volksfest der Welt keineswegs obsolet geworden, sondern hat ganz im Gegenteil noch auffallend an Bedeutung gewonnen. München belegt heute im internationalen Vergleich meist die vordersten Plätze. Das Oktoberfest ist das besondere Merkmal der Stadt und wird als lokales Ereignis weltweit wahrgenommen.

„Schriller, geiler, jünger. Früher Volksfest, heute Kult: Das Oktoberfest hat den Imagewandel geschafft. In den Zelten feiern die Jungen, und Tracht ist ein Muss. Als Spießer gilt heute, wer nicht hingeht."

Pascal Morché, Frankfurter Allgemeine Sonntagszeitung, 23. September 2007

Bierschlegel vom Anzapfen im Schottenhamel-Festzelt mit Beschriftungen von Oberbürgermeister Christian Ude, 2002 „4 Schläge", 2008 „2 Schläge", 2009 „2 Schläge"
Holz, H ca. 32 cm, Dm. ca. 17 cm, Hermann Memmel, München

Der ehemalige Wiesn-Stadtrat und heutige Wiesn-Ehrenrat Hermann Memmel sammelt seit 1986 die Schlegel, die beim Anzapfen zum Einsatz kamen. Der Rekord des amtierenden Oberbürgermeisters Christian Ude liegt bei zwei Schlägen.

Weltweit wird das Spektakel aus dem Festzelt der Familie Schottenhamel übertragen. Das Anzapfen ist über die Jahre hinweg zu einem internationalen Medienereignis geworden und eine der bekanntesten Szenen aus der bayerischen Landeshauptstadt.
Am Samstag um 12 Uhr eröffnet der Oberbürgermeister von München das Oktoberfest mit dem Anstich des ersten Fasses und dem Ausruf:

„O'zapft is!"

Heinz Gebhardt, ***Oberbürgermeister Christian Ude, 2009***
Fotografie

Wolfgang Pulfer, ***Oktoberfest, 2009***, *Fotografie (nächste Doppelseite)*

AUGUSTINER BRÄU
Laß Dir raten trinke SPAT

AUGUSTINER BRÄU
Laß Dir raten trin

Augustiner Bräu
FISCHER VRONI
ARMBRUSTSCHÜTZENZELT
PAULANER
HIPPODROM
OKTOBERFEST

Augustiner Bräu
FISCHER VRONI
ARMBRUSTSCHÜTZENZELT
PAULANER
HIPPODROM

Ralph Bittner, ***Wiesn Schafkopf, 1999,*** *Papier, 10 x 5,6 cm, PS*

Gesellschaftsspiel Oktoberfest

Obwohl das Oktoberfest nur einmal im Jahr stattfindet und lediglich 16 Tage dauert, ist die Theresienwiese zu jeder Zeit ein Schlüsselort der Stadt. Weit über den Platz hinaus reichen die Netzwerke und Bezüge, die sich Ende September unter der Bavaria konzentrieren. Das Fest sorgt das ganze Jahr hindurch für Gesprächsstoff und außergewöhnliche Debatten.

Seit den 1980er Jahren hat sich das Festgeschehen rasant entwickelt. Rund eine Milliarde Umsatz hat das Volksfest der Superlative inzwischen mit Belustigungen, Taxifahrten und Übernachtungen erreicht. Das Oktoberfest ist ein Markenzeichen, und wer etwas über Bayern und München in Erfahrung bringen will, kommt um die Wiesn nicht herum. Vertreter des Stadtrats, der Stadtverwaltung, der Brauereien und der Schaustellerverbände tragen maßgeblich zum Gelingen des Festes bei, das ganze Jahr hindurch wird verhandelt, organisiert und geplant. Während die meisten Akteure unbemerkt von der Öffentlichkeit die Fäden ziehen, stehen einzelne Personen mit ihren Aktivitäten und ihrem Erscheinungsbild im Vordergrund und prägen somit das Image der Wiesn.

Das Oktoberfest ist ein Gesellschaftsspiel, das Bilder liefert und Geschichten erzählt. Kamerateams, Journalisten und internationale Fotografen vervielfältigen die Ereignisse und Begebenheiten auf der Theresienwiese und senden Grüße aus München in alle Welt.

„Als ich 1985 angefangen habe, da war 175. Wiesn-Jubiläum. Da bin ich wacker rein im Dirndl, es hat mich richtig reingerissen, wie in einen Strudel. In den nächsten Jahren konnte ich mich dann nur schwer vom Image der Dirndlkönigin befreien."

Gabriele Weishäupl

Vor dieser Frau zittern die Wirte: Wiesn-Chefin Gabriele Weishäupl hat auf der Theresienwiese das Sagen.

Fotos: Schlüter, Primke, Schneider-Press

Gabi Weishäupl:

Abendzeitung, 25. September 2007

Gabriele Weishäupl ist seit 1985 die Tourismusdirektorin der Landeshauptstadt München und damit die Leiterin des Oktoberfestes. Seither zeigt sie sich im Dirndl und repräsentiert damit München und das größte Volksfest der Welt vor internationalem Publikum.

Dirndl, getragen von Gabriele Weishäupl, um 2000
Viskose, Seidendamast, T-2010/3

Kaffee-Haferl aus der Käfer-Schänke, um 1985, *Porzellan, A*

Gerd Käfer beim Wiesn-Einzug, um 1980, *Käfer privat*

1971 war Gerd Käfer erstmals mit einer Alm-Hütte auf dem Oktoberfest vertreten. Nur zwei Jahre später eröffnete „Käfers Wiesn Schenke“ und zog mehr und mehr Promis auf die Theresienwiese. Für diesen Anlass hat der Feinkost-Experte auch die Idee mit den Kaffeetassen als Souvenirs entwickelt. Gerd Käfer resümiert in seiner Biographie: „So schnell konnte ich die gar nicht produzieren lassen wie die weggingen. – Jeder Wies'n Besucher wollte als Erinnerung dieses ‚Haferl mit den Glückskäfern' haben. Dieses Haferl ‚with the beetles' war ein Hit von Flensburg bis Berchtesgaden, von San Francisco bis Tokio und von New York bis Sydney!“

Franz Beckenbauer mit seiner Freundin Diane Sandmann, Martina und Karl-Heinz Rummenigge in der Käfer-Schänke, um 1980, *Käfer privat*

Euro RSCG 4D, ***Einladung zur Damenwiesn, 2004***
21x29,5 cm, PS

Gaudi und Glamour satt (v. l.): „Tatort"-Star Maria Furtwängler, Eigenvermarktungs-Profi Verona Pooth, Gastgeberin Regine Sixt und Film-Schätzchen Uschi Glas zeigen, wie viel Spaß Frauen ohne ihre Männer haben können - und sei es für ein paar Stunden. Fotos: Klaus Primke

Prösterchen: Ärztin Antje-Katrin Kühnemann mit Prosecco.

Klassisch: Elisabeth Prinzessin von Sachsen-Weimar.

Das sixte Weltwunder

Abendzeitung, 23. September 2008

Die „Mietwagen-Königin" Regine Sixt veranstaltet seit 1989 das Society-Highlight auf dem Oktoberfest. Rund 800 Frauen aus Gesellschaft, Medien, Wirtschaft und Politik waren 2009 zur „Damen-Wiesn", eine Netzwerk- und Charity-Veranstaltung, im Hippodrom geladen. Angefangen hat das Treffen mit etwa 30 Frauen in Käfers Wiesn Schenke.

Dirndl, getragen von Regine Sixt, zusammengestellt von „Dirndl Ecke Indra" in München, 2009
Seide, Baumwolle, T-2010/32

Uschi Dämmrich von Luttitz

„Poldi – Prinz Leopold von Bayern“, Dirndl, getragen von Uschi Dämmrich von Luttitz, 2009
Leinen, T-2010/44

Uschi Dämmrich von Lüttitz hält traditionell an den drei Wiesn-Samstagen die Stellung im Hacker-Zelt
Foto: Bayern

***Abendzeitung*, 20. September 2008**
Foto: BR/Ralf Wilschewski

Seit 1999 berichtet Uschi Dämmrich von Luttitz für den Bayerischen Rundfunk von der Theresienwiese. Durch die Medienberichterstattung kann heute jeder die „Wiesn live daheim“ erleben. Zahlreiche Zuschauer verbinden das Geschehen auf dem Oktoberfest mit dem Gesicht der Moderatorin und begeistern sich auch für die Trachten, die Uschi Dämmrich von Luttitz trägt.

Auf geht's beim Schichtl

Ein wahres Traditionsunternehmen auf dem Oktoberfest: Beim Schichtl rollen jedes Jahr um die 400 Köpfe.
Foto: Spe

Abendzeitung, 21. September 2007

Manfred Schauer betrieb einen Schnittgrüngroßhandel in der Großmarkthalle, als er 1986 von der alten „Schichtlin" Franziska Eichelsdörfer das Theater übernahm. Bis dahin hatte er mit der Schaustellerei nichts am Hut. Mit derb bayerischem Witz und körperlicher Dynamik erkämpfte er sich auf seiner Parade die inzwischen schon lang anerkannte Position des „Schichtls". Trat er anfänglich noch entsprechend seiner historischen Vorgänger im schwarzen Frack auf, änderte er Anfang der 1990er Jahre sein Paradekostüm: Der Schichtl trug nun Lederhose, dazu Weste, Joppe und Zylinder jeweils mit Leopardenmuster besetzt. Auch wenn er selbst betont, dass er normal so nie rumlaufen würde - auf der Wiesn war dieses Outfit neu und schrill. Somit gehört Schauer zu den Trendsettern der Wiesntracht.

Joppe, Lederhose und Zylinder, getragen von Manfred Schauer, München, um 1990, *Wolle, Leder, T-2010/61*

Natalie Fumelli, ***Offizielles Oktoberfest-Plakat 2010***
84x59,5 cm, PS

Phänomen Wiesntracht

Wie keine andere Erscheinung prägt die Wiesntracht das Bild vom heutigen Oktoberfest. Etwa seit dem Jahr 2000 begeistern sich immer mehr Besucherinnen und Besucher für Dirndl und Lederhosen. Erhältlich sind die Trachtenstücke mittlerweile in allen erdenklichen Variationen. Vom schlichten second-hand Dirndl und dem günstigen Komplettpaket mit Lederhose, Hemd, Halstuch, Strümpfen und Schuhen, über gediegene Modelle, geblümte Baumwollkleider, Karohemden und Lodenjanker, bis hin zum schrillen Leoparden-Dirndl, handgenähten Hirschlederhosen und exklusiver Trachten-Couture, reicht das Sortiment. Ob kurz oder lang, neu oder alt, die grundlegende Form der Dirndl und Lederhosen bleibt bei den unterschiedlichen Ausführungen doch fast immer erhalten. Auf die feinen Unterschiede kommt es an, und jeder wird die Wiesntracht wählen, die dem eigenen Stil entspricht.

Das Dirndl wurde in der zweiten Hälfte des 19. Jahrhunderts von findigen Schneiderinnen aus dem Schnitt vom Untergewand der Mägde oder Mädchen entwickelt. Damit schufen sie ein passendes Kleid für die bürgerlichen Damen, die zur Sommerfrische am Land weilten. Hosen aus Leder wurden wie der Loden seit Jahrhunderten von den Bauern im Alpenraum gebraucht. Hofiert durch die bayerischen Könige, kamen auch die Lederhosen in die Stadt. Nachdem sie auf der Theresienwiese zusammengefunden haben, gelten Dirndl und Lederhosen heute weit über Bayern und München hinaus als Trachtenpaar. Müßig scheinen all die Diskussionen, wer denn nun überhaupt welche Kleider tragen darf. Inzwischen staffieren sich auch internationale Gäste vor ihrem Festbesuch entsprechend aus. Das Plakatmotiv zur Jubiläumswiesn lädt jedenfalls alle ein, sich festlich anzuziehen und dabei zu sein.

Annonce, Süddeutsche Zeitung 1968, *VPK*

Der Münchner Trachtenhersteller Loden-Frey wirbt 1968 als erstes mit der Verknüpfung von Oktoberfest und Tracht. Bereits vorher wurde Trachtenbekleidung auf der Theresienwiese getragen, aber erst im Verlauf der 1960er Jahre werden Dirndl und Lodenkostüme mit dem Festgeschehen in Verbindung gebracht.

Mit dem preiswerten Sortiment von „Wies'n Tracht & mehr" können sich heute alle, die wollen, ein Oktoberfest-Outfit leisten. Während zunächst vorwiegend second-hand Dirndl und gebrauchte Lederhosen angeboten wurden, gibt es inzwischen viele günstige Geschäfte in der Münchner Innenstadt und eine ganze Palette von erschwinglichen Komplett- und Einsteigersets für Damen und Herren.

Gina Anders, ***Fa. Steindl, „ Wies'n Tracht & mehr", 2009,*** *PS*

Annonce, Käfer Zeitung, 2009

Seit 2002 bringt Loden-Frey jährlich ein eigenes Wiesn-Dirndl heraus. Andere Hersteller und Designer haben sich angeschlossen. Das Trachtenangebot zum Oktoberfest vervielfältigt sich.

Der Dirndl-Streit geht in die nächste Runde: Nach dem Dirndl-Boykott der Landesmutter Marga Beckstein schockt jetzt eine *mit* ihrem Dirndl. Cora Schumacher erschien am Sonntagabend im Käferzelt mit einem riesigen, schwarzen Totenkopf auf der Schürze, zwischen den zarten Rosen am Oberteil weitere weiße Totenköpfe.

Das Dirndl sei ein Unikat, so die Gattin des Formel-1-Fahrers Ralf. „Das hat ein Freund extra angefertigt, weil ich Totenköpfe so gerne mag." Ein weiterer Grund für diesen extravaganten Auftritt könnte auch sein, das Cora gerade Publicity braucht. Am 15. Oktober eröffnen sie und ihre Freundin Katja Zickler, Ehefrau von Ex-Bayernspieler Alexander Zickler, nämlich eine Modeboutique mit flippigen Klamotten in der Salzburger Münzgasse. Das man über sie redet, ist ihr gelungen: Schon im Zelt ging das Getuschel los: „Das geht zu weit", „Das hat nichts mit traditioneller Tracht zu tun", so die Kommentare. Auch am Tag danach hat die Diskussion nicht abgenommen. Die *tz* hat bei Dirndl-Designern, Wiesn-Experte Georg Huber und einem Brauchtumspfleger nachgefragt, was sie von solch einem Auftritt halten. NBA/SH

Modisch UND traditionell: ein Schatzi-Dirndl F. Schneider Press, Westermann, Jantz, Weissfuss

Darf frau SO auf die Wiesn?

Das ist doch völlig daneben!

Ein Dirndl mit Totenköpfen? Hat man so was Geschmackloses schon gehört! So was trägt nur, wer mit Gewalt im Mittelpunkt stehen möchte. Wenn's nach mir geht, muss ein Dirndl schlicht sein und nicht zu kurz. Aber die Varianten auf der Wiesn sind ja ohnehin uferlos, da könnte man sich nur drüber aufregen!

Adi Müller, stellvertretender Vorsitzender des Bayerischen Trachtenverbandes.

Totenkopf passt nicht zu Freudenfest

Das zeigt, was die Dame wohl im Kopf hat. Ein Totenkopf ist ein eindeutiges Zeichen mit einem dunklen Symbol – die Wiesn dagegen ist ein freudiges Fest. Dirndl dürfen nicht nur als Grundlage für Accessoires dienen.

Georg Huber, Wiesn-Experte

Damit kann sie zum Karneval!

Dass die sich überhaupt so auf die Straße traut! Die sollte ihre Stylistin rausschmeißen! Entweder hat sie das mit Karneval verwechselt, oder sie wollte um jeden Preis auffallen. Wohl eher zweiteres. Wir hatten im vergangenen Jahr auch mal Gürtelschnallen mit Totenköpfen – das geht. Oder ein kleiner dezenter Totenkopf am Rand der Schürze. Aber in dieser Größe und in Kombination mit den Blumen auf dem Dirndl: Das ist ein riesiger Stilbruch und hat nichts mehr mit moderner Tracht zu tun. Das geht gar nicht! Peinlich!

Katharina Lukacs, Designerin von Schatzi-Dirndl

Das Dirndl ist kreativ und trendy

Ich verstehe die Aufregung nicht: Das Dirndl ist doch mal was anderes. Es ist sehr kreativ. Und der Kreativität sind bekanntlich keine Grenzen gesetzt. Totenköpfe sind modisch absolut trendy.

Angelika Zwerenz, Designerin bei „Dirndlpunk"

tz Fotos
Mehr Fotos von Cora
www.tz-online.de

tz, 23. September 2008

Überall Totenköpfe. 2008 haben die Medien eine Diskussion um das Dirndl von Cora Schumacher, der Gattin des ehemaligen Formel-1-Rennfahrers Ralf Schumacher, entfacht. Ein Jahr später gab es bereits eine ganze Kollektion mit Totenköpfen, Hemden, Lederhosen, Halstücher und Dirndl, bei Trachten-Angermaier.

Trachten-Angermaier, München, Dirndl, 2009
Baumwolle, T-2009/143

Dirndl, entworfen und getragen von Nika Schottenhamel München, 2009, *Baumwolle, T-2009/287*

Die frühere Wiesnwirtin Nika Schottenhamel bringt seit 2004 eine eigene Dirndl-Kollektion für Erwachsene und Kinder heraus, die von Loden-Frey vertrieben wird. Die Catering-Spezialistin kleidet mit ihrer Linie auch Freundinnen und Bekannte ein.

WELT AM SONNTAG NR. 38 • • • 20. SEPTEMBER 2009

Ein Dirndl natürlich!

Münchner Gesellschaftsdamen wie Barbara Herzsprung machen ge
Wiesn-Zeit überraschen sie mit eigenen Kollektionen und einem aus

Welt am Sonntag, 20. September 2009

Macht auch mit Acht-Monats-Bäuchlein und eineinhalb Nummern größerem Dirndl eine gute Figur: Trachten-Königin Lola Paltinger inmitten ihrer Kreationen. Fotos (2): R. Zimmermann

Abendzeitung, 9. August 2006

Lola Paltinger, München, Dirndl, 2010
Lamé-Gewebe, T-2010/28

Lola Paltinger ist der Star unter den Trachtendesignerinnen, ihre Kleider glitzern und funkeln. Mit der Verwendung von besonderen Materialien, Tüll, Organza, Seide, und leuchtenden Farben hat sie einen Trend gesetzt, dem inzwischen viele Hersteller folgen. Seit 2002 stattet sie die Damen der Gesellschaft unter dem Label „Lollipop und Alpenrock" mit exklusiven Dirndln und anderen Trachtenstücken aus. Für ihre Entwürfe verwendet Lola Paltinger auch selbst gestaltete Stoffe mit Collagen aus dem illustren Fundus der Bayern-Bilder.

Lola Paltinger, München, Dirndl, 2010
Baumwolle, bedruckt, T-2010/29

Auch Paris Hilton hat bei ihrem Besuch auf dem Oktoberfest ein Dirndl von Lola Paltinger getragen. Das Bild der Hotelerbin im goldenen Trachtengewand ging durch die Medien und wurde weltweit bekannt.

Süddeutsche Zeitung „München erleben", 3/2007

Hammerschmid Sportive Trachtenmode, Marquartstein, 2009, T 2010/26

Fa. Nicoletta Giacomelli „Trachten-Couture am Tegernsee“, Rottach-Egern, 2009, T 2010/43

Trachten Angermaier, 2009 T 2009/260-262

Loden-Frey, München, 2009, T 2009/251
Fa. Lukas Meindl, Kirchanschöring, 2009, /252

Trachten Angermaier, München, 2009 T 2009/144/1-3

Lederhosen-T-Shirt, 2004, T-2009/152

FW Apparell, Seattle, Fantasy Costume „Lederhose“, 2009 T 2009/177

Lederhose, München, um 1965, T 2009/170
Trachten Angermaier, Hemd, T 2009/272

FW Apparell, Seattle, Fantasy Costume „Gretchen“, 2009 T 2009/176

Trachten Angermaier, Weste, 2009, T 2009/263

Dirndl, um 1965, *T 80/595*

Trachten Wallach, München, 1970, *T 2008/27*

Dirndl, um 1970, *T 2009/118*

Trachten Angermaier, Komplettpaket, 2009, *T 2009/256/1-3*

Loden-Frey, 2009, *T 2009/275-277*

Trachten Angermaier, Polo-Shirt „Wiesnkönig“, 2008, *T 2009/283*

Hammerschmid Sportive Trachtenmode, 2009 *T 2010/27*

Loden-Frey, Wiesndirndl 2009, *T 2009/273*

Lederhose, um 1920/30, *T 2009/181*
Trachten Angermaier, 2009, *T 2009/271*

Lederhose, um 1965, *T 2009/171*
Trachten Angermaier, 2009, *T 2009/268*

Die breite Masse an Besuchern trägt auf dem Oktoberfest Tracht. Dirndl und Lederhosen werden in den Wochen vor dem Anstich vielfach beworben und annonciert, besichtigt und gemustert, anprobiert und vorgeführt, ausgiebig besprochen, beurteilt, debattiert und kritisiert, im Internet ersteigert, geliehen oder gekauft.

Nur

Nur

Marden Smith, ***Open Air Studio Portraits, um 2005***
Fotografie, PS

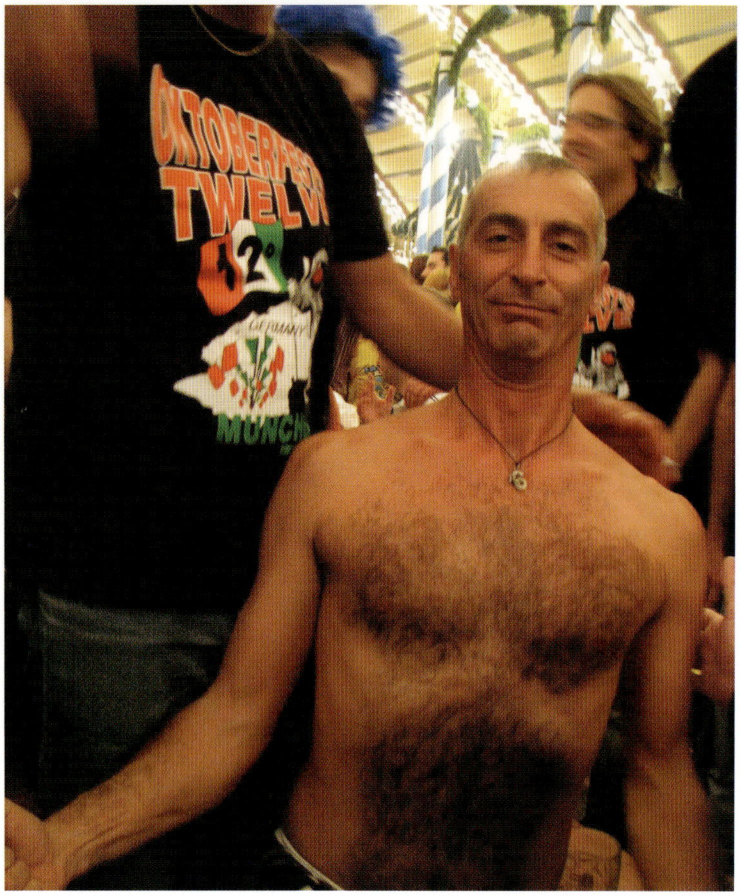

Margot Staffa, ***Italiener im Löwenbräu-Zelt, 2009***
Fotografie, PS

Während einige Besucherinnen und Besucher durchaus zu Exhibitionismus neigen, erwerben die meisten Gäste Trophäen wie Hüte, T-Shirts und andere Souvenirs an den Verkaufsständen auf dem Oktoberfest. Ausstaffiert mit den gleichen Hüten und damit für alle Welt kenntlich gemacht, ziehen Gruppen von Freunden, Junggesellinnen oder Vereine über die Theresienwiese.

„Ciao Bella!“ Am zweiten Wiesn-Wochenende fahren Italiener zumeist in Gruppen mit Bussen, Autos oder Wohnmobilen nach Monaco di Baviera, um auf der Theresienwiese zu feiern. Seit 1998 kommen die „Oktoberfest's Twelve“ aus Rimini in das Löwenbräu-Zelt, wofür sie sich schon im Vorfeld mit selbst entworfenen T-Shirts ausgestattet haben. Einer der „Twelve“ hat sein T-Shirt ausgezogen, um es dem Münchner Stadtmuseum zu schenken.
Von überall her reisen Gäste nach München, um einmal beim größten Volksfest der Welt dabei zu sein. Rund 19 Prozent der Festbesucher kommen heute aus dem Ausland. Die stärkste Gruppe bilden dabei die Italiener mit 17 Prozent, auf Platz zwei und drei folgen Amerikaner und Briten. Trotz aller Internationalität sind überraschenderweise etwa 70 Prozent der Besucher aus Bayern und nur neun Prozent aus dem übrigen Deutschland.

Scherzhut „Bierfass“, 1998
Textil, PS-98/190

T-Shirt „Oktoberfest's Twelve“, 2009
Baumwolle bedruckt, T-2009/153

Ankündigungsplakat für das Oktoberfest-Treffen des „MLC München", 2009, *59,2x42 cm, PS*

Am ersten Wiesnsonntag findet in der Bräurosl der "GaySunday" statt, ein Oktoberfesttreffen der Lesben und Schwulen unter dem Motto „Bayerisch feiern, international schnacksln". Während am Anfang nur wenige Tische belegt waren, ist heute das gesamte Zelt reserviert. Seit 25 Jahren organisiert der „Münchner Löwen Club", einer der bekanntesten schwulen Fetischvereine Europas, die Veranstaltung und konnte sich damit weltweit einen Namen machen. Seit 2009 wird noch der „Roslmontag" als zwangloser Treff der schwulen Szene in der Bräurosl angeboten, weil erfahrungsgemäß am Tag davor viele Gäste vor verschlossenen Türen standen.
Am zweiten Wiesnmontag hat sich mittlerweile auch die Fischer-Vroni zu einem Treffpunkt für die Schwulen entwickelt. Der „Prosecco" entstand 1993 durch den damaligen Wirt der gleichnamigen Gay-Bar in der Theklastraße. Seit 1994 treten das Münchner Travestie-Unikum „Baby Bubble" und andere namhafte Stars auf.

War beim Oktoberfesttreffen des „MLC München" zunächst ausschließlich schwarze Lederbekleidung erlaubt, ist Tracht heute offiziell in den Kleiderkodex des Vereins aufgenommen.

Fa. Lukas Meindl, Kirchanschöring, Lederhose, getragen von Thomas Niederbühl, Münchner Stadtrat der Rosa Liste, 1997, *T 2010/60*

Lederhose, getragen von Thorsten Geerken aus München, „Bavarian Mr. Leather 2010", um 2005, *T 2010/70*

DAS MÜNCHEN-MAGAZIN Die Stadt TÄGLICH IN IHRER …

Abendzeitung

DIENSTAG, 22. SEPTEMBER 2009
60 CENT

TELEFON 089.23 77 0
WEB WWW.ABENDZEITUNG.DE

Nr. 219/39 · B1017 · 80265 MÜNCHEN | ÖSTERREICH EUR 1,30 | ITALIEN EUR 1,60 | GRIECHENLAND EUR 1,35 | KROATIEN KN 12 | UNGARN FT 300 | TÜRKEI YTL 2,25 | SLOWENIEN EUR 1,40

● Wilde Partys
● Bier-Duschen
● Füße-Schlecken

Wiesn: So lassen's die Promis krachen

MÜNCHEN Beim „Almauftrieb" im Käferzelt: Ein Gast küsst Schlagersängerin Vicky Leandros Bein und Fuß, und zur Belohnung bekommt der „Schlecker" dann von seinem Tischnachbarn eine Maß über den Kopf geschüttet (Foto). Die Prominenten scheinen auf der Wiesn zurzeit außer Rand und Band zu sein. In den Boxen wird exzessiv gefeiert, getrunken, gebusselt und mit Schampus gespritzt. Beispiele? Lesen Sie die *Seite 20*. Foto: dpa

Abendzeitung, 22. September 2009

Promi-Drom

Bussi, Bussi. Mausi, Schatzi. Illegales-Promi-Autorennen-zum-Oktoberfest-nach-München-gestoppt. Na servus, Spatzerl. Die Theresienwiese wird zum Laufsteg heimatverbundener Eitelkeiten. Bild berichtet. Almauftrieb in Käfers Wiesn Schenke. Ein Spektakel. Bitte, hier geht's zum VIP-Eingang. Willkommen im Promi-Drom! In München hat die Society sogar einen eigenen Namen: Schickeria. Stars und Sternchen, der Kaiser und der FC Hollywood. Sportler, Models, Selbstdarstellerinnen. Schauspieler, Regisseure, Produzenten und Komponisten. Ein Industrieller, der alles bezahlt, obwohl keiner ihn kennt, tanzt auf dem Foto exzessiv mit der lustigen Moderatorin. Kir Royal! Auch Adel verpflichtet, ein Promi-Zahnarzt darf niemals fehlen und ebenso die Ex-Freundin, der Ex-Mann und die Ex-Sängerin einer Band. Wo ist eigentlich Giulia Siegel? tz-online/Fotostrecke. Diese-Promis-feierten-am-Dienstag-auf-der-Wiesn. Roberto Blanco ist praktisch schon ein Wiesn-Urgestein. Starlounge. Jürgen Drews knabbert-knutscht sich über die Wiesn. Und auch die anderen Promis gehen beim Oktoberfest gern auf Tuchfühlung. Bild.de: Auf dem Oktoberfest zeigten die Promi-Damen Haut – doch welche hat das schönste Wiesn-Dekolleté? Stimmen Sie hier ab! Achtung, da ist die Kamera. Je voller, desto doller – Promis (und solche, die es sein wollen) lassen es so richtig krachen. Posieren für die Fotografen. Champagnerdusche. Blitzlichtgewitter. Ohne Bunte wäre es nur ein Bierzelt. Promigeflüster im Hippodrom. Auch Kimberly Hoppe von der Abendzeitung ist immer dabei. Leute auf der Wiesn. Sie kommen, um sich zu inszenieren und um die Hackordnung zu verteidigen, erklärt Christian Mayer in der SZ. Vicky Leandros war der Star des Wiesnauftakts 2009, ihr gestrecktes Bein wurde in allen Zeitungen abgeleckt. Ohne die Medien hätte es keiner gemerkt!

ten

Be-
vor
wie
sten
igte.
pps,
zu
nten

der
Velt.
t. So
die
celn,
an-
lich:
der-
ball-
3lich
nun-

Aus der Flasche!!! Claudia Effenberg, die Haare aufgestellt, die Bluse eingenässt, genießt Champagner in Käfers Wiesnschänke. Foto:Babirad

fürs Grapschen. Klar schun- hört nicht aufs Wiesnbankerl

Abendzeitung, 23. September 2009

Eine beliebte Spielart des Luxuskonsums auf dem Oktoberfest ist die so genannte Champagnerdusche. Die 15-Liter-Flasche kostet im Weinzelt 3300 Euro. Mit dem Weinzelt-Schirm für 15 Euro kann man sich vor dem spritzenden Champagner und anderem schützen. Getrunken wird der Champagner auf der Wiesn aus dem Steinzeug-Krug.

Weinzelt-Set: Champagnerflasche „Deutz“, 15 L, Champagnerflasche „Louis Roederer“, 9 L, Bierkrüge „Paulaner“, 0,5 L, Regenschirm „Weinzelt“, 2009, A-2009/65

Ein genehmigter Ausflug. Luca Toni und Model Alessandra Geissel bei einem Auftritt für die Unesco-Hilfe am Sonntag im Hippodrom. Foto: People Image

Abendzeitung, 5. Oktober 2009

„Wir ziehen dem FC Bayern die Lederhosen an!“
Mit diesem Satz wirbt der Sponsor, der den Verein mittlerweile in der neunten Saison mit Trachten ausstattet. Gemeinsame Besuche auf dem Oktoberfest gehören zum festen Programm der Mannschaft und zum Image des Fußball-Clubs. Bastian Schweinsteiger oder Luca Toni zählen zu den bekanntesten und am häufigsten fotografierten Besuchern.

Fesch, die erste: Bastian Schweinsteiger, blau gemustert, mit Freundin Sarah.

Fesch, die zweite: Shootingstar Thomas Müller, rot gemustert, mit seiner Verlobten Lisa.

Abendzeitung, 22. September 2009

Fa. Spieth und Wensky, Obernzell, Lederhose und Trachtenhemd „FC Bayern“, 2009

Ein Prosit auf die Gemütlichkeit: Nach „Wetten, dass?" feierte Thomas Gottschalk mit seiner Frau Thea auf der Wiesn. Foto: babiradpicture

Abendzeitung, 5. Oktober 2009

Zwei Herzen, zwei Brezen: Ralph Siegel, Großkomponist und vieles mehr, feiert mit seiner Frau Kriemhild und Freunden bei Käfers.

Abendzeitung, 1. Oktober 2009

FRAUENCHOR
Im Hippodrom von Sepp Krätz singen Schauspielerin Verena Klein (2. v. l.), Societylady Fiona Swarovski (o. r.) und Mariella Ahrens (Dirndl: Schmittund-schäfer) die Wiesn-Hits mit. Wichtig: Nix geht ohne Einlassbändchen – je VIPer, desto mehr. Siehe Arm rechts ...

Bunte, 40/2009

Mal nicht im Kornfeld: Jürgen Drews in seiner Lieblings-Pose mit Ehefrau Ramona.

Abendzeitung, 24. September 2009

Abschleck-Alarm: Sarah Kern (gefiedert und behütet) lässt sich von

Abendzeitung, 22. September 2009

Schild vom Haupteingang des Hippodrom, 2000
Kunststoff, 40x100 cm, PS-09/249

Wegen Überfüllung geschlossen!

„Wer sich vom Bummeln und Karussellfahren erholen will, kann sich in einem der sieben Festzelte niederlassen – vorausgesetzt er findet dort einen Platz", berichtet der Donau Kurier im September 1988. Dienten die Zelte bis dato eher einem temporären Aufenthalt, mussten die Türen in jenem Jahr erstmals wegen Überfüllung geschlossen werden. 2010 titelt die Presse bereits im April, dass alle Reservierungen vergeben sind. In früheren Jahren war die Masse auf dem Festplatz in Bewegung und die Besucher wechselten mehrfach zwischen Bierzelten und Schaustellergeschäften. Diese Fluktuation ist mittlerweile allerdings kaum mehr möglich, denn wer mit oder ohne Reservierung einen Platz ergattert hat, kommt nach Verlassen des Zeltes häufig nicht mehr hinein.

Die Gästelisten der Festwirte sind lang und lesen sich wie der Geschäftsindex der bayerischen Landeshauptstadt. Kaum eine Firma oder Institution in München, die Vertragspartner, Angestellte und Führungsetagen nicht aufs Oktoberfest lädt. Hendl und Bier sind überzeugende Argumente der Mitarbeitermotivation und ebenen so manchen Weg zu einem erfolgreichen Geschäftsabschluss.

Zu den Buchungen im Vorfeld kommt eine wachsende Zahl junger Besucher, die nach freien Plätzen im Festzelt suchen. Immer dichter wird das Gedränge in den letzten Jahren. Besonders zu den Stoßzeiten, an den Wochenenden oder am frühen Abend sind die Zelte wegen Überfüllung geschlossen. An den Türen der Zelte warten die ersten Gäste am Wochenende schon um 6 Uhr in der Früh und vertreiben sich die Wartezeit mit alkoholischen Getränken, die sie zum „Vorglühen" mitgebracht haben. Nach Öffnung der Zelte um 9 Uhr sind die Tische schlagartig belegt und die ersten Maßen verkauft. Ab jetzt heißt es sitzen bleiben bis zum Abend, später eintreffende Gäste empfängt das Schild: „Wegen Überfüllung geschlossen!"

Heinz Gebhardt, ***Bräurosl, 1988***
Fotografie

Band, Hippodrom, 2000

Sepp Krätz, der Wirt vom Hippodrom, hat im Jahr 2000 das VIP-Armbändchen für besondere Gäste eingeführt. Inzwischen werden die Bänder von allen Festwirten an Gäste mit Reservierungen ausgegeben. Plätze im Bierzelt werden derzeit mehrmals am Tag verkauft, wofür in der Regel zwei Maß Bier und ein Hendl pro Person abgenommen werden müssen. Eine nicht wahrgenommene Reservierung verfällt nach 30 Minuten.

*Dieter Hanitzsch, **Süddeutsche Zeitung, 27. September 2000***

Einlaßbänder, Plastik, Papier, 2009

Zeitungsschürze Merkur, 24. September 2008

Besonders an den Wochenenden kommen Besucher schon am frühen Morgen auf die Theresienwiese. Bereits um 6 Uhr in der Früh bilden sich lange Schlangen und gerade junge Leute warten vor den Eingangstoren, um einen Platz im Festzelt zu ergattern. Während der Wartezeit glühen viele Besucher mit alkoholischen Getränken, die sie von zu Hause mitgebracht oder unterwegs eingekauft haben, bereits vor, und die Stimmung ist bereits heiter, bevor um 9 Uhr die erste Maß Bier verkauft wird.

Auffindort: Hacker-Festzelt, Hinterausgang
Samstag, 26. September 2009, 8.55 Uhr

Set zum „Vorglühen“: Tragetasche „Rewe“, Flasche „Culanov ice“, Verpackung „Veltins V+“ 2009, *A-2009/99*

Nickel, ***„Wiesnclub", 2009, Plakat,*** *PS*

Designlabs, ***„Wiesn-Naga", 2009, Plakat,*** *PS*

**„Die Oktober-Revolution.
Das junge, urbane Deutschland hat das Münchner Traditionsfest für sich entdeckt!"**

Rüdiger Dilloo, Die Zeit, 27. September 2007

Wer immer noch nicht genug hat, wenn die Zelte gegen 23 Uhr schließen, macht sich auf zur „After Wiesn" und feiert mit anderen Festbesuchern in der ganzen Stadt weiter. Etwa seit zehn Jahren werben Nachtlokale mit speziellen Veranstaltungen um diese Gäste. Ob Promi-Disko oder alternativer Musik-Club, der Laden brummt nach dem Oktoberfest.

Marden Smith, ***Im Schottenhamel, 2009,*** *Fotografie (nächste Doppelseite)*

SPATEN

tz

www.tz-online.de

0,50 €

MÜNCHEN, DIENSTAG, 29. SEPTEMBER 2009
REDAKTION 089/53 06-0, ANZEIGEN 53 06-666
41. JAHRGANG ÖSTERREICH € 1,20 · ITALIEN € 1,50 SPANIEN € 1,20 · (I.C. € 1,35) GRIECHENLAND € 1,30 · TÜRKEI YTL 2,25 UNGARN HUF 300 · KROATIEN KN 12 SLOWENIEN € 1,40
80282 MÜNCHEN NR. 224/40

Sterne
Ihr Horoskop für Oktober!
Seite 27

FC Bayern – Juventus Turin
30. 9. 2009
FC Bayern – 1. FC Köln
3. 10. 2009

FC Bayern – Frankfurt 24. 10. 2009 | FC Bayern – Bordeaux 3. 11. 2009
FC Bayern – FC Schalke 04 6.–8. 11. 2009

www.kartenagentur.de
Tickethotline: ☎ 089 / 36 26 01
Tickets für alle Heim- und Auswärtsspiele des FC Bayern

Absperrgürtel ums Oktoberfest ++ Wo nichts mehr geht ++ Polizei setzt zwei Islamisten fest!

Foto: Klaus Haag

Festung Wiesn

Es gibt zwar keine konkreten Hinweise auf ein Attentat, dennoch geht die Polizei auf Nummer sicher. Seit gestern zieht sich ein Sperrgürtel ums Oktoberfest. Hintergrund: Islamistische Drohvideos, die sich auch auf die Wiesn beziehen. Alle Infos, Pläne, Reaktionen: Seiten 2 bis 6

tz, 29. September 2009

Rhythmisches Hüpfen der Festbesucher hat die Bank zerstört. Als Dokument des „Wiesn Wahnsinn 2000" verwahrt das Münchner Stadtmuseum die Reste.

Bank aus dem Hacker-Festzelt, 2007
PS-07/27

„Nirgendwo aber liegen Glanz und Elend des Bieres näher beieinander als auf dem Oktoberfest. Das ehemals derb gemütliche Volksfest mutierte mittlerweile zur international wirksamen Bier-Marketingshow, die betuchtes Partyvolk aus aller Welt anzieht. ...
Dass sich hier inzwischen der neureiche Trachtenadel selber feiert, während Normalbürger zunehmend Schwierigkeiten haben, den ganzen Spaß zu bezahlen (sofern sie denn überhaupt einen Platz im Bierzelt ergattern können), tut der Sache keinen Abbruch.
Die glänzende Inszenierung der Münchner Brauereien, überstrahlt für kurze Zeit alle Gegensätze und Sorgen. Sogar Frauen geben sich jetzt dem Bier hin, denn es ist ja alles so eine Riesengaudi.
Ist der physische Durst erst gelöscht, gibt es nichts Besseres als Bier, um zum enthemmten Saufen überzugehen. Der zweifelhafte, wenn auch verführerische Vorteil, den Bier gegenüber anderen Alkoholika besitzt, ist sein vergleichsweise geringer Alkoholgehalt in Verbindung mit der einzigartigen, schaumigen Süffigkeit. Vorausgesetzt, die Temperatur stimmt, am liebsten stangeneisgekühlt, trinkt es sich selbst dann noch lustvoll, wenn das körperliche Fassungsvermögen längst überschritten ist – „press mas owi", sagt der Bayer. Der Blick wird stier, die Artikulation verschwimmt, das Trinkergemüt ergeht sich in trübem Dämmerzustand oder blinder Aggression. Höllischer Radau und ein animalisches Geruchsgemisch aus Bierdunst, Schweiß und Erbrochenem verlangt nach weiterer Betäubung."

Stefan Gabányi, Süddeutsche Zeitung, 20./21. September 2008

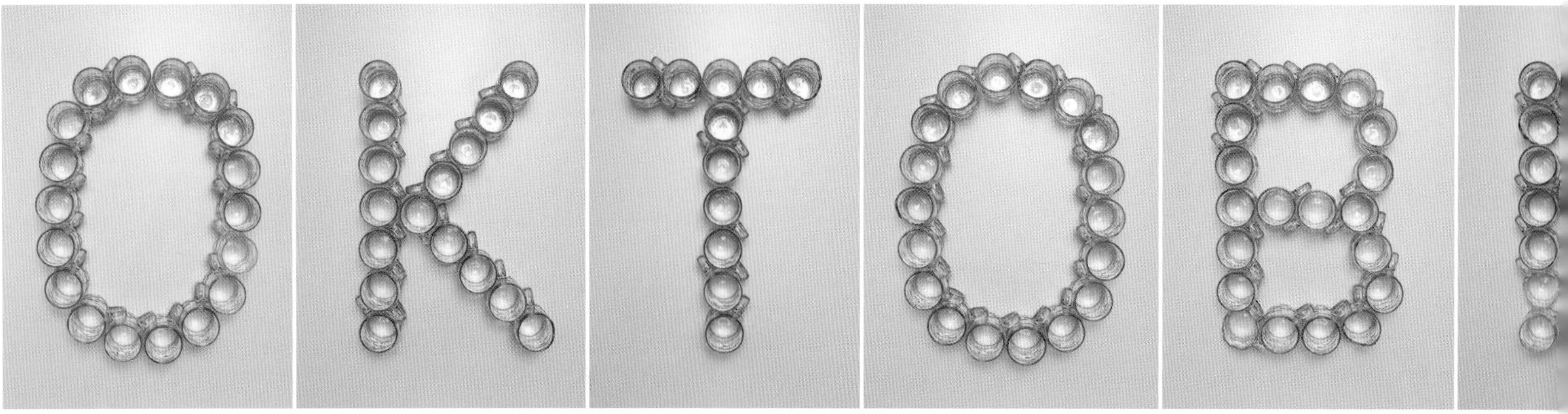

Maßkrug, zerbrochen nach einem „Prosit der Gemütlichkeit“
Fundstück von Rudolf Klaffenböck, Oktoberfest 2009, Glas, H 20 cm

Rudolf Klaffenböck, ***Zerbrochener Maßkrug, Oktoberfest, 2008***
Fotografie, 66x44 cm, PS-10/146

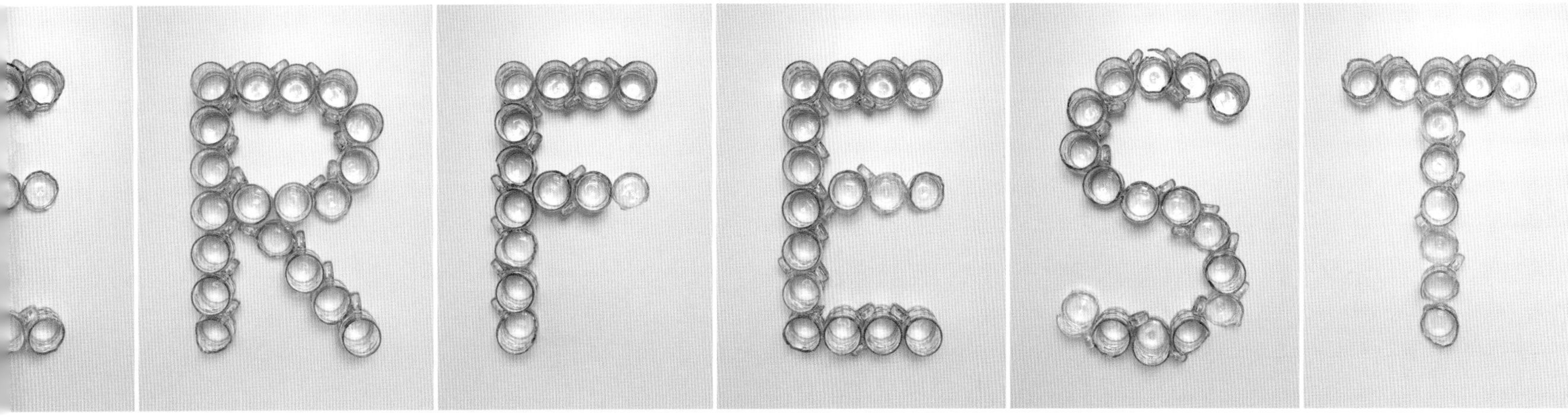

Rudolf Klaffenböck, ***Erbrochenes mit Maßkrug, Oktoberfest 2008***
Fotografie, 66x44 cm, PS-10/146

Rudolf Klaffenböck, ***OKTOBERFEST, 2010***
Glas auf MDF-Platte, 115x30 cm
Die Buchstaben bestehen aus 174 angeschlagenen und zerbrochenen Bierkrügen, die nach dem Gebrauch auf dem Oktoberfest 2009 gesammelt wurden.

Anhang

Oktoberfest 2010 vom 18.09.-04.10.

Landeshauptstadt München
Referat für Arbeit und Wirtschaft
Tourismusamt

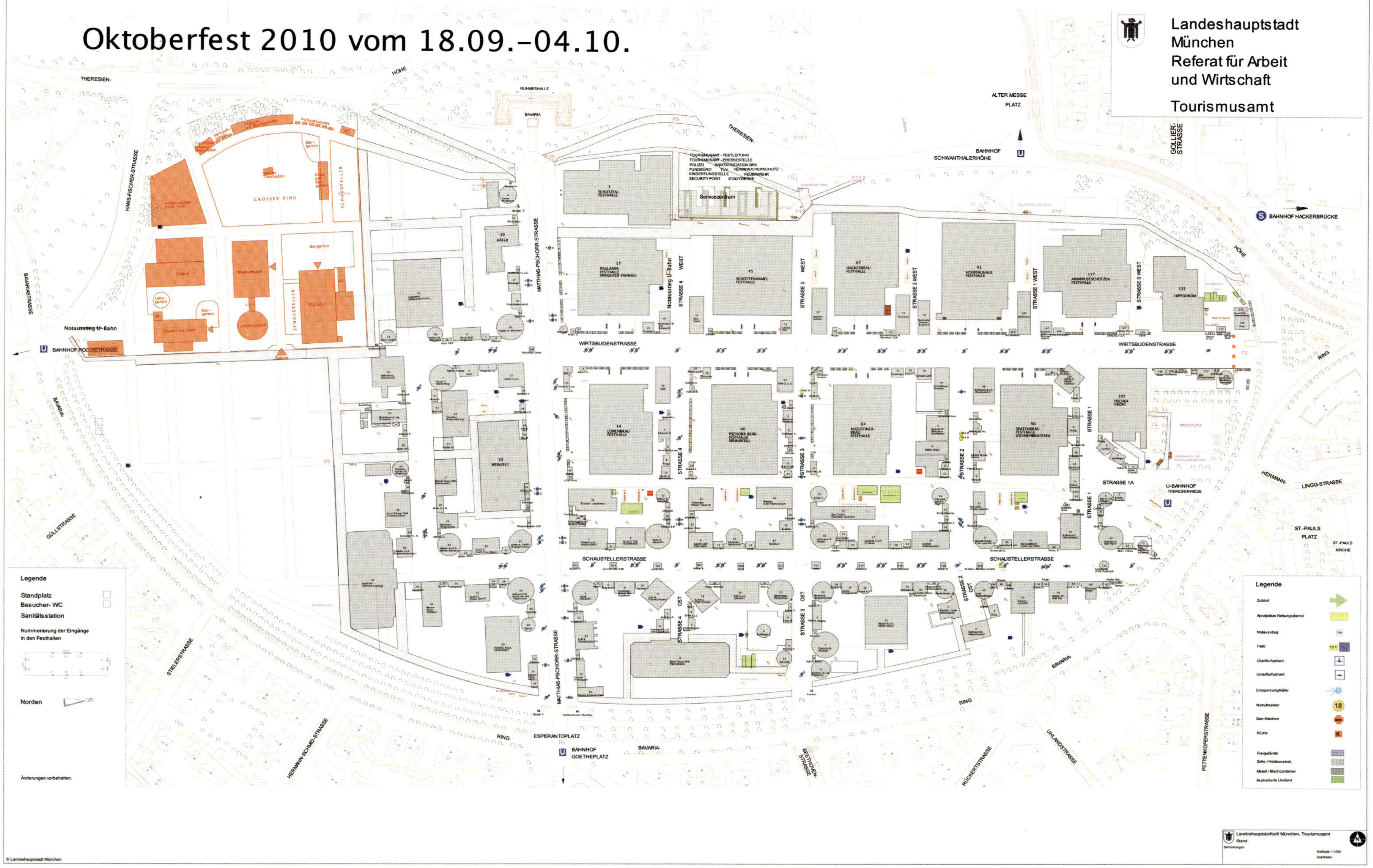

Tita Gronemeyer, ***Entwurf des Jubiläumskruges 2010***

Jubiläumsfeier 200 Jahre Oktoberfest

Die Jubiläumsfeier beginnt bereits am Freitag, den 17. September, einen Tag vor dem Oktoberfest. Zur Eröffnung marschiert ein Festzug von der Alten Messe zum Areal der Jubiläumsfeier im Südteil der Theresienwiese. Oberbürgermeister Christian Ude gibt den Startschuss zum ersten Pferderennen und leitet damit im historischen Sinn das 200-jährige Jubiläum ein.
Das umzäunte Areal ist für die Festbesucher täglich von 10 bis 20 Uhr geöffnet.
Im Großen Ring finden auf der ca. 400 Meter langen Rennbahn täglich zwei Pferderennen statt, die von Florian Schelle, Präsident des Zuchtverbandes deutsches Kaltblut, organisiert werden. Geritten wird auf Haflinger- und Norikerpferden. Dazu werden Pferdeschauen geboten wie das römische Kampfwagenfahren.
Das Programm beginnt jeweils um 11 Uhr mit einem kleinen Festzug der an diesem Tag auftretenden Gruppen, die von den Trachtenverbänden, den Volks- und Bürgertrachtenvereinen und Gebirgsschützen-Kompagnien zusammengestellt werden. Sie präsentieren sich im Großen Ring mit Tänzen, Schuhplatteln, Goaßlschnalzen und Blasmusik.

Im Festzelt wird das Programm auf zwei Musikpodien und einem Tanzboden fortgesetzt. Das Zelt verfügt über 3200 Sitzplätze, dazu kommen 2800 weitere im Biergarten. Die Festbesucher werden hier bewusst mit traditioneller Blasmusik unterhalten. Festwirte sind Toni Winklhofer und Peter Wieser, die zugleich als Generalunternehmer für die Gastronomie im Jubiläumsareal zuständig sind.

Das Tierzelt verweist auf das Zentral-Landwirtschaftsfest, das entsprechend seinem vierjährigen Turnus erst wieder 2012 vom Bayerischen Bauernverband auf der Theresienwiese veranstaltet wird. Hier können sich Kinder über Streicheltiere vom Tierpark Hellabrunn freuen und Erwachsene die Pferde von Schauprogramm und Rennen begutachten.

Im Museumszelt werden die Großobjekte des Münchner Stadtmuseums und der Münchner Schausteller-Stiftung präsentiert. Eine Besonderheit ist der Wohnwagen aus dem Jahr 1905 sowie die Münchner Schiffschaukel mit der kompletten Dekoration aus der Zeit um 1925. Die Schau ergänzt die Ausstellung im Stadtmuseum. Ein eigenes Kinderprogramm, organisiert von Kultur & Spielraum e.V., vermittelt die historischen Vergnügungen wie das Radtreiben der Wagnergesellen. Über einen Verbindungsgang erreicht man das Rundzelt mit dem „Humoristischen Velodrom", in dem das Publikum auf kuriosen Rädern im Kreis fahren kann.
In den Außenarealen der Münchner Schausteller hat man die Möglichkeit auf historischen Karussells zu fahren wie dem Springpferdekarussell oder der „Fahrt ins Paradies". Über die früheren Schaustellertransporte informieren alte Zugmaschinen, dazu klingen mehrere Jahrmarktsorgeln. In einem kleinen Zelt präsentiert sich das Münchner Marionettentheater.

Das Herzkasperl-Zelt, ein Ort des Feierns und der Schaulust, präsentiert auf der Jubiläumswiesn die gegenwärtige Szene der jungen Volksmusik und des Kabaretts. Beppi Bachmaier, Wirt der Münchner Traditionsgaststätte Fraunhofer, Kenner und Förderer der gegenwärtigen Volksmusik, bewirtet das Zelt mit Platz für 864 Personen im Inneren und 880 Personen im Biergarten. Zusammen mit Dr. Elisabeth Tworek, Leiterin des städtischen Literaturarchives Monacensia, gestaltet er das künstlerische Programm. Herzkasperl, der Name ist eine Hommage an den großen Münchner Schauspieler Jörg Hube, der 2009 gestorben ist. Der Herzkasperl war seine Paraderolle, mit der er ab 1975 auf den Kabarett-Bühnen, unter anderem im Fraunhofertheater, Furore machte.

Die Jubiläumsfeier dauert solange wie das Oktoberfest, das 2010 um einen Tag verlängert wird.
Zur Erinnerung an den eigentlichen Tag der Trauung des Kronprinzen Ludwig und der Prinzessin Therese am 12. Oktober übernimmt Oberbürgermeister Christian Ude die Funktion des Standesbeamten: In der Alten Kongresshalle traut er drei Brautpaare unter dem Motto „Bayer heiratet Sächsin".
Die Jubiläumsfeierlichkeiten werden am 17. Oktober, dem Tag des ersten Pferderennens, mit einem Festakt in der Alten Kongresshalle abgeschlossen.

Jubiläumsfeier 200 Jahre Oktoberfest

S.K.H. Herzog Max in Bayern
Schirmherr

Festkomitee

Oberbürgermeister Christian Ude, Vorsitzender
Dieter Reiter, Berufsmäßiger Stadtrat, Referat für Arbeit und Wirtschaft
Helmut Schmid, Korreferent Referat für Arbeit und Wirtschaft, Wiesn-Stadtrat
Karl-Heinz Knoll, Präsident Festring München e.V.
Hermann Memmel, Wiesn-Ehrenrat, Beiratsvorsitzender Festring München e.V.
Anton Roiderer, Sprecher der Wiesn-Wirte
Andreas Steinfatt, 1. Vorsitzender Münchener Brauereien e.V.

Veranstaltungs- und Organisationsausschuss

Dieter Reiter, Vorsitzender
Helmut Schmid, Stellvertreter
Ruth Bölle, Generalsekretariat Bayerischer Bauernverband
Elisabeth Frühauf, Referat für Arbeit und Wirtschaft, Stab der Referatsleitung
Dr. Florian Dering, Stellvertretender Direktor Münchner Stadtmuseum
Gerhard Hickel, Veranstaltungskoordinator Jubiläumsveranstaltungen
Karl-Heinz Knoll
Hermann Memmel
Manfred Newrzella, Geschäftsführer Festring München e.V.
Edmund Radlinger, 1. Vorsitzender des Münchner Schaustellervereins
Hans Spindler, Tourismusamt, Leiter der Veranstaltungsabteilung
Andreas Steinfatt
Dr. Elisabeth Tworek, Leiterin Monacensia-Bibliothek und Literaturarchiv
Dr. Gabriele Weishäupl, Tourismusdirektorin und Festleiterin
Georg Wimmer, Stellvertretender Generalsekretär Bayerischer Bauernverband

Edith-Haberland-Wagner-Stiftung

Ferdinand Schmid, 1. Vorstand
Martin Liebhäuser, Assistenz des Vorstandes

Verein Münchner Oktoberfestmuseum e.V.

Willy Heide, 1. Vorstand

Münchener Schausteller-Stiftung

Hermann Memmel, Vorsitzender
Dr. Ingrid Anker, Stadträtin
Lydia Dietrich, Stadträtin
Erich Hochreiter, 1. Vorsitzender BLV-Bezirksstelle München
Richard Quaas, Stadtrat
Edmund Radlinger
Helmut Schmid, Stadtrat
Manfred Zehle, 1. Vorsitzender Münchner Schausteller im BLV

Feststatistik

Die Jahre ohne Oktoberfest:

Von 1810 bis 2010 wurde das Oktoberfest 24mal nicht veranstaltet oder nur als „Ersatzfest" abgehalten.
2010 wird das 177. wirklich durchgeführte Oktoberfest gefeiert.

1813: Völkerkrieg – am 8. Oktober trat Bayern dem Bund der Großmächte gegen Napoleon bei
1854: Cholera-Epidemie – allein im Stadtkreis München starben 3000 Menschen
1866: Bayern im Bruderkrieg – trotz des Prager Friedens im August 1866 fiel das Fest aus
1870: Festabsage wegen des Deutsch-Französischen Krieges
1873: Cholera-Epidemie – zum dritten Mal wurde Bayern im 19. Jahrhundert davon heimgesucht
1914: Erster Weltkrieg – am 1. August 1914 erklärte das Deutsche Reich Russland und kurze Zeit darauf auch Frankreich den Krieg
1915–1918: Krieg
1919: Ersatzfest – „Herbstfest"
1920: Ersatzfest – „Herbstfest"
1923: Inflation zwingt den Magistrat zur Festabsage
1924: Inflation zwingt den Magistrat zur Festabsage
1939: Zweiter Weltkrieg – am 1. September begann Hitlers Angriff auf Polen und damit der Zweite Weltkrieg
1940–1945: Krieg
1946–1948: Ersatzfest – „Herbstfest"

	Besucher	Bierkonsum	Schweinswürstl	Hendl
1910		1,2 Mio Liter		
1921		1,4 Mio Liter		
1935		1,1 Mio Liter	274.783	75.831
1938		1,4 Mio Liter	499.788	152.576
1950	5-6 Mio	1,5 Mio Liter	648.000	88.000
1960	5-6 Mio	2,9 Mio Liter	697.000	236.000
1970		4,0 Mio Liter	795.000	488.000
1980	5,1 Mio	3,8 Mio Liter	287.693	552.198
1990	6,7 Mio	5,4 Mio Liter	303.352	750.947
2000	6,9 Mio	6,5 Mio Liter	235.474	681.242
2008	6,0 Mio	6,5 Mio Liter	116.785	459.356
2009	5,7 Mio	6,6 Mio Liter	116.923	488.137

	Sitzplätze gesamt (Festzelte und Kleine Wiesnwirte)	Festzelte Innen	Festzelte Garten
1984	94.140	64.780	26.000
2009	100.000	71.660	26.770

Oktoberfest-Areal: *31 Hektar, in Jahren mit ZLF 26 Hektar*

Bewerber 2009:
insgesamt: 1415
zugelassen: 607
Marktkaufleute: 305
Schausteller: 268
Gastronomiebetriebe: 92, davon 34 mit Sitzplätzen, davon 14 Großzelte und 20 Mittelbetriebe

Beschäftigte: *rund 8000 fest angestellte und 4000 wechselnde Arbeitskräfte*

Leihgeber

Archiv Verlag Werner, München
Augustiner Bräu Wagner KG, München
Bayerische Verwaltung der Schlösser, Gärten und Seen, München
Bayerischer Sportschützenbund, Garching - Hochbrück
Bayerisches Armeemuseum, Ingolstadt
Andreas Dissing, München
Willy Heide, Planegg
Hermann Memmel, München
Münchner Oktoberfestmuseum e.V., Sammlung im Münchner Stadtmuseum (PS-OM)
Niederbayerisches Landwirtschaftsmuseum, Regen
Stadtarchiv München
Richard Süßmeier, Grünwald
Peter Vogt, München

Sofern nicht anders ausgewiesen, stammen sämtliche Abbildungen und Exponate aus den Sammlungen des Münchner Stadtmuseums.

Rat und Hilfe gewährten

Elisabeth Angermair, München
Eva Baierl, Weil
Dr. Helmut Bitsch, Regen
BRUDER Spielwaren GmbH+Co. KG, Fürth
Thomas Eckenfels, München
Rainer Englmeier, München
Maria Fuchs, München
Heinz Gebhardt, München
Hermann Geiger, Gauting
Stefan Hempl, München
Brigitte G. Hölscher, München
Xaver Holder, Gauting
Wolfgang Ketterl, München
Thorsten Knebel, München
Andreas Koll, München
Julia Kraushaar, Gröbenzell
Reinhard Kurzendörfer, München
Eileen Maisenberger, München
Herr Mühlbauer, München
Dr. Axel Munz, München
Annamirl Raab, Schliersee
RUKU GmbH&Co. KG, Illertissen
Isabell Schneider, München
Wolfgang Schulz, Wien
Elfriede Springer, München
Margot Staffa, München
Katharina Stanglmair, Herrsching
Timberland World, München
Caroline Topp, Gauting
Verein Münchener Brauereien e.V.
Manfred Vollmer, München
Resi Wäsler, Glonn
Dr. Thomas Weidner, München
Ewald Wladicka, München

Literatur

Auswahlbibliographie mit abgekürzt zitierter Literatur

125 Jahre Münchener Oktoberfest 1810 - 1935, Festschrift. München 1935

Bauer, Richard und Fenzl Fritz: 175 Jahre Oktoberfest, 1810 - 1985, herausgegeben von der Landeshauptstadt München. München 1985

Baumgartner 1820 = Baumgartner, Anton: Feyerlicher Auszug zum freyen Pferderennen und zum Vogelschießen bei dem Oktoberfeste 1820 in München. Nebst einer Beschreibung der silbernen Schützen-Ketten und des Dezenniums dieser National-Feste. München o. J.

Baumgartner, Anton: Die Oktober-Feste auf der Theresien-Wiese bey München, von 1820 bis 1823. Nebst der Beschreibung der silbernen altbaierischen Regenten-Medaillen. München 1823

Blath, Peter: D'Wies'n und ihre Brauereien. Erfurt 2004

Chaussy, Ulrich: Oktoberfest, Ein Attentat. Darmstadt / Neuwied 1985

Dall'Armi 1811 = Dall'Armi, Andreas von: Das Pferde-Rennen zur Vermählungs-Feyer Seiner Königlichen Hoheit des Kron-Prinzen von Baiern. München 1811

Destouches 1910 = Destouches, Ernst von: Säkular-Chronik des Münchener Oktoberfestes (Zentral-Landwirtschafts-Festes), 1810 - 1910, Festschrift zur Hundertjahrfeier, herausgegeben von der Stadt München. München 1910

Destouches, Ernst von: Das Münchener Oktoberfest (Zentral-Landwirtschafts-Fest), 1810 - 1910, Gedenkbuch zur Hundertjahrfeier unter Mitwirkung bayerischer Schriftsteller. München 1910

Destouches, Ernst von: Die Jahrhundertfeier des Münchener Oktoberfestes (Zentral-Landwirtschafts-Fest), Gedenkbuch. München 1912

Destouches 1835 = Destouches, Ulrich von: Gedenkbuch der Oktober-Feste in München vom Jahre 1810 bis 1835. München 1835

Egger, Simone: Phänomen Wiesntracht, Identitätspraxen einer urbanen Gesellschaft, Dirndl und Lederhosen, München und das Oktoberfest, Münchner ethnographische Schriften Band 2. München 2008

Fischer, Ernst, Hanitzsch, Dieter und Görl, Wolfgang: Wahnsinns-Wiesn, Letzte Wahrheiten über das Oktoberfest. München 2009

Gallwas, Hans-Ullrich, Gauweiler, Peter und Lippstreu, Wolfgang: Das Oktoberfest. Ein Lehrstück zur Rechtswirklichkeit. Percha am Starnberger See 1984

Gebhardt, Heinz: Das Münchner Oktoberfest. München 1997

Haller, Elfi M., Busley, Hermann-Joseph und Pressler, Christine: Festzug zur Feier der Jubelehe des Königs Ludwig und der Königin Therese zu München am 4. Oktober 1835. München 1983
Hazzi, Joseph von: Über das 25 jährige Wirken des Landwirthschaftlichen Vereins in Bayern und des Central-Landwirthschafts- oder Oktoberfestes. München 1835

Hoferichter, Ernst und Strobl, Heinz: 150 Jahre Oktoberfest 1810 - 1960, Bilder und Geschichten. München 1960

Hollweck, Ludwig: Auf geht's beim Schichtl. Geschichte und Geschichten rund um das Oktoberfest. Herausgegeben von Richard Süßmeier. München 1984

Käfer, Sabine: Oktoberfest, Insider Guide. Kempen 2005

Möhler, Gerda: Das Münchener Oktoberfest. Vom bayerischen Landwirtschaftsfest zum größten Volksfest der Welt. München / Wien / Zürich 1981

Mück, Walter: Oktoberfest-Krüge, Gesamtband bis 2006. Fischbachau 2007

Friedmann, F. M.und Schallbrouck, A. (Hrsg.): Münchens Festkalender zur Jubelfeyer des Oktoberfestes im Jahre 1835. O.O. und J.

Nagy, Florian S., Stoffel, Alexandra und Lill, Tobias: Oktoberfest, Zwischen Tradition und Moderne. München 2007

Das Oktoberfest, Einhundertfünfundsiebzig Jahre bayerischer National-Rausch, Katalog der Jubiläumsausstellung im Münchner Stadtmuseum. München 1985

Rudolph, F.: Münchens Octoberfeste. Ein Gedenkbüchlein der bayerischen Nation gewidmet bei Gelegenheit der Vermählung Seiner Königl. Hoheit des Kronprinzen von Bayern. München 1842

Smith, Marden und Steiner, Claudia: Oktoberfest!, Trachten, Bier und Achterbahnen. München 2010

Veiz, Brigitte: Das Oktoberfest, Masse, Rausch und Ritual, Sozialpsychologische Betrachtungen eines Phänomens. Gießen 2006

Stichwort- und Personenregister

Verzeichnis der Künstler und Fotografen

Impressum

Diese Publikation erscheint anlässlich der gleichnamigen Ausstellung des Münchner Stadtmuseums vom 9.Juli - 31.Oktober 2010

Publikation

Herausgeber
Florian Dering, Ursula Eymold

Assistenz
Nana Koschnick

Autoren
Florian Dering, Ursula Eymold, Nana Koschnick, Simone Egger, Natalie Bayer

Gestaltung
Claudius Schulz

Bildbearbeitung
Claus Lehmann

Umschlaggestaltung
Claudius Schulz, unter Verwendung einer Graphik von Peter Heß 1810 und von Fotos von Marden Smith 2005

Foto
Gunther Adler
Patricia Fliegauf
Dorothee Jordens-Meintker

Projektverantwortung
Marion Meyer, Sabine Sternagel

Druck- und Bindearbeiten
Kessler Druck + Medien GmbH & Co. KG, Bobingen

Printed in Germany
ISBN: 978-3-86615-780-4

Ausstellung und Publikation wurden unterstützt durch

Edith-Haberland-Wagner-Stiftung
Münchener Schausteller-Stiftung
Münchner Oktoberfestmuseum e.V.
Freundeskreis des Münchner Stadtmuseums

KOHLNDORFER STIFTUNG MÜNCHEN

Kreissparkasse München Starnberg

Ausstellung

Gesamtleitung
Florian Dering

Konzeption und Realisation
Florian Dering, Ursula Eymold

Ausstellungssekretariat
Nana Koschnick

Gestaltung
Michael Hoffer, München

Restaurierung und konservatorische Betreuung
Monika Bartsch, Leitung
Peter Axer
Ruth Böttcher
Leni Gerg
Christian Hell
Anne Jacob
Malgorzata Lamasz
Lisa Mittermaier
Klaus Peitzmeier
Sabine Princ
Christine Rottmeier-Keß
Sabine Scheibner
David Schuster-Stengel
Teresa Treiber
Andreas Zangenfeind
Christine Zech

Ton
Claudio Widmaier

Aufbau
Irene Schoeller, Leitung
Peter Armbrüster
Robert Breen
Marcus Gora
Martin Ries
Raymond Wetzelaar
Christian Ziegler

Externes Aufbauteam
Christian Droßbach, Pascal Hoffer

Textilarbeiten
Waltraud Lindner

Presse und Öffentlichkeit
Ulla Hoering, Gabriele Meise

Zentrales Bildarchiv
Elisabeth Stürmer

Plakat
BÜRO ALBA

Büro
Gabriele Luckhardt

Übersetzungen
Gyda Thurow, Berlin

Geh'n ma
aŭf'd
Wies'n